현대
중국어
어법
강의

편저
徐晶凝

편역
변형우
주성일
배은한
현성준
심소희
김선희

🎓 시사중국어사

현대
중국어
어법
강의

| 초판발행 | 2021년 6월 10일 |
| 1판 2쇄 | 2022년 9월 20일 |

편저	徐晶凝
편역	변형우, 주성일, 배은한, 현성준, 심소희, 김선희
편집	최미진, 가석빈, 엄수연, 高霞
펴낸이	엄태상
디자인	이건화
마케팅본부	이승욱, 왕성석, 노원준, 조성민
경영기획	조성근, 최성훈, 정다운, 김다미, 최수진, 오희연
물류	정종진, 윤덕현, 신승진, 구윤주

펴낸곳	시사중국어사(시사북스)
주소	서울시 종로구 자하문로 300 시사빌딩
주문 및 문의	1588-1582
팩스	0502-989-9592
홈페이지	http://www.sisabooks.com
이메일	book_chinese@sisadream.com
등록일자	1988년 2월 12일
등록번호	제300 - 2014 - 89호

ISBN 979-11-5720-186-0 13720

현대
중국어
어법
강의

'的', '地', '得'는 어떻게 사용하는가?

'我四个小时看电视了。'의 문장은 맞는가?

'那是一个小舒服的房间。'은 왜 틀린 문장인가?

'学生把书看得很认真。'은 왜 틀린 문장인가?

'小王走得很快。'와 '小王很快地走。'의 차이점은 무엇인가?

'他吃胖了。'와 '他吃得很胖。'의 의미는 같은가? 차이점은 무엇인가?

'我吃了一个苹果。'와 '我把苹果吃了。'는 어떻게 다른가?

중국어를 학습할 때 이러한 질문들이 혼란스러운가요? 어법을 많이 배웠지만 아직 완전히 이해하지 못했습니까? 아직 어떻게 사용하는지 잘 모르겠습니까? 괜찮습니다. 이 책 안에서 이러한 어법 질문에 대한 답을 찾을 수 있습니다.

이 교재를 더 잘 이해할 수 있도록 이 책의 주요 특징을 간략하게 소개하겠습니다.

먼저, 학습자 가운데 일정 기간 중국어를 공부하여 중국어 어법 지식을 조금은 알고 있지만, 실제로는 대부분의 어법에 대해 완전히 이해하지 못하고 있는 분들이 많을 것입니다. 예를 들면, '了', '着', '过', 그리고 '跑过来'나 '走进去'와 같은 방향보어, '的', '得', '地' 등을 배웠지만, 사용하는 방법을 모르는 경우입니다. 이 책은 중국어의 이러한 어법을 체계적으로 배우고 이해할 수 있도록 하였습니다.

어떤 학습자들은 어법을 잘 알고 있어도 실제 중국어로 표현할 때 자신이 알고 있는 지식을 능동적으로 사용하지 못하기도 합니다. 중국어의 어순을 잊고 모국어의 어순에 따라 말하게 되는 경우가 바로 그 예입니다. 그래서 이 책에서는 말하기, 읽기, 쓰기, 번역을 포함한 다양한 형태의 연습 문제를 추가했습니다. 이러한 연습은 어법 지식을 단순히 공식으로만 인식하는 데 그치지 않고 내 것으로 만드는 데 도움이 됩니다. 책에서 설명하는 어법 포인트를 필요에 따라 적극적으로 활용하여 학습자 여러분이 학습의 완성도를 더욱 높일 수 있기를 바랍니다.

마지막으로, 중국어를 사용할 때 한 문장 안에 각각의 단어들을 어떻게 정확하게 배열하는가에 대해 여러분은 종종 확신이 서지 않을 것입니다. 이 또한 이 책에서 여러분이 중국어 문장의 기본 어순을 이해할 수 있도록 도울 것이며, 각각의 어법 지식과 중국어 문장의 어순 사이에 어떠한 관계가 있는지를 알려줄 것입니다.

2014년 9월부터 www.edx.org 플랫폼에서 '중급 중국어 문법' Moocs를 개설하여 본 교재 12강의 내용을 강의했습니다. 학습자 여러분도 이 플랫폼에서 동영상을 볼 수 있으며, 이를 통해 학습의 이해도를 높일 수 있을 것입니다.

이 책을 통해 중국어의 어법 현상을 관찰하고 스스로 어법 규칙을 발견하여 요약해 보는 것이 매우 흥미로운 일이라는 것을 알게 될 것입니다. 어법 학습은 그렇게 어렵지 않을 뿐 아니라 매우 즐거운 과정입니다. 여러분의 학업에 진전이 있기를 바랍니다.

이 책을 활용하는 교사에게 전하는 저자의 말

이 책은 중국어를 제2언어로 사용하는 학습자를 위한 실용적인 어법 교재입니다. 교재의 취지는 학습자들이 이미 배웠던 어법 지식을 체계적으로 정리하고, 중국어의 기본 구조 규칙을 한층 더 심도 있게 파악하도록 하여 중국어 능력을 향상시키는 것입니다. 따라서 이 교과과정은 집중적인 어법 교학 과정으로 중급 어법의 선택과목에 사용됩니다. 학습자는 甲급 어법 포인트와 일부 乙급 어법 포인트를 학습하고, '중국어 능력 어휘 표준 개요(《汉语水平词汇等级标准大纲》)'에 있는 甲급 어휘를 숙지하여 600자 이상의 글을 작문할 수 있어야 합니다.

중국언어문자학의 전공인 교사를 포함한 초보 중국어 교사의 경우, 어법 포인트를 설명할 때, 어떻게 교학 단계를 설계하고, 어떤 내용을 설명할 것인지, 그리고 주의해야 할 사항이 무엇인지 등은 교학 과정에서 차차 탐색하고 축적해 나가야 합니다. 그러므로 이 책은 어법 교학의 참고서적으로서 비교적 경력이 짧은 젊은 교사들과 중국어국제교육전공의 연구생들에게 현대중국어의 기본어법항목과 교학 시 주의사항 및 방법을 파악하는 데 도움이 될 것입니다. 이를 위해 어법 교학의 수업 동영상과 시범 교안을 마련했으며, 상단의 QR코드를 스캔하여 이 책만의 특별한 집필 취지를 직접 확인하시길 바랍니다.

이 책의 집필 의도는 '이론 어법의 틀을 완전히 깨고, 문장 생성의 각도에서 출발해 이와 관련된 언어 항목을 함께 배치하는 것'입니다. 중국어를 공부하는 유학생의 경우 중국어 형태소, 단어 및 구의 경계, 품사의 판단 기준, 주어는 어떻게 판단하는가 등의 어법 지식을 이해할 필요가 없습니다. 하지만, '一本有趣的汉语语法书'와 같은 구에는 네 개의 관형어가 있으며, 관형어의 표지인 '的'는 쓰기도 하고 쓰지 않기도 하는데, 여기에는 제한된 조건이 따른다는 것을 알아야 합니다. 이러한 어법 지식과 중국어 표현의 정확성은 직접적인 관련이 있기 때문입니다. 그래서 유학생들을 위한 어법 수업에서 소개해야 할 것은 중국어 표현 능력과 직접적으로 관련이 있는 어법 지식들입니다. 가장 기본적인 사항은 바로 유학생들이 정확한 어법과 정확한 어순으로 문장을 생성시킬 수 있도록 도와주는 것입니다.

"我最好的朋友昨天在一家书店顺利地读完了一本有趣的汉语语法书。"

위의 문장은 중국어에서 가장 복잡한 문장입니다. 이 문장이 복잡한 이유는 문장이 길어서가 아니라 주어, 술어, 목적어, 보어, 관형어, 부사어, 시제 등 중국어 문장의 거의 모든 구성 요소를 포함하고 있기 때문입니다. 따라서 이 책은 이 복잡한 문장의 구조를 기반으로 편성하였으며, PART 1의 내용은 문장의 중심이 되는 내용으로 시간 표현, 장소 표현, 술어 동사(이합사), 보어, 관형어, 부사어, '把'자문, 피동문 등의 특수문형을 포함하고 있으며, PART 2의 내용은 문장의 시제 및 정태 성분과 관련이 있습니다. 따라서 교수자가 이 교재를 사용하여 수업할 때는 이 복잡한 문장을 사용하여 일관되게 전체 학기의 교학 내용으로 편성을 하는 것이 가장 좋으며, 어느 한 장의 어법 포인트에 대해 이야기할 때는 먼저 복잡한 문장의 어느 부분에 해당하는지 명확하게 설명해야 합니다.

유학생을 위한 어법 수업의 목적은 단순히 학생들에게 중국어 어법에 대한 지식을 가르치는 것이 아니라 어법 능력을 향상하는 것입니다. 즉, 어법 구조와 어법 지식을 의식적으로 사용하여 표현하게 함으로써 언어 표현의 정확성과 유창성을 높이는 것입니다. 따라서 어법 수업에서 교사는 학생들이 학습한 어법을 사용하여 효과적으로 내뱉을 수 있도록 다양한 듣기, 말하기, 읽기, 쓰기 및 번역 연습을 설계해야 합니다. 다시 말해, 유학생들을 위한 어법 과정은 어법 항목을 기초로 하여 진행하는 중국어 듣기, 말하기, 읽기 및 쓰기에 대한 포괄적인 교육 과정이어야 합니다. 이를 위해 이 책은 문형 규칙 연습뿐만 아니라 의미상의 커뮤니케이션 연습에도 초점을 맞추어 연습문제를 설계했습니다. 교사는 수업 시간과 학생들의 실제 수준에 따라 선택하여 활용할 수 있습니다.

한 가지 덧붙여 말씀드려야 할 것은 이 교재를 사용하는 과정에서 특정 어법 현상에 대한 설명이 어법 학계의 일반적인 이해와 다르거나 잘못되었을 수도 있다는 점입니다. 예를 들어, 제3강에서의 '这儿', '那儿'은 모두 이음절 방위사에 포함시켰으며, 제9강에서의 '他笑着把门打开了。' 예문에서 '笑着'는 부사어로 처리했습니다. 그 이유는 전적으로 유학생들의 이해와 학습을 용이하게 하기 위한 것입니다. '这儿', '那儿'은 '我这儿', '老师那儿', '桌子那儿'의 예처럼 일반명사 뒤에서 장소를 나타낼 수 있으며, 이러한 부분은 다른 이음절 방위사의 용법과 같기 때문입니다. 유학생들의 경우, '这儿', '那儿'은 처소사이고, '上边', '下面'은 방위사임을 구분할 필요는 없으며, 실제로 중국의 언어학자 자오위안런(趙元任)도 이렇게 처리했습니다. '笑着'를 부사어로 처리한 것도 의미상 '打开门'의 동작을 수식하고 설명하는 것이고, 위치에 있어서도 주요 술어동사의 앞에 위치하기 때문에 전적으로 부사어의 정의에 부합하며, 학생들의 이해에도 도움이 되기 때문입니다.

또 한 가지, 이 책에서 다루지 않는 내용도 있습니다. 통용되는 이론 어법의 틀을 따를 경우 이 책은 완전하지 않은 것처럼 보일 수 있습니다. 예를 들어, 제8강의 상태보어 부분에서는 '看把你累得'의 생략 형식에 대해서는 언급하지 않았고, 전치사구 보어나 정도보어 등에 대해서도 소개하지 않았습니다. 이것 역시 유학생들의 이해의 편의성 측면을 고려했기 때문입니다. 유학생들에게 '看把你+형용사+得'나 '형용사+极了/死了' 등을 상태보어나 정도보어를 어법적으로 이해시키기 보다 고정형식으로 알려주는 것이 더 효율적이기 때문입니다. 전치사구 보어에 대해서 언급하지 않은 이유는 이 구조에 강한 문체상의 제한이 따르고 사용할 수 있는 동사가 상당히 제한되어 있기 때문이며, 중급 수준의 학생에게는 '来自', '冲向', '生于' 등은 단독의 어구로 학습하는 것이 더 적절합니다.

2006년 베이징대학교에서 어법 선택과목을 개설한 이후, 저는 교학 내용, 교학 방법 및 어법 과정의 교학 목표에 대해 많은 탐구를 해왔으며, 2014년 9월부터 중요한 12개의 어법 포인트를 선별하여 www.edx.org 플랫폼에서 '중급중국어어법' Moocs를 시작했습니다. 이 수업은 수강자들에게 많은 호응을 얻었으며, 특히 국내외 중국어 교사들에게 긍정적인 피드백을 받았습니다. 10여 년 기간 동안의 교학 경험과 학습자들의 피드백을 바탕으로 이 어법 교재를 출판하게 되었고, 이 교재를 통해 동료 및 학습자 여러분과 보다 광범위하게 소통할 수 있기를 바랍니다.

徐晶凝

여러 해 전, 몸 담고 있는 학교에서 새로운 교과과정개편을 진행하여 이에 맞춘 적합한 교재를 고민하던 중 쉬징닝(徐晶凝) 교수의 〈中级汉语语法讲义〉를 발견하고는 채택한 바가 있습니다. 저자 쉬징닝 교수와는 27년 전 베이징대학에서 박사과정을 하고 있을 때 알고 지내면서 인연을 유지하던 사이인데, 쉬 교수가 쓴 이 교재를 중문법 수업의 주교재로 사용하면서 편역서까지 내게 된 것은 우연이 아닌 듯 싶습니다.

이 책은 저자가 소개한 것처럼 2006년도부터 베이징대학의 대외한어교육학원에서 유학생들을 대상으로 강의했던 어법 교재입니다. 처음에는 〈中级汉语语法讲义〉의 제목으로 출간되었으나 내용을 수정 보완하여 2014년에 〈汉语语法教程〉으로 다시 출간되었습니다. 10년 이상 외국인 학생들을 교학했던 저자의 오랜 경험과 최신 연구동향을 진하게 녹여낸 교재라 할 수 있습니다.

그래서 이 책의 편역 과정에도 많은 시간과 정성을 들였습니다. 먼저 성균관대학교 중문과 대학원의 어학전공학생들이 이 교재를 중심으로 다양한 어법현상들에 대한 스터디를 시작했습니다. 김선희 선생이 중심이 되어 박사과정생 김선화, 석사과정생 정한울, 전희연, 정해연, 이승민 등이 참여하여 윤독회를 진행하면서 초벌 번역했고, 그 후에 단국대학교의 배은한 교수, 명지대학교의 주성일 교수, 이화여자대학교의 심소희 교수, 건국대학교의 현성준 교수, 김선희 선생과 함께 몇 차례 교정을 거쳐 편역서로서의 작업을 마쳤습니다. 작업하는 과정에서 이 책이 중급 수준의 학습자를 대상으로 중국어의 특성을 잘 설명하고 있고 실용적인 면을 두루 살폈다는 데에 다시 한번 공감했습니다.

앞에서도 저자가 언급했듯이 이 교재의 가장 큰 특징은 어법 포인트별로 간단한 문형에서 출발하여 체계적으로 문장의 구조를 이해하고 문장 생성 능력을 향상시킨다는 점, 다양한 연습문제를 통해 세부 어법 포인트 내용을 바로 복습할 수 있다는 점입니다. 또한 저자가 직접 강의하는 동영상 시청을 통해 학습자들은 심화 학습은 물론 중국어 듣기 실력까지 끌어올릴 수 있을 것입니다.

편역자 대표 **변형우**

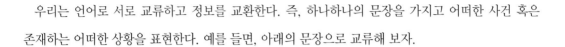

학습에 들어가기 전에

우리는 언어로 서로 교류하고 정보를 교환한다. 즉, 하나하나의 문장을 가지고 어떠한 사건 혹은 존재하는 어떠한 상황을 표현한다. 예를 들면, 아래의 문장으로 교류해 보자.

A 你为什么说你的朋友很厉害啊?
너는 왜 너의 친구가 대단하다고 말하는 거야?

B 他昨天在一家书店顺利地读完了一本语法书啊!
그가 어제 서점에서 어법책 한 권을 막힘없이 다 읽어버리더라고!

B의 문장은 많은 정보를 포함하고 있다.

(1) '누가(나의 친구 '그')', '언제(어제)', '어디서(서점)', '어떻게(막힘없이)', '무엇을 하다(한 권의 어법 책을 다 읽다)'를 알 수 있다.

(2) 문장 안에서 '读书'를 행한 시간을 알려주는 것은 '昨天'과 '了'이다. '了'는 '친구가 책을 다 읽었다'라고 하는 사건의 정보를 알려준다. 어법에 있어서 '了'는 시태(tense-aspect) 범주의 어법 현상에 속한다.

(3) 문장 끝에 '啊'는 화자인 B가 청자인 A에 대한 태도 및 화자 자신이 하는 말의 확신적인 태도를 알려준다. '啊'는 어법에 있어서 '어기조사'라고 하며, 이는 주로 어기조사, 어기부사, 조동사를 포함하는 서법(modality) 범주에 속한다.

(1)의 내용과 관련된 어법은 본 교재의 PART 1(제1강~제12강)에서 학습한다. 주로 시간과 장소의 표현, 이합사, 보어, 관형어, 부사어, '把'자문, 피동문, 양사, 형용사 등을 포함한다. 이러한 어법은 문장 안의 주요 구성성분과 관련이 있다.

(2), (3)의 내용과 관련한 어법도 매우 중요하다. 그 이유는 우리가 언어를 사용하여 다른 사람들과 교류할 때 우리가 말하고자 하는 것(하나의 사건, 하나의 상태 혹은 일종의 감정 등)과 관련된 시간, 장소 그리고 청자 등의 요소들과 연계시켜야만 청자와의 교류 상황을 만들 수 있다. 그러므로 이와 같은 어법들을 사용해야만 표현을 더욱 적합하게 할 수 있다. 이러한 시태나 정태 방면의 어법은 본 교재의 PART 2(제13강~제20강)에서 학습한다.

목차

어법 용어표

중국어 어법 용어	한국어 어법 용어	기타 국내 중국어법서의 한국어 어법 용어
语序	어순	
形态变化	형태변화	
动词	동사	
及物动词	타동사	
不及物动词	자동사	
离合词	이합사	
量词	양사	
名词	명사	
方位词	방위사	
形容词	형용사	
虚词	허사	
副词	부사	
介词	전치사	개사
连词	접속사	
助词	조사	
代词	대사	대명사, 대체사
人称代词	인칭대사	인칭대명사
名词性成分	명사구	명사성 성분
动词性成分	동사구	동사성 성분
介词词组	전치사구	개사구
主语	주어	
宾语	목적어	빈어
谓语	서술어	술어
定语	관형어	한정어
状语	부사어	상황어
补语	보어	보충어
结果补语	결과보어	
方向补语	방향보어	추향보어
状态补语	상태보어	
可能补语	가능보어	
中心语	피수식어	중심어
双音节	이음절	쌍음절
特指疑问句	의문사의문문	wh-의문문

15

PART
1

제 **1** 강

중국어 어법의 특징

﹀
﹀
﹀
﹀
﹀

중국어의 어법을 배우려면, 먼저 중국어 어법의 주요 특징을 이해해야 한다. 한국어와 비교하여 중국어 어법은 어떤 특징을 지니고 있을까?

1 중국어 어법의 특징(1)

 생각해보기

🗨 함께 제시된 두 문장 (또는 구)의 의미는 서로 같을까?

❶ 我要和他结婚。 나는 그와 결혼하려고 한다.

他要和我结婚。 그는 나와 결혼하려고 한다.

❷ 我跳在马背上。 나는 말 등 위로 뛰었다.

我在马背上跳。 나는 말 등에서 뛰었다.

❸ 他一个小时后就走了。 그는 한 시간 후에 갈 것이다.

他走了一个小时了。 그가 간 지 한 시간 됐다.

❹ 北边的楼 북쪽의 건물

楼的北边 건물의 북쪽

다음 한국어 문장을 살펴보자. 모두 '나는 나의 어머니를 사랑한다.'라는 같은 의미를 나타낸다.

❶ 나는   사랑한다   나의 어머니를

❷ 나의 어머니를   사랑한다   나는

❸ 나의 어머니를   나는   사랑한다

❹ 사랑한다   나는   나의 어머니를

따라서 중국어 어법을 다른 언어들과 비교해 보면, 다음과 같은 중요한 차이점을 발견할 수 있다.

> 📣 **어순이 매우 중요하다.**
>
> 어순이 다르면 의미가 달라질 수 있다.

✓ 연습 문제 1

1. 문장의 의미에 따라 알맞은 표현을 골라 빈칸을 채워 보세요.

(1) 不怕辣 vs 怕不辣

① 我 ＿＿＿＿＿＿＿, 我们去吃四川菜没问题!

② 我告诉你, 我吃饭 ＿＿＿＿＿＿＿, 你放这么少的辣椒怎么行? 多放点。

(2) 吃什么有什么 vs 有什么吃什么

① 现在我们的生活好了, 东西多了, ＿＿＿＿＿＿＿!

② 我们在山里, 不是在家里, 不容易找到吃的东西, 你别挑剔了, ＿＿＿＿＿＿＿ 吧。

◎ **挑剔** tiāotī 트집 잡다, 책망하다

2 중국어 어법의 특징(2)

> ⊕ **생각해보기**
>
> 🗨 다음 문장들은 올바른 문장일까? 만약 그렇지 않다면, 어떻게 표현해야 할까?
>
> ❶ 我要见面我的朋友。
>
> ❷ 我很感兴趣中文语法。
>
> ❸ 虽然他喜欢中文，不喜欢语法。
>
> ❹ 如果他学习语法，就他的中文水平能很快提高。

정확한 표현은 다음과 같다.

❶-1 我要和我的朋友见面。
나는 내 친구와 만날 것이다.

❷-1 我对中文语法很感兴趣。
나는 중국어 어법에 흥미가 있다.

❸-1 虽然他喜欢中文，但是，他不喜欢语法。
그는 비록 중국어를 좋아하지만, 어법은 좋아하지 않는다.

❹-1 如果他学习语法，他的中文水平就能很快提高。
만약 그가 어법을 배운다면, 그의 중국어 실력은 매우 빠르게 향상될 것이다.

위 4개 문장의 오류는 모두 허사와 관련이 있다. 허사에는 부사, 전치사, 접속사, 조사 등이 있다. 일반적으로 이러한 허사들은 실질적인 의미를 지니지 않는다. 여기서 중국어 어법의 두 번째 특징을 발견할 수 있다.

> 📢 **허사가 매우 중요하다.**
>
> 때로는 반드시 허사를 사용해야 하며,
> 문장에서 허사의 위치는 일반적으로 자유롭지 못하다.

1. 문장이 올바른지 판단하고, 잘못된 부분을 고쳐 보세요.

① 我跟你不同意。 ○ ✕ _____

② 我为什么不可以只用勺子吗? ○ ✕ _____

③ 那次旅行对我很大的影响。 ○ ✕ _____

④ 我已经学过很多的次，但是一次一次地失败了。 ○ ✕ _____

⑤ 第二天晚上我们终于在山海关到了。 ○ ✕ _____

◎ **山海关** Shānhǎiguān [지명] 산하이관

3 중국어 어법의 특징(3)

➕ 생각해보기

🔲 아래 문장을 통해 알 수 있는 두 언어의 차이점은 무엇일까?

❶ I study Chinese grammar.   我学(习)中文语法。

❷ He studies Chinese grammar.   他学(习)中文语法。

❸ I studied Chinese grammar.   我学(习)中文语法了。

❹ I am studying Chinese grammar.   我在学(习)中文语法。

❺ I am going to study Chinese grammar.   我将学(习)中文语法。

❻ Studying Chinese grammar is easy.   学(习)中文语法很容易。

❼ Grammar-learning is interesting.   语法学习很有趣。

여기서 알 수 있듯이, 영어의 'study'는 각각의 문장에서 서로 다른 형태로 나타난다. 그러나 중국어 문장에서 '学习'는 모두 같은 형태이다. 이것이 바로 중국어 어법의 세 번째 특징이다.

> 📢 **형태 변화가 없다.**
>
> 1. 어떠한 상황에서도 중국어 동사는 형태 변화가 필요하지 않다.
> 2. 영어를 비롯한 여러 언어들은 형태를 변화시켜서 어법 의미를 표현하는 반면, 중국어는 보통 허사를 첨가하는 방식으로 어법 의미를 표현한다.

이 외에도 중국어에는 '学习'와 같은 이음절 동사와 '学'와 같은 단음절 동사가 있는데, 예문을 통해 '学习'와 '学'는 때때로 호환한다는 것을 알 수 있다. 그러나 예문 ❼의 경우는 '学习'만 사용할 수 있다. 중국어에는 이러한 동사들이 많다.

❶ 修 — 修理 수리하다   ❷ 编 — 编辑 편집하다

❸ 考 — 考试 시험보다   ❹ 种 — 种植 심다

일반적으로 이음절 동사 대부분은 명사의 수식을 받거나, 직접 관형어로서 명사를 수식하거나, 단독으로 주어가 되기도 한다.

❶ 中文学习很重要。   → '学习'는 명사 '中文'의 수식을 받음

❷ 自行车修理部在那儿。   → '修理'는 관형어

❸ 请问，中文编辑室在几楼?   → '编辑'는 관형어

❹ 学习是一种乐趣。   → '学习'는 주어

❺ 明天有语法考试，考试时间是上午九点到十二点，考试地点在101教室。
   → 첫 번째 '考试'는 명사 '语法'의 수식을 받고, 두 번째와 세 번째 '考试'는 관형어로서 '时间'과 '地点'을 수식함

위와 같은 상황에서 이음절 동사는 영어의 동명사와 비슷하다. 그러나 단음절 동사는 일반적으로 위와 같이 사용되지 않는다. 따라서 중국어를 공부할 때, 특별히 주의해야 할 사항은 아래와 같다.

> 📢 이음절 동사와 단음절 동사의 어법 기능은 서로 다르며,
> 대부분의 이음절 동사는 명사로도 사용할 수 있다.

문장구조와 '的', '地', '得'

문장의 어순에 주의하며, 다시 번역 연습을 해 보자.

❶ My friend read a book.

❷ My best friend read a grammar book.

❸ My best friend read an interesting grammar book.

❹ My best friend read an interesting grammar book yesterday.

❺ My best friend read an interesting grammar book in a bookstore yesterday.

❻ My best friend finished reading an interesting grammar book in a bookstore yesterday.

❼ My best friend finished reading an interesting grammar book smoothly in a bookstore yesterday.

마지막 예문 ❼을 중국어로 번역하면 아래와 같다. 이 문장은 중국어의 모든 문장성분을 포함하고 있는 매우 복잡한 구조를 보여준다.

我最好的朋友	昨天	在一家书店	顺利地	读完了	一本有趣的语法书。
주어	시간	在 + 장소	부사어	동사	목적어

❶ '我最好的朋友'는 주어이다.

❷ '一本有趣的语法书'는 목적어이다.

❸ 문장의 주요 동사는 '读'이다.

❹ '昨天', '在一家书店', '顺利地'는 모두 부사어로서 '读'를 수식한다. 부사어는 주로 어떤 동작이 언제, 어디서, 어떻게, 왜 발생했는지 등을 설명하고, 부사어 뒤에 '地'를 부가할 수 있다.

❶ 我今天学习语法。 나는 오늘 어법을 공부한다.

❷ 我在教室里学习语法。 나는 교실에서 어법을 공부한다.

❸ 我和他一起学习语法。 나는 그와 함께 어법을 공부한다.

❹ 我用这本书学习语法。 나는 이 책으로 어법을 공부한다.

❺ 我高高兴兴地学习语法。 나는 즐겁게 어법을 공부한다.

❻ 为了提高中文水平，我学习语法。 중국어 수준을 향상시키기 위해, 나는 어법을 공부한다.

❺ '我', '最好的'는 '朋友'를 수식하며, '一本', '有趣的', '语法'는 '书'를 수식한다. 이를 관형어라고 하는데, 그 뒤에 '的'를 붙일 수 있다.

➊ 我有一个中国朋友。 나는 중국 친구 한 명이 있다.

➋ 他是一个热情的朋友。 그는 매우 열정적인 친구이다.

➌ 他是大家最喜欢的朋友。 그는 모두가 제일 좋아하는 친구이다.

➍ 喜欢唱歌的朋友来这边，喜欢跳舞的朋友去那边。
노래 부르기를 좋아하는 친구는 이쪽으로 오고, 춤추기를 좋아하는 친구는 저쪽으로 가라.

❻ '完'은 보어로서 동사 '读' 뒤에 위치하며, 동작을 수식한다. 중국어의 보어는 다음 네 가지 종류가 있다. 참고로 동사와 보어 사이에 상태보어는 '得', 가능보어는 '得' 또는 '不'를 첨가 해야 한다.

➊ 这本书我学完了。 `결과보어` 이 책은 내가 다 공부했다.

➋ 我们终于爬上了山顶。 `방향보어` 우리는 마침내 산 정상에 올랐다.

➌ 他学得很慢，我学得很快。 `상태보어`
그는 배우는 것이 매우 늦고, 나는 배우는 것이 매우 빠르다.

➍ 这个很容易，我学得好，你放心。 `가능보어`
이것은 아주 쉬워서 제가 잘 배울 수 있으니까, 당신은 걱정하지 마세요.

⊙ 山顶 shāndǐng 산 정상

대부분 다른 언어에는 '보어'라는 어법 성분이 없으며, 다른 방식으로 '보어'가 나타내는 의미를 표현 한다.

➊ Look, you will see it. (看，你会看见的。)

➋ I've been looking for a friend, but I haven't found one. (我一直在找朋友，可是还没找到。)

➌ It is easy, I can study well. (很简单，我能学得好。)

아래 문장을 반드시 기억하자. 중국어 문장의 기본 구조를 이해하면 발음이 같아서 헷갈릴 수 있는 '的', '地', '得'의 용법을 쉽게 이해할 수 있다.

我最好的朋友	昨天	在一家书店	顺利地	读完了	一本有趣的语法书。
주어	시간	장소	부사어	동사 + 보어	목적어
的		地		(得)	的

1. 중국어로 번역해 보세요.

① 3살짜리 남자아이가 큰 탁자에서 즐겁게 춤을 추고 있다.

→ _____

② 우리는 어젯밤 공원에서 멋진 생일 파티를 열었다.

→ _____

③ 그는 너무 멀리 걸었고, 그의 어머니를 도와 그들의 가방을 들 수 없을 만큼 지쳤다.

→ _____

2. 보기 중 알맞은 단어를 골라 빈칸을 채워 보세요.

的　　　地　　　得

① 周末去农村_____旅行怎么样？

② 他急急忙忙_____跑进了教室。

③ 他长_____又高又大，他的女朋友又聪明又漂亮。

④ 我飞一样_____跑进教室，因为我以为我到_____太晚了。

3. 문장이 올바른지 판단하고 잘못된 부분을 고쳐 보세요.

① 我工作在一家大公司。　　○ ✕ _____

② 我见面我的朋友今天晚上八点。　　○ ✕ _____

③ 我对他问美国的情况。　　○ ✕ _____

④ 他三个小时看电视了。　　○ ✕ _____

1. 단어를 조합하여 문장을 만들어 보세요.

① 我们　问题　班　同学　的　中文　语法　在　讨论

→ _____

② 他　我家　来　明天

→ _____

③ 学生　的　跑　进　教室　急忙　迟到

→ _____

④ 每天　我　晚上　录音　听　半个　小时

→ _____

⑤ 我　书　借　图书馆　去　朋友　跟　一起

→ _____

⑥ 人　在　走　我的　同学　前面　的　是

→ _____

⑦ 他　衣服　洗　干干净净　的　被　得

→ _____

⑧ 她　地　把　杯子　扔　地上　生气　在

→ _____

⑨ 我们　在　唱　歌　了　三个　小时　歌厅

→ _____

⑩　　干净　　我妹妹　　衣服　　洗　　洗　　得　　不

→ _____

2. 보기 중 알맞은 단어를 골라 빈칸을 채워 보세요.

的　　　地　　　得

① 那是王老师_____书，不是他_____。

② 妹妹送给我_____生日礼物很好。

③ 真是一个感人_____故事！

④ 他安安静静_____坐在那里看书。

⑤ 客人快到了，晚饭准备_____怎么样了？

⑥ 你做了些什么，大家都看_____见，不必解释了。

⑦ 唱歌唱_____很好_____同学都高高兴兴_____去参加比赛了。

3. 문장이 올바른지 판단하고 잘못된 부분을 고쳐 보세요.

① 1990年10月我的爸爸结婚了我的妈妈。　　　　○ ✕

_____

② 我见面了朋友两次。　　　　　　　　　　　　○ ✕

_____

③ 我以前睡觉，常常要看看书。　　　　　　　　○ ✕

_____

④ 我放书在桌子上。　　　　　　　　　　　　　○ ✕

_____

⑤ 一我看见他，就我很生气。　　　　　　　　○ ✕

---

⑥ 一共我和祖父见了五次面。　　　　　　　　○ ✕

---

⑦ 我希望改善我的中文在这门课上。　　　　　○ ✕

---

⑧ 2020年9月，我旅行到巴黎。　　　　　　　○ ✕

---

⑨ 我也觉得它是一个小舒适的房间。　　　　　○ ✕

---

⑩ 我总去摘草莓在一块田里。　　　　　　　　○ ✕

---

⑪ 旅行是很好的办法了解其他文化。　　　　　○ ✕

---

⑫ 我的三个朋友们来看我。　　　　　　　　　○ ✕

---

⑬ 桌子们都很脏。　　　　　　　　　　　　　○ ✕

제**2**강

시점사(时点词)와 시량사(时量词)

∨
∨
∨
∨

⊕ 생각해보기

■ 밑줄 친 시간 표현에 주의하며 아래의 글을 읽은 후, 어떤 차이점이 있는지 살펴보자.

第一次来中国

我第一次来中国的情景还一直留在我的记忆里。2001年9月我开始在一家公司的外贸部门工作。一个月以后，我的老板告诉我，我们要去香港访问客户。我特别高兴。

离开巴塞罗那的那一天到了。2001年10月18日，这个时间，我绝对忘不了。

在飞行中，我跟我的老板聊了很多。我们一分钟也没浪费。

到达香港以后，我们坐出租车去了旅馆。我注意观察了周围的人、房子、汽车。到旅馆三四个小时之后，我们的客户来欢迎我们了。我们一起去吃了晚饭。在饭店里，还没点菜的时候，我注意到大家喝的饮料是热茶。开始吃饭的时候，我遇到了一个大问题：我不会用筷子！可是，我们的客户热心地教我。我一会儿用筷子，一会儿用刀叉。这让我觉得很不好意思。

这样，我在中国的第一天过去了。

以后的几天，我们很忙。四天里，我们一直没有空儿去游览。真遗憾！可是，那次旅行对我产生了很大的影响，使我对中国产生了浓厚的兴趣。

（范娜莎[스페인]）

➕ 참고단어

情景 qíngjǐng 광경, 정경, 장면 | 外贸 wàimào 대외무역 | 香港 Xiānggǎng 홍콩 | 观察 guānchá 관찰, 관찰하다 | 刀叉 dāochā 나이프와 포크 | 浓厚 nónghòu 짙다, 농후하다

위의 글에서 시간을 나타내는 어휘는 두 종류로 구분할 수 있다.

그룹1	그룹2
2001年9月 2001年10月18日 那一天 第一天 到达香港以后 一个月以后 三四个小时之后 还没点菜的时候 开始吃饭的时候	一个月 一分钟 三四个小时 一会儿 以后的几天 四天里

그룹1은 시간의 한 지점인 '시점'을 나타내는 어휘이고, 그룹2는 시간의 양인 '시량'을 나타내는 어휘이다. 문장에서의 역할이 다르므로 놓이는 위치도 다르다.

시점사(时点词)

시점사는 시간 축의 한 시간점을 나타낸다.

前年 재작년 ｜ 去年 작년 ｜ 今年 올해 ｜ 明年 내년 (2021年 2021년)
上个月 지난달 ｜ 这个月 이번 달 ｜ 下个月 다음 달   上个星期 지난주 ｜ 这个星期 이번 주 ｜ 下个星期 다음 주 (5月2日 5월 2일)
星期一 월요일 ｜ 星期三 수요일 ｜ 星期五 금요일 ｜ 星期六 토요일 ｜ 星期天 일요일

前天 그저께	昨天 어제	今天 오늘	明天 내일	后天 모레

早上 아침	上午 오전	中午 정오	下午 오후	晚上 저녁

差两分八点 8시 2분 전	八点 8시	八点十分 8시 10분	八点一刻 8시 15분	八点半 8시 반

……以前 ~ 이전	现在 현재, 지금	……以后 ~ 이후

第一天 첫 번째 날	那天 그 날	……的时候 ~ 때

시점사의 용법은 다음과 같이 매우 간단하다.

❶ 주어 + 시점사 + 동사 + 목적어   ❷ 시점사 + 주어 + 동사 + 목적어

❶ 我明天上午八点有考试。 나는 내일 오전 8시에 시험이 있다.
　 明天上午八点我有考试。 내일 오전 8시에 나는 시험이 있다.

❷ 他昨天上午九点才起床。 그는 어제 오전 9시에야 일어났다.
　 昨天上午九点他才起床。 어제 오전 9시에야 그는 일어났다.

❸ 我们下个月去上海旅行。 우리는 다음 달에 상하이로 여행을 간다.
　 下个月我们去上海旅行。 다음 달에 우리는 상하이로 여행을 간다.

❹ 我2011年9月开始在一家公司的外贸部门工作。
　 나는 2011년 9월에 한 회사의 무역 부서에서 일을 시작했다.
　 2011年9月我开始在一家公司的外贸部门工作。
　 2011년 9월에 나는 한 회사의 무역 부서에서 일을 시작했다.

» **Check point**

» 아래 두 문장에서는 '시점사 + 주어 + 동사 + 목적어'의 어순만 사용하고 있다.

❶ 还没点菜的时候，我注意到大家喝的饮料是热茶。
　 (우리가) 아직 요리를 주문하지 않았을 때, 나는 모두가 마시고 있는 음료가 뜨거운 차라는 것을 알아차렸다.

❷ 开始吃饭的时候，我遇到了一个大问题。
　 (우리가) 밥을 막 먹으려고 할 때, 나는 큰 문제에 직면했다.

각 문장에는 두 개의 절이 있으며, 앞 절과 뒷 절의 주어가 다르기 때문이다. 앞 절의 주어는 '우리'이고, 뒷 절의 주어는 '나'이다.

» 이 밖에도, 시점 부분이 길어지는 경우라면 '시점사 + 주어 + 동사 + 목적어'의 어순을 사용한다.

❶ 来北京以前，我不会说中文。
베이징에 오기 전에 나는 중국어를 할 줄 몰랐다.

❷ 到达香港以后，我们坐出租车去了旅馆。
홍콩에 도착한 후에 우리는 택시를 타고 숙소로 갔다.

☑ 연습 문제 1

1. 문장이 올바른지 판단하고 잘못된 부분을 고쳐 보세요.

① 出生5号11月1980年。　　○ ✕ _____

② 我要去中国下个学期。　　○ ✕ _____

③ 我毕业大学2018年。　　○ ✕ _____

2. 단어를 조합하여 문장을 만들어 보세요.

① | 上个 | 星期天 | 我 | 睡懒觉 | 在家 | 八点 |

→ _____

② | 我 | 见面 | 朋友 | 跟 | 八点 | 晚上 | 今天 |

→ _____

2 시량사(时量词)

시량사는 시간의 길고 짧음, 즉 시간의 일정 기간을 나타내는 어휘로 다음과 같은 예를 들 수 있다.

- 一秒钟
- 两分钟
- 一个小时
- 一个晚上
- 一天
- 一个星期
- 一个月
- 一年

시량사의 용법이 다소 어렵게 느껴질 수 있으므로 시량사 문형을 주의깊게 살피면서 그 의미를 파악해야 한다.

> ❶ 주어 + 시량사 + 也/都 + 没/不 + 동사

이 형식은 부정의 의미를 강조한다.

❶ 她病了，可是，他不想去陪她，一天也没去过。
그녀가 병이 났지만, 그는 그녀를 돌보러 갈 마음이 없어서 단 하루도 가지 않았다.

❷ 这个电影太无聊了，我一分钟也不想看。
이 영화는 너무 재미가 없어서 나는 단 1분도 보기 싫다.

❸ 这里太脏了，我一秒钟也不想待在这里了。
이곳은 너무 더러워서, 나는 단 1초도 이곳에 머물기 싫다.

❹ 虽然很疼，但是，这个孩子没有哭，而且，一会儿都没忘了游戏的事儿。
비록 너무 아팠지만 이 아이는 울지도 않았을 뿐만 아니라, 잠시도 노는 일을 잊지 않았다.

» Check point

» 이 형식에서 사용할 수 있는 시량사는 모두 짧은 시간만을 나타낸다. 예를 들면, '一天', '一分', '一秒钟', '一会儿' 등이 있다.

1. 대화 속 상황을 상상하며 질문에 답해 보세요.

① 你来中国以后，是不是忘了你的好朋友？

→ _____ [一天/一分钟/一秒 + 也没 + 동사]

② 那个CD你真的这么不喜欢吗？

→ _____ [一分钟也不想 + 동사]

③ 那天的晚会怎么样？好玩吗？

→ _____ [一会儿也没 + 동사]

④ 你的同屋没那么糟糕吧，你真的要搬家吗？

→ 对，一定要搬。_____ [一天也不 + 동사]

⑤ 一定要现在就去吃饭吗？等我做完作业再去吧。

→ 我饿死了，_____，现在就去吧。[一会儿也不 + 동사]

◎ **糟糕** zāogāo 엉망이다

2. 중국어로 번역해 보세요.

① 나는 단 1분도 그를 떠나기 싫다.

→ _____

② 그들은 매일 열심히 일하는데, 단 하루도 쉬지 않는다.

→ _____

❷ 주어 + 동사 + 시량사 (+ 목적어)

이 형식은 동작의 지속 시간을 나타낸다.

❶ 你好好睡一会儿，睡醒后就会好一些。
너는 잠시 푹 자고 나면, 잠이 깨고 나서 좀 나아질 것이다.

❷ 我学了一年语法了。 나는 1년 동안 어법을 배우고 있다.

❸ 飞机推迟了一个小时才起飞。 비행기는 한 시간 지연되고 나서야 출발했다.

❹ 我前后左右地看这幅画儿，看了半天，也没有发现好在哪儿。
나는 이 그림을 이리보고 저리보고 했는데, 한참을 봐도 어떤 점이 좋은지 발견하지 못했다.

❺ 我每天学习六个小时，运动一个小时，看半个小时电视，睡八个小时觉。
나는 매일 여섯 시간 공부를 하고, 한 시간 운동을 하고, 30분 TV를 보고, 여덟 시간 잠을 잔다.

» **Check point**

» 동사의 목적어가 대사일 경우, 시량사는 대사의 뒤에 위치하여, '주어 + 동사 + 대사 + 시량사'의 순서가 된다.

❶ 我等了他三年。 나는 그를 3년간 기다렸다.

❷ 妈妈叫了你半天，你怎么还不去?
어머니가 너를 한참을 불렀는데, 너는 어째서 아직도 가지 않았어?

» 동작이 끝난 후의 지속 시간을 나타낼 경우, '주어 + 동사 + 목적어 + 시량사'의 순서가 된다.

❶ 我来这里三个月了。 나는 이곳에 온 지 3개월이 되었다.

❷ 他已经毕业两年了。 그는 졸업한 지 이미 2년이 되었다.

❸ 我刚起来一会儿，还有点儿困。 나는 일어난 지 얼마 되지 않아, 아직 좀 졸리다.

» 한 문장에 목적어와 시량사가 모두 있는 경우, 동사를 두 번 사용한 '주어 + 동사 + 목적어 + 동사 + 시량사'의 순서도 가능하다.

❶ 我看电视看了一个小时。 나는 TV를 한 시간 동안 보았다.

❷ 他吃这种药吃了十年。 그는 이러한 종류의 약을 10년 동안 먹었다.

» '목적어 + 주어 (+ 花) + 시량사 + 동사구'의 형식에서는 '花'를 생략할 수 있다. 동사구는 '동사 + 결과보어'의 형식으로 이루어지는 것이 일반적이다.

❶ 这本书他(花了)两个小时就看完了，我(花了)八个小时才看完。
이 책을 그는 두 시간 만에 다 보았고, 나는 여덟 시간을 들여서야 다 보았다.

❷ 这个问题他五分钟就问清楚了。
이 문제를 그는 5분 만에 확실하게 물었다.

✓ 연습 문제 3

1. 예시를 참고하여 시량사 문장을 다양한 형식으로 바꾸어 보세요.

> 예시　整整一个上午，我父亲都在跟老师谈话。
> → 我父亲跟老师谈了一个上午话。[주어 + 동사 + 시량사 + 목적어]
> 　 我父亲跟老师谈话谈了一个上午。[주어 + 동사 + 목적어 + 동사 + 시량사]

① 两个小时里，我一直在想问题。

→ _____

② 我从八点开始做作业，十点做完。

→ _____

③ 这一年多里，他一直照顾我。

→ _____

④ 他是一个多月前来这里的。

→ _____

⑤ 他2015年来北京学习中文，2020年才回去。

→ _____

⑥ 从星期一到星期天他都在工作。

→ _____

⑦ 他以前有两次去中国的经历。

→ _____

---

❸ **일정 시간 동안 발생한 일을 표현할 때**

주로 아래의 세 가지 문형이 쓰인다.

(1) 주어 + 시량사 (+ 里/之内) + 동사 + 목적어

❶ 他一定要见到你，一个小时(内)打了三个电话给你。
그는 반드시 너를 만나야 했기 때문에, 한 시간에 세 번이나 네게 전화했어.

❷ 我十年(里)写了五部小说，速度够快的吧?
나는 십 년 동안 다섯 편의 소설을 썼으니, 속도가 꽤나 빠른 편이지?

❸ 这两个小时里，我们一直在学语法。 이 두 시간 동안, 우리는 줄곧 어법을 배우고 있다.

❹ 我今天在家里思考问题，一个小时里谁也不见。
나는 오늘 집에서 생각에 잠겨있느라, 한 시간 동안 아무도 만나지 않았다.

❺ 如果在三个星期之内没有人给她提供支持和帮助，她怎么办呢?
3주 이내에 그녀에게 지지와 도움을 주는 사람이 없으면, 그녀는 어쩌면 좋지?

◎ **思考** sīkǎo 생각하다, 사고하다

(2) 주어 (+ 有) + 시량사 + 没/不 + 동사 + 목적어 + 了

❶ 我们差不多(有)三天没有出去玩儿了，今天去看电影吧。
우리는 거의 3일 동안 나가 놀지 않았으니, 오늘은 영화를 보러 가자.

❷ 我已经(有)两天没给他打电话了，不知道他现在怎么样。
나는 이미 이틀 동안이나 그에게 전화를 하지 않아서, 그가 지금 어떤지 모르겠어.

❸ 他有一个星期不抽烟了，你应该表扬他一下。
그는 일주일 동안 담배를 피우지 않았으니, 너는 그를 칭찬 좀 해주어야 한다.

(3) 주어 + 시량사₁ (+ 里/之内) + 有 + 시량사₂ + 동사 + 목적어

❶ 他一年(之内)有十个月不在国内，孩子都快不认识他了！
그는 일 년 동안 10개월을 국내에 있지 않아, 자식들조차 그를 못 알아보게 생겼어!

❷ 你一个星期(里)有三天都迟到了，还是买个闹钟吧。
너는 일주일 동안 3일을 지각했으니, 알람시계를 사는 게 낫겠다.

❸ 我一个月里有三个星期都在加班，真的太累了。
나는 한 달 동안 3주를 모두 야근했더니, 정말 너무 힘들다.

☑ 연습 문제 4

1. '주어 + 시량사 (+ 里/之内) + 동사 + 목적어' 형식을 사용하여, 자유롭게 문장을 완성해 보세요.

① 你怎么才回来？刚才你的朋友找你，他很着急，_____。

② 一个人如果_____，那一定会死。

③ 你应该坚持锻炼，_____的话，你的身体能慢慢好起来的。

④ 我要写论文，_____，你不要打扰我，等我写完了，你再来玩儿吧。

⑤ 他很喜欢看电影，_____。

◎ 论文 lùnwén 논문

2. '주어 + 시량사₁ + 有 + 시량사₂ + 동사 + 목적어', 혹은 '주어 (+ 有) + 시량사 + 没/不 + 동사 + 목적어 + 了' 형식을 사용하여 상황에 맞게 질문에 답해 보세요.

① A 那个学生不太努力，是吗？

　 B 是啊，_____。

② A 听说你老家最近几年天气比较奇怪，跟以往不太一样，是吗？

   B 是啊，以前一点儿也不干燥＿＿＿＿＿＿＿＿＿＿＿＿＿；

      可是最近，雨太少了，＿＿＿＿＿＿＿＿＿＿＿。

③ A 过去的一年，你忙吗？

   B 很忙，＿＿＿＿＿＿＿＿＿＿＿。

④ A 你跟好朋友的联系多吗？

   B 不多，＿＿＿＿＿＿＿＿＿＿＿。

⑤ A 刚做妈妈，很辛苦吧？晚上睡得好吗？

   B 太辛苦了，睡不好啊。＿＿＿＿＿＿＿＿＿。

3. 문장이 올바른지 판단하고 잘못된 부분을 고쳐 보세요.

① 他回来的时候，我看电视了四个小时。 ○ ✕

＿＿＿＿＿＿＿＿＿＿＿＿＿＿＿＿＿＿＿＿＿＿＿＿＿＿＿

② 他回来的时候，我四个小时看电视了。 ○ ✕

＿＿＿＿＿＿＿＿＿＿＿＿＿＿＿＿＿＿＿＿＿＿＿＿＿＿＿

③ 他看电视看了四个小时，真够无聊的。 ○ ✕

＿＿＿＿＿＿＿＿＿＿＿＿＿＿＿＿＿＿＿＿＿＿＿＿＿＿＿

④ 我等了一个小时他，一个小时我什么也没做。 ○ ✕

＿＿＿＿＿＿＿＿＿＿＿＿＿＿＿＿＿＿＿＿＿＿＿＿＿＿＿

이 형식은 두 가지 상황이 번갈아 발생하면서 변화하는 것을 나타낸다.

❶ 她常常变换家具的位置: 沙发一会儿靠墙一会儿靠窗，书架一会儿朝南一会儿朝北。她的家像迷宫一样，几天一个样儿。

그녀는 자주 가구의 위치를 바꾸곤 한다. 소파는 한동안은 벽 쪽에 두었다가, 한동안은 창 쪽에 두었고, 책장은 한동안은 남쪽을 향했다가, 한동안은 북쪽을 향했다. 그녀의 집은 미궁처럼 며칠마다 한 가지씩의 모습을 나타낸다.

❷ 昨天我的朋友去书店买书。书店很大，书架上有很多书，售货员又不在。所以，我的朋友一会儿去这里看，一会儿去那里看，找了半天。

어제 내 친구가 서점에 가서 책을 샀다. 서점은 넓었고 책장에도 많은 책이 있었는데, 판매원이 자리에 없었다. 그래서 내 친구는 한동안은 이쪽으로 가보고, 한동안은 저쪽으로 가보고, 한참 동안 책을 찾았다.

◇ 墙 qiáng 벽 │ 迷宫 mígōng 미궁

✓ 연습 문제 5

1. '주어 + 시량사 + 동사, 시량사 + 동사' 형식을 사용하여, 문장을 완성해 보세요.

① 这个孩子今天很奇怪，＿＿＿＿＿＿（哭），＿＿＿＿＿＿（笑），他怎么了？

② 他很安静，他的女朋友很好动，＿＿＿＿＿＿＿＿，＿＿＿＿＿＿＿＿，他受不了了，所以，他们分手了。

③ 老师上课有很多办法，＿＿＿＿＿＿（让我们读课文），＿＿＿＿＿＿（让我们做练习），＿＿＿＿＿＿（让我们做对话）。

④ 我是在中国长大的，习惯了吃中餐，我觉得吃西餐太麻烦了，＿＿＿＿，＿＿＿＿。

⑤ 他一会儿从床上移到椅子上，＿＿＿＿＿＿，没有一刻安静过。

2. 큰 소리로 읽어 보세요.

> 他一天不见你，你就得等一天；他十天不见你，你就得等十天；他一个月不见你，你就得等一个月。

❺ 기타

이 외에도 시량사를 사용한 형식이 몇 가지 있는데, 간단하게 이해하고 넘어가 보자.

(1) 주어 (+ 每) + 시량사 + 동사 + 수량사 + 목적어 [매 시간 간격마다 발생하는 동작의 횟수를 나타냄]

❶ 我一个人在北京工作，(每)三年回一次家。
나는 홀로 베이징에서 일을 하는데, 3년마다 한 번씩 집에 간다.

❷ 他们的关系不太好，(每)两天就吵一架。怎么办?
그들은 사이가 좋지 않아서, 이틀에 한 번씩 말다툼을 한다. 어쩌면 좋을까?

❸ 记住，(每)四个小时量一次体温，别忘了。
기억하세요. 네 시간마다 한 번씩 체온을 측정해야 하니, 잊으시면 안 됩니다.

(2) 시량사 + 后/以后/之后 + 주어 + 동사 + 목적어

❶ 三个星期后，玛丽基本原谅他了。
3주 후에, 마리는 그를 거의 용서했다.

❷ 差不多一个星期以后，天空才恢复一片蓝色。
대략 일주일 후에, 하늘은 비로소 푸른색을 되찾았다.

❸ 一会儿之后，她说：“你自己决定吧。”
잠시 후에, 그녀는 "너 스스로 결정해라."라고 말했다.

◎ 恢复 huīfù 회복되다

» Check point

» 시량사가 '**一会儿**', '**不久**', '**好半天**' 등인 경우, '**之后**'는 생략할 수 있다.

❶ 我不在乎这些，一会儿我还要去找那个人!
나는 이러한 것들에 대해 개의치 않기 때문에, 잠시 후에 나는 그 사람을 여전히 찾으러 갈 거야!

❷ 我们不久就会见面的，几天后我就离开这里去找你们。
우리는 머지않아 곧 만날 수 있을 거야. 며칠 후에 우리는 이곳을 떠나 너희들을 찾아가려고 해.

❸ 好半天，他才说出一句话：“你会有麻烦的。”
한참 지나고서야, 그는 겨우 말을 꺼냈다. "너 골치 아파질 거야."

1. 문장이 올바른지 판단하고 잘못된 부분을 고쳐 보세요.

① 好好，你先等一等，我就来一会儿。 ○ ✕

_____

② 我病了，在家休息，以后三个星期，我终于恢复了健康。 ○ ✕

_____

2. 중국어로 번역해 보세요.

① 내 딸은 2주마다 한 번씩 나를 보러 온다.

→ _____

② 과거 20년 동안 평균적으로 3년에 한 번씩 위기가 발생했다.

→ _____

③ 올해부터 당신은 두 달에 한 번씩 종합적인 정책 보고서를 제출해야 합니다.

→ _____

◎ **平均** píngjūn 평균적인 | **危机** wēijī 위기 | **提交** tíjiāo 제출하다 | **综合** zōnghé 종합(하다) | **政策** zhèngcè 정책

③ 시간을 나타내는 대표적인 어휘의 용법

❶ '明天'과 '第二天'

먼저 연습 문제를 통해 두 시간사의 차이점을 살펴보자.

1. 보기 중 알맞은 단어를 골라 빈칸을 채워 보세요.

明天　　　第二天

① 熬了一夜，你太辛苦了，_____ 不要来上班了，在家好好睡一觉吧。

② _____ 就要考试了，你怎么还要去酒吧？

③ 我2月15号到了北京，_____，我就参加了分班考试。

④ 我回到家里的 _____，就给王老师打了一个电话。

⑤ 那天我们一起逛了一下午街，_____ 早上她就回去了。

⑥ 到那儿以后，我们先休息一下，_____ 再去调查吧。

'**明天**'은 '어제', '오늘', '내일'에서 '내일'을 가리키고, '**第二天**'은 과거의 한 시점, 혹은 미래의 한 시점을 기준으로 하는 '다음 날'을 나타낸다.

❷ '**左右**'와 '**前后**'

> ⊕ **생각해보기**
>
> 🗨 '**左右**'와 '**前后**'의 용법은 무엇일까?
>
> | | | | |
> |---|---|---|---|
> | · 五点左右(○) | · 五天左右(○) | · 五斤左右(○) | · 春节左右(×) |
> | · 五点前后(○) | · 五天前后(×) | · 五斤前后(×) | · 春节前后(○) |

'**前后**'는 시점사 뒤에만 위치할 수 있는 반면, '**左右**'는 시점사나 시량사, 또는 수량사 뒤에도 위치할 수 있다. 그러나 '**春节**'와 같은 고유명사와는 함께 사용할 수 없다.

✓ 연습 문제 8

1. 보기 중 알맞은 단어를 골라 빈칸을 채워 보세요.

> 左右   前后

① 我在中国学习了十个月_____。

② 到圣诞节_____，我就要回国了。

③ 我们约好六点_____见，可是现在已经七点了，他还没来。

④ 他个子一米八_____，长得也很帅。

⑤ 你可以带二十公斤_____重的行李。

---

❸ '以后', '后来', '然后'

'**以后**'와 '**后来**', 그리고 '**然后**'의 차이는 무엇일까? 먼저 연습 문제를 통해 유추해 보자.

✓ 연습 문제 9

1. 보기 중 알맞은 단어를 골라 빈칸을 채워 보세요.

> 以后   后来   然后

① 四年_____，我们就毕业了。

② 长大_____，我要当一个画家。

③ 从那天_____，我再也没见过他。

④ 我小时候很喜欢吃巧克力，_____不喜欢了。

⑤ 刚结婚的时候，他们很幸福，可是，_____离婚了。

⑥ 听完我的话，他想了想，_____就告诉了我一个秘密。

⑦ 我们先去逛商店，_____再一起吃午饭，好吗？

'以后'는 시점사와 시량사, 혹은 동사구 뒤에 위치한다.

'后来'는 '과거 사건1, 后来, 과거 사건2'의 형식으로 사용된다.

'然后'는 주로 '先……, 然后……'의 형식으로 사용된다.

> ❹ '以前'과 '以后', '以内'와 '以来'

⊕ 생각해보기

■ '以前'과 '以后', '以内'와 '以来', 이 네 단어들의 용법은 무엇일까?

❶ 我是二天以前才知道这件事的。 나는 이틀 전에야 이 일을 알게 되었다.

❷ 2017年以前我没离开过父母。 2017년 이전에 나는 부모님의 곁을 떠나본 적이 없다.

❸ 半个月以后再去看通知吧。 보름 후에 다시 통지를 보러 가도록 하자.

❹ 2020年以后她发生了很大的变化。 2020년 이후로 그녀에게는 큰 변화가 일어났다.

❺ 这次的作业一周以内一定要交。 이번 숙제는 일주일 안으로 반드시 제출해야 한다.

❻ 工作以来，他一直很努力。 일을 시작한 이래, 그는 줄곧 열심히 했다.

'以前'과 '以后'는 시점사나 시량사, 혹은 동사구 뒤에 위치한다. 예를 들면, '上课以前', '下课以后' 등이 있다. '以内'는 시량사 뒤에서 쓰이며, '以来'는 시량사, 혹은 동사구 뒤에서 사용된다.

1. 보기 중 알맞은 단어를 골라 빈칸을 채워 보세요.

以前　　以后　　以内　　以来

① 他回国已经三年了。三年＿＿＿＿＿他一直在学习中文。

② 十年＿＿＿＿＿她还是个小姑娘，现在已经是两个孩子的妈妈了。

③ 我只给你们一个星期的时间，一个星期＿＿＿＿＿一定要交作业。

④ 现在路上堵车，我八点＿＿＿＿＿大概回不去了。

⑤ 回国＿＿＿＿＿我没有再和他联系。

⑥ 你的肺已经很不好了，＿＿＿＿＿你不能再抽烟了。

⑦ 我也不了解她＿＿＿＿＿的情况。

⑧ 现在只管现在，＿＿＿＿＿怎么样谁知道呢？

---

❺ '时间'과 '时候'

⊕ **생각해보기**

🔲 '时间'과 '时候'의 차이점은 무엇일까?

❶ 一节课的时间是五十分钟。 한 교시의 수업 시간은 50분이다.

❷ 上课的时候不能吃东西。 수업 시간에 음식을 먹으면 안 된다.

❸ 从宿舍到教室要多长时间？ 숙소에서 교실까지 얼마나 걸립니까?

❹ 我到教室的时候，已经是九点一刻了。 내가 교실에 도착했을 때는 이미 9시 15분이었다.

❺ 上课的<u>时间</u>是九点。 수업 시작 시간은 9시이다.

❻ Ⓐ 现在是什么<u>时间</u>? 지금 시간이 어떻게 됩니까?

Ⓑ 现在是八点。 지금은 여덟 시입니다.

❼ Ⓐ 你什么<u>时候</u>来的? 너는 언제 온 거야?

Ⓑ 我昨天来的。 나는 어제 왔어.

'**时间**'은 시량과 시점의 의미를 모두 나타낼 수 있는 반면, '**时候**'는 시점의 의미만 나타낼 수 있다.

✔ 연습 문제 11

1. 보기 중 알맞은 단어를 골라 빈칸을 채워 보세요.

时间   时候

① 现在是北京_____六点整。

② 通知大家两件事：一、考试的_____改了；二、考试的_____不要带任何书。

③ 不能浪费_____，这么简单的道理你也不知道吗？

④ 你现在有_____吗？

⑤ 有_____我真想不学中文了，太难了。

⑥ 我刚来北京的_____，一句中文也不会说。

⑦ 你什么_____有空儿? 咱们该一起聊聊了。

1. 문장이 올바른지 판단하고 잘못된 부분을 고쳐 보세요.

① 你别着急，十分钟他一定会来。 ○ ✕

_____

② 你每天晚上多长时间睡觉？ ○ ✕

_____

③ 我不是舍不得花钱，但是，我不想把我的钱花完一天内。 ○ ✕

_____

④ 又花了十一个时间，我们回去了。 ○ ✕

_____

⑤ 我一趟去过西安2007年。 ○ ✕

_____

⑥ 在澳大利亚，我们每年四次一起出去。 ○ ✕

_____

⑦ 我们换车好几次了。 ○ ✕

_____

⑧ 到了宿舍，三十分钟休息以后，我们开始旅游。 ○ ✕

_____

⑨ 我们六个小时爬了山。 ○ ✕

_____

⑩ 到首尔以后，我们一天在那里休息。 ○ ✕

_____

⑪ 我们应该八个小时坐飞机。　　　　　　　　　○ ✕

_____

⑫ 我寒假去了一个星期云南旅游。　　　　　　　○ ✕

_____

⑬ 我们开车了两个星期去访问有名的地方。　　　○ ✕

_____

⑭ 从天津到西安要左右十五个小时。　　　　　　○ ✕

_____

⑮ 我们过了五天在上海。　　　　　　　　　　　○ ✕

_____

⑯ 每个晚上我们四五个小时吃晚饭。　　　　　　○ ✕

_____

⑰ 玩儿了五天在上海以后，我们两天去宁波和周庄旅行了。　○ ✕

_____

⑱ 北京大学有左右两千个留学生。　　　　　　　○ ✕

_____

⑲ 2016年我在北京认识了他，以后，他离开了中国，我们就没有再见过面。　○ ✕

_____

⑳ 我毕业大学2014年，明年我就结婚了，现在我的孩子已经六岁了。　○ ✕

_____

2. 주제와 요구사항을 유의하여 작문해 보세요.

주제	《我的朋友在书店》
요구사항	• 알맞은 문장 구조를 사용하세요. • 아래 표에서 시간과 관련된 문형을 활용하세요.

⚠️ 시간을 나타내는 문형

유형 1	주어 + 시점사 + 동사 + 목적어 시점사 + 주어 + 동사 + 목적어
유형 2	주어 + 시량사 + **也/都** + **没/不** + 동사
유형 3	주어 + 동사 + 시량사 (+ 목적어) 주어 + 동사 + 목적어 + 동사 + 시량사
유형 4	주어 + 시량사 (+ **里/之内**) + 동사 + 목적어 주어 (+ **有**) + 시량사 + **没/不** + 동사 + 목적어 + **了** 주어 + 시량사₁ + **有** + 시량사₂ + 동사 + 목적어
유형 5	주어 + 시량사 + 동사, 시량사 + 동사
유형 6	주어 (+ **每**) + 시량사 + 동사 + 수량사 + 목적어
유형 7	시량사 + **后/以后/之后** + 주어 + 동사 + 목적어

제**3**강

방위사와 장소 표현

⌄⌄⌄⌄⌄

⊕ 생각해보기

● 아래의 글을 시간사의 용법과 밑줄 친 부분에 주의하며 읽어 보자.

见面

从高中毕业的时候起，他跟女性的关系就总是一个发展模式：第一、他们是好朋友；第二、他们是非常好的朋友；第三、他们是情人；第四、他们又成了好朋友。可是，最近几年来，他对这个情况越来越不满意。他交过很多女朋友，可是，每一个都达不到爱人的高度，不是没有爱，就是爱得不够。

那年他28岁，还没有未婚妻，更不用说妻子了。他本来有一个已经有十一年友谊的好朋友，有时候好像他们真的就要爬到第三层——成为情人了，可是，她说爬到第三层太危险了，可能失掉他们已经建立起来的友谊。

那是他硕士研究生的最后一年，第二年他就要到中国去留学了，所以，那年开始的时候，他认为最好不要跟姑娘谈恋爱，他需要很多时间准备考试，而且他已经有几个好朋友了，为什么一定要找一个爱人不可呢？

可是，在10月15号，他在信箱里发现了一张纸条，打开一看，上面写着：

你好：

我姓范，叫丽丽，跟你一个系的，一年级研究生。根据汪老师的建议，我想跟你交个朋友。你看我们可不可以见个面？……。

纸条上还写着她的地址和电话号码。信写得很客气，也很自然。

他想，这种交朋友的方式真是太奇特了。他以前认识朋友，不是在教室里，就是在酒吧里，或者是在舞会上，从来没有这样与一个姑娘相识过，而且姑娘主动写信给他。他又激动又不安，到处打听这个姑娘是个什么样的人。大家都告诉他，范丽丽又漂亮又温柔。可是她为什么选择了他呢？

无论怎么样，他一定要见她一面。第二天下午，他给她打了一个电话。

"喂，你是丽丽吗？"

"是的。哪位？"

"我是——，我收到了你的条子，谢谢你。"

"不客气。"

"那么……，所以……"

"啊，不浪费你的时间吧？"……。

对着话筒他不知道说什么好了。可是，她很热情，跟他约好了见面的时间和地点。只从这一次电话接触，他就觉得她很亲切，很可爱。

见面后谈了四个小时话，他们上到了第一层，成为朋友；十二月他们上到了第二层，成了好朋友。第二年一月他们上到了第三层，成为恋人；四月，他们订婚了。

(马思凯[美]，选自吕文珍主编《五彩的世界》北京大学出版社，1991，有改动)

➕ 참고단어

模式 móshì 유형 | **未婚妻** wèihūnqī 약혼자 | **友谊** yǒuyì 우정 | **硕士** shuòshì 석사 | **谈恋爱** tán liàn'ài 연애하다 | **信箱** xìnxiāng 우편함 | **纸条** zhǐtiáo 종이쪽지 | **奇特** qítè 독특하다 | **温柔** wēnróu 부드럽고 따뜻하다 | **选择** xuǎnzé 선택하다 | **话筒** huàtǒng 수화기 | **接触** jiēchù 연락이 닿다 | **订婚** dìnghūn 약혼하다

밑줄 친 부분은 시간사를 제외하면 모두 장소를 나타내는 어휘들이다. 해당 문장들을 살펴보자.

❶ 他在信箱里发现了一张纸条。 그는 우편함에서 쪽지 하나를 발견했다.

❷ <u>纸条上</u>还写着她的地址和电话号码。 쪽지에는 그녀의 주소와 전화번호가 적혀 있었다.

❸ 他以前认识朋友，不是在<u>教室里</u>，就是在<u>酒吧里</u>，或者是在<u>舞会上</u>。
그가 이전에 알게 된 친구들은 교실에서가 아니면 술집이나 파티에서 만났었다.

'信箱里', '纸条上', '教室里', '酒吧里', '舞会上' 등과 같이 장소를 나타내는 구에는 모두 '上' 또는 '里'가 포함되어 있는데, 이를 '방위사'라고 한다. 중국어의 장소 표현을 공부할 때, 반드시 방위사의 어법 특징을 이해해야 한다.

방위사

중국어의 방위사는 두 가지 종류가 있다.

(1) 단음절 방위사	• 上，下，左，右，前，后，里，外，东，西，南，北
(2) 이음절 방위사	• 上，下，左，右，前，后，里，外，东，西，南，北 + 边/面 • 中间，旁边，附近，周围，中央，这儿，那儿

방위사의 어법 기능은 명사 뒤에 놓여 장소 또는 위치를 나타내는 것이다. 단음절 방위사는 명사(구) 뒤에 직접 올 수 있다.

❶ <u>桌子上</u>有很多书。 책상 위에는 많은 책이 있다.

❷ <u>门前</u>大桥下，走来一群鸭(子)。 문 앞의 큰 다리 아래에서 오리 떼가 걸어왔다.

❸ 一直走，<u>路左</u>就是。 계속 걸어가면, 길 왼쪽에 바로 있어요.

❹ 有一些陌生人来到了<u>村里</u>。 몇몇 낯선 사람들이 마을에 왔다.

◎ 陌生人 mòshēngrén 낯선 사람

이음절 방위사 역시 명사 뒤에 직접 올 수 있는데, 단음절 방위사와 달리 명사 뒤에 먼저 '的'를 쓴 후, 방위사를 쓸 수도 있다.

❺ <u>桌子(的)上面</u>有很多书。 책상 위에는 많은 책들이 있다.

❻ 我们去<u>学校(的)附近</u>看看吧。 우리 학교 근처에 가서 한번 보자.

이음절 방위사는 독립적으로 사용되기도 한다.

❼ 下边没有人，我们去上边看看吧。 아래에는 사람이 없다. 우리 위에 가서 한번 보자.

» **Check point**

» 만약 단어 자체가 장소 의미를 명확히 나타낸다면, 방위사를 쓸 필요가 없다. 하지만 장소 의미를 정확히 나타내지 않는다면, 방위사를 써서 장소를 표현해야 한다.

장소명사 ◀⋯				⋯▶ 일반(사물)명사	
그룹1	그룹2	그룹3	그룹4	그룹5	그룹6
旁边	办公室	黄山	屋子	电梯	家具
前面	警察局	长江	教室	桌子	思想
东边	外贸公司	故宫	阳台	椅子	河水
西部	火车站	长江大桥	走廊	甲板	大火

위의 표를 보면 그룹1에서 그룹6으로 갈수록 장소성은 점점 더 줄어든다. 그룹5와 그룹6은 일반적으로 반드시 방위사를 더해야 하는데, '在', '到', '去', '来' 등의 단어와 함께 쓰인다. 그룹4는 주로 방위사를 붙이는 경향이 있는데, 마찬가지로 '在', '到', '去', '来' 등의 단어와 함께 쓰인다. 그룹1과 그룹2는 자체적으로 장소를 나타낼 수 있다. 그룹3은 장소성이 있는 편이라 자체적으로 쓰일 수 있지만 때로는 방위사를 더해야 비로소 장소를 나타낼 수 있다.

» 중국어에서 동작 발생의 장소는 일반적으로 동사 앞에 놓이게 되는데, 즉 '주어 + 在 + [장소] + 동사'로 쓰인다.

❶ 我在北大学习中文。 나는 베이징대학에서 중국어를 공부한다.

❷ 我在中国旅行了一个星期。 나는 중국에서 한 주 동안 여행했다.

❸ 我在草地上躺着听音乐。 나는 풀밭에 누워 음악을 듣는다.

» 방위사는 장소 또는 공간을 나타내는 것 외에도, 시간을 나타내기도 한다.

❶ 教室前 / 教室后 교실 앞 / 교실 뒤 → 三年前 / 三年后 3년 전 / 3년 후

❷ 前三年 / 后三年 한 분기점을 기준으로 그 앞의 3년과 기준점 이후의 3년

❸ 来中国以前，我不太了解中国。 중국에 오기 전, 나는 중국을 그다지 알지 못했다.

❹ 继续努力吧，前面的路还很长。 계속 노력해 보세요. 앞날은 아직 길어요.

❺ 前年 / 后年 재작년 / 내후년

❻ 桌子上 / 桌子下 책상 위 / 책상 아래 → 上个月 / 下个月 지난달 / 다음 달

❼ 我的左边 / 我的右边 나의 왼쪽 / 나의 오른쪽 → 三年左右 / 八点前后 3년 정도 / 8시 전후

❽ 教室里 / 教室外 교실 안 / 교실 밖 → 三年里 3년 안에

공간을 나타내는 단어는 또한 시간을 나타내기도 하는데, 이것은 인류 언어의 보편적인 특징이다.

✓ 연습 문제 1

1. 문장이 올바른지 판단하고 잘못된 부분을 고쳐 보세요.

① 有一只小花猫在下边的桌子。　　　　　　　　　　　　　　○ ×
_____

② 我的家人住在西南的法国。　　　　　　　　　　　　　　　○ ×
_____

③ 我喜欢很贵的菜，可我也很喜欢很便宜的菜，可以在路买。　○ ×
_____

④ 他床上坐着看北京电视台的节目。　　　　　　　　　　　　○ ×
_____

⑤ 这个问题我也不会，你去老师问问吧。　　　　　　　　　　○ ×
_____

⑥ 大熊猫吃完了竹子以后，在一棵树睡着了。　　　　　　　　○ ×
_____

⑦ 我看见一个牌子，牌子有我们的酒店的名字。　　　　　　　○

◎ 牌子 *páizi* 팻말

2. 중국어로 번역해 보세요.

① 도서관은 기숙사의 북쪽에 있다.

→ _____

② 북쪽의 건물은 강의동입니다.

→ _____

③ 나는 지금 바에서 홀로 커피를 마시는 중이다.

→ _____

④ 이 책들 중에서 이 책이 내가 제일 좋아하는 것이다.

→ _____

 ## 방위사 '上' 또는 '里'를 사용해야 하는가?

먼저 다음 문장을 번역해 보자.

❶ 나는 내년부터 중국에서 일하기 시작할 것이다.　→　我明年开始在中国工作。

❷ 우리는 소파 위에 앉아 이야기를 한다.　→　我们在沙发上(坐着)聊天。

❸ 나는 날마다 학교에서 중국어를 공부한다.　→　我天天在学校学中文。

❹ 학교 안에 가게 한 곳이 새롭게 문을 열었다.　→　学校里新开了一家商店。

위 네 개의 한국어 문장에서는 모두 조사 '~에(서)'가 사용된다. 그러나 중국어 번역문을 살펴보면, 어떤 문장에서는 '上' 또는 '里'가 사용되었고, 어떤 문장에서는 방위사가 사용되지 않았다. 그렇다면 중국어로 표현할 때, 방위사를 어떻게 사용해야 할까?

❶ '○○ + 国 / 省 / 市 / 县 / 区 / 镇(zhèn, 읍)' 및 '北京', '上海', '首尔' 등의 지명은 자체적으로 명확하게 장소를 나타내므로 방위사 '上' 또는 '里'를 쓸 필요가 없다.

❶ 泰山在山东(省)。 타이산은 산동성에 있다.

❷ 北京有很多大公司。 베이징에는 많은 대기업들이 있다.

❷ 일반적인 사물명사는 반드시 방위사 '上' 또는 '里'를 써야 한다.

❶ 老师在黑板上写了很多字。 선생님은 칠판에 많은 글자들을 썼다.

❷ 上下班高峰的时候，公共汽车上非常挤。 출퇴근 러시아워 때, 버스는 매우 붐빈다.

❸ 杯子里有一只苍蝇，你看见了吗？ 컵 안에 파리 한 마리가 있는데, 너 봤어?

◎ **高峰** gāofēng 피크, 최고점 | **苍蝇** cāngying 파리

❸ '学校', '公司', '图书馆' 등의 명사는 업무를 보는 기관 혹은 건축물 등의 장소를 나타낸다. 만약 단순히 기관 자체를 나타낸다면 방위사를 쓰지 않는다. 하지만 만약 그 장소에 중점을 두어 표현하는 것이라면, 장소 뒤에 방위사를 부가해야 한다.

❶ 我们学校有很多学生。 우리 학교에는 많은 학생이 있다.

❷ 学校外边有很多商店，学校里边没有。 학교 밖에는 많은 상점이 있지만, 학교 안에는 없다.

❸ 我爸爸在图书馆工作。 우리 아버지는 도서관에서 일하신다.

❹ 图书馆里有很多人在看书。 도서관에는 많은 사람들이 책을 읽고 있다.

❹ '上' 또는 '里' 역시 상황에 따라 쓸 수 있기도 하고 쓸 수 없기도 하는데, 이 경우 문장의 의미는 조금 다르다.

❶ 只要你在胡同口出现，我就会感到激动、兴奋。
네가 골목 어귀에서 나타난다면, 나는 흥분되고 기쁠 것이다.

❷ 他绝对不客气。说好了到哪里就到哪里，一步也不多走。说好了到胡同口，而要叫他拉到胡同口里，那是绝对不行的。
그는 정말 융통성이 없다. 어디까지 가기로 정했으면, 거기까지만 갔고, 한 발짝도 더 가려고 하지 않는다. 골목 어귀까지 가기로 하고 그에게 골목 어귀 안까지 가달라고 한다면, 그건 절대로 안 될 일이다.

❸ 离开的那一天，在<u>乌镇</u>等公共汽车的时候，我碰见了早上出来跑步的王眉。

떠나던 그날, 우전에서 버스를 기다릴 때 나는 아침에 조깅을 하러 나온 왕메이를 우연히 만났다.

❹ 我在<u>乌镇</u>上碰见了一个卖冰激凌的，就买了两支。

나는 우전에서 아이스크림을 파는 사람을 우연히 만나 아이스크림 두 개를 샀다.

◇ **胡同** hútòng 골목 ｜ **乌镇** Wūzhèn 우전 [중국 저장성의 지명]

» **Check point**

» '**上**', '**里**'를 제외한 그 외의 다른 방위사들은 모두 반드시 써야 한다. 방위사를 넣지 않는다면, 그 의미 표현이 명확해지지 않기 때문이다.

❶ 图书馆的<u>前边</u>有一群学生。 도서관 앞에 한 무리의 학생들이 있다.

❷ 上海在北京的<u>南边</u>。 상하이는 베이징의 남쪽에 있다.

» '**在** + 장소' 구조가 주어로 쓰일 경우에는 보통 '**在**'를 생략한다.

❶ <u>学校里</u>新开了一家商店。 학교 안에 가게 하나가 새롭게 개점했다.

❷ 宿舍的<u>前边</u>有一棵苹果树。 기숙사 앞에는 사과나무 한 그루가 있다.

❸ <u>食堂附近</u>没有商店，不太方便。 식당 근처에는 가게가 없어서 그다지 편리하지 않다.

» '명사(구) + 방위사'가 '1+1'의 운율 형식(단음절어 + 단음절어)이면, 방위사는 생략할 수 없다.

· 身上	· 地上	· 空中	· 城里	· 村里
· 店里	· 海上	· 街上	· 嘴里	· 手上

1. 보기 중 알맞은 단어를 골라 빈칸을 채워 보세요. (방위사를 활용해 보세요.)

眼睛　　路　　楼　　身　　窗　　学生　　国

① 上下班高峰的时候，_____车很多。

② 我_____没带钱，你能不能先借给我一点。

③ _____洒满月光，太漂亮了。

④ 他非常伤心，_____含满了泪水。

⑤ 书店就在_____，很近。

⑥ _____有一些不满情绪，要注意。

⑦ _____有很多人还不太了解中国。

◎ 洒满 sǎmǎn 흩어지다 | 月光 yuèguāng 달빛 | 泪水 lèishuǐ 눈물 | 情绪 qíngxù 감정

2. 문장이 올바른지 판단하고 잘못된 부분을 고쳐 보세요.

① 北京大学里有很多学生，是一个很大的大学。　　　○ ✕

_____

② 北京大学有一个银行和一个邮局。　　　　　　　○ ✕

_____

③ 这里没有好饭店，我们到北京大学里边看看吧。　　○ ✕

_____

④ 图书馆里有很多书。　　　　　　　　　　　　　○ ✕

_____

⑤ 首尔里有很多人。　　　　　　　　　　　　　　　　○ ✕

_____

⑥ 那个国家里有很多大城市。　　　　　　　　　　　　○ ✕

_____

⑦ 在剧场里，我遇见了一个老朋友。　　　　　　　　　○ ✕

_____

⑧ 我们在剧场坐下听音乐会，他不停地给我讲贝多芬，我受不了了。　　○ ✕

_____

◎ 贝多芬 Bèiduōfēn 베토벤

3 '在', '是', '有'와 존현문

⊕ 생각해보기

■ 각각 어떤 상황에서 '在', '是', '有'를 사용할까?

❶ 颐和园在北京大学的西边。 이허위안은 베이징대학의 서쪽에 있다.

❷ 我在老师的旁边。 나는 선생님의 옆에 있다.

❸ 中文书的旁边是一个杯子。 중국어 책 옆에는 컵 하나가 있다.

❹ 北京大学的东北边是清华大学，北边是圆明园。
베이징대학의 동북쪽에는 칭화대학이 있고, 북쪽에는 위안밍위안이 있다.

❺ 学校外边有很多商店，学校里边没有。
학교 밖에는 많은 상점이 있고, 학교 안에는 아무 것도 없다.

❻ 桌子上有一本有意思的语法书。 탁자 위에는 재미있는 어법책 한 권이 있다.

'在', '是', '有'의 사용 규칙을 발견했는가? 간단하다. 장소를 나타내는 어구의 위치가 앞 혹은 뒤인가를 확인하면 된다.

❶ 장소를 나타내는 어구가 뒤에 있다면, '사람/사물 + 在 + 장소'의 형식을 사용해야 한다.

   ❶ 银行在学校里。 은행은 학교 안에 있다.

   ❷ 自由女神像在哪儿? 자유의 여신상은 어디에 있습니까?

❷ 장소를 나타내는 어구가 앞에 있다면, '장소 + 是 + 사람/사물' 또는 '장소 + 有 + 사람/사물'의 형식을 사용해야 한다.

  (1) 목적어가 한정성 명사라면, 일반적으로 '是'를 사용한다.

    ❶ 邮局对面是中国银行。 우체국 맞은편은 중국은행이다.

    ❷ 天安门的南边是天安门广场。 톈안먼의 남쪽은 톈안먼 광장이다.

    ❸ 图书馆的后面是那个有名的湖，叫未名湖。
      도서관의 뒤쪽은 웨이밍호라고 불리는 그 유명한 호수다.

  (2) 목적어가 비한정성 명사라면, '是'와 '有' 모두 가능하다. 그러나 '是'를 사용한다면, '전부'라는 의미를 내포한다.

    ❶ 邮局对面有一家银行。 우체국의 맞은편에는 은행 하나가 있다. (은행 외에 다른 것이 있을 수 있다.)

    ❷ 前边是一排书架。 앞쪽은 책장이다. (책장만 있고, 다른 것은 없다.)

✓ 연습 문제 3

1. 보기 중 알맞은 단어를 골라 빈칸을 채워 보세요.

在   是   有

① 这儿____一个书架。书架的上边____书、杂志和画报。书____书架的上边，画报____书架的下边，杂志____书架的中间。

② 这____我家的照片。照片上____我的爸爸、妈妈、妹妹和我。中间的人____我爸爸，我妈妈____爸爸的左边。爸爸的右边____我的妹妹。我____他们的后边。

◎ 杂志 zázhì 잡지 | 画报 huàbào 화보

'在……上', '在……中', '在……下'

위 세 개의 방위사 구조는 각각 특별한 의미가 있다. 그 용법과 의미를 알아보자.

❶ 在……上: 어떤 방면을 나타냄

❶ (在)工作上他是一个很能干的人，可是(在)生活上却几乎不能照顾自己。
업무면에서 그는 유능한 사람이지만, 생활면에서는 거의 자신을 돌보지 못한다.

❷ 改革开放以来，中国(在)经济上的发展很快。
개혁개방 이래로 중국은 경제 발전이 매우 빠르다.

❸ 刚来中国的时候，我(在)学习上和生活上都有很多困难。
막 중국에 왔을 때, 나는 학업과 생활면에서 모두 많은 어려움이 있었다.

◎ **改革开放** gǎigé kāifàng 개혁개방

❷ 在……中: 범위 또는 과정을 나타냄

❶ 在我的印象中，他总是很沉默，不太爱说话。
나의 기억 속에서 그는 줄곧 침묵했고, 말하기를 별로 좋아하지 않았다.

❷ 学习中遇到问题，请尽管来问我。
공부하다가 문제에 부딪히면 언제든지 내게 물어보러 오세요.

❸ 要多跟人交往，而且在交往中要注意礼貌。
사람들과 교류를 많이 해야 하고, 교류할 때는 예의바르게 해야 한다.

◎ **沉默** chénmò 침묵하다

❸ 在……下: 조건을 나타냄

❶ 在朋友的鼓励下，他终于坚持跑完了3,000米。
친구의 격려 아래 그는 결국 끝까지 버텨서 3,000미터를 다 뛰었다.

❷ 在爸爸的影响下，我也喜欢上了中国书法。
아버지의 영향으로 나도 중국의 서예를 좋아하게 되었다.

❸ 在老师的启发下，学生们终于明白了。 선생님의 일깨움으로 학생들은 마침내 이해했다.

◎ **书法** shūfǎ 서예 | **启发** qǐfā 일깨움

» '在……下' 구조에 쓰이는 단어는 주로 '**教育**', '**支持**', '**鼓励**', '**鼓舞**', '**带动**', '**启发**', '**要求**', '**帮助**', '**影响**' 등의 이음절 동사들이 있고, 이러한 단어들 앞에 주로 '사람 + **的**'와 같은 수식성분을 쓴다.

✓ 연습 문제 4

1. 보기 중 알맞은 단어를 골라 빈칸을 채워 보세요.

上　　中　　下

① 在朋友的帮助_____，她的口语有了很大的提高。

② 在老师和家长的共同努力_____，孩子终于回到了学校。

③ 他的身体已经恢复，但是在精神_____还不太稳定，你要多注意观察。

④ 他在饮食_____非常讲究，是个美食家。

⑤ 大家在讨论_____发现了很多问题。

⑥ 在现代作家_____，我最喜欢林语堂。

◎ **稳定** wěndìng 안정되다, 안정시키다

2. 중국어로 번역해 보세요.

① 우리는 모두 육체적으로, 정신적으로, 영적으로 성장할 공간이 필요하다.

→ _____

② 부모님의 응원 하에 그는 말하기 대회에 참가했다.

→ _____

③ 그는 여행 중에 흥미로운 사람들을 많이 만났다.

→ _____

1. 문장이 올바른지 판단하고 잘못된 부분을 고쳐 보세요.

① 我的宿舍就是教室的前边。 ○ ✕

_____

② 商店里在很多东西。 ○ ✕

_____

③ 北京大学的北边有圆明园。 ○ ✕

_____

④ 你的书是我这儿，不在你的房间里。 ○ ✕

_____

⑤ 南边有我家。 ○ ✕

_____

⑥ 圣母大学的图书馆是美国内最大的图书馆。 ○ ✕

_____

⑦ 澳大利亚国立大学是在堪培拉。 ○ ✕

_____

⑧ 我在飞机坐了三个小时。 ○ ✕

_____

⑨ 我喜欢的季节是春天。以前春天是冬天。 ○ ✕

_____

⑩ 火车里乘客太多，挤得要命。 ○ ✕

_____

⑪ 我现在住在的那家宾馆条件好极了。　　　　　　　　○ ×

_____

⑫ 我过了三个星期在北京。　　　　　　　　　　　　○ ×

_____

⑬ 我的房间是在稻香园小区的里面的。　　　　　　　○ ×

_____

⑭ 那一天在北大里，我们都很高兴。　　　　　　　　○ ×

_____

⑮ 在电视节目，可以看到很多有意思的事情。　　　　○ ×

_____

⑯ 在北京停留中，我想去很多地方了解中国。　　　　○ ×

_____

2. 주제와 요구사항에 유의하여 작문해 보세요.

주제	자신의 방이나 학교 또는 좋아하는 지역 소개하기
요구사항	방위사와 '在', '是', '有'를 사용하세요.

_____

_____

_____

제4강

이합사

⊕ 생각해보기

🍃 아래 동사들의 차이점은 무엇일까?

그룹1	学(中文), 吃(面包), 看(书), 听(音乐), 讨论(问题), 参观(博物馆)
그룹2	走, 死, 活, 醒, 咳嗽, 休息, 见面, 结婚, 帮忙, 感兴趣

그룹1의 동사들은 타동사이고, 뒤에 바로 목적어가 올 수 있다. 그룹2의 동사들은 자동사이고, 뒤에 목적어가 올 수 없다. '见面', '结婚', '帮忙', '感兴趣'도 자동사이긴 하지만, 이들은 '走', '咳嗽' 등의 자동사와는 다소 다른 점이 있다.

첫째, 이들 뒤에 목적어가 올 수 없지만, 이들은 '의미상 목적어'를 가질 수 있다. 예를 들어, 영어로는 'meet a friend'라고 할 수 있지만, 중국어에서 '见面'은 이미 목적어 의미를 포함하고 있는 자동사이므로 '见面一个朋友'라고 표현할 수 없다.

둘째, 이들은 '见了两次面'처럼 동사를 뜻하는 부분과 목적어를 뜻하는 부분을 분리해서 사용할 수 있다. '见面', '结婚', '帮忙', '感兴趣' 등 이러한 자동사를 '이합사'라고 한다.

1. 문장이 올바른지 판단하고 잘못된 부분을 고쳐 보세요.

① 1990年10月，我的爸爸结婚了我的妈妈。　◯ ✕ _____

② 我很感兴趣中文语法。　◯ ✕ _____

③ 他是我的好朋友，总是帮忙我。　◯ ✕ _____

④ 我要见面我的朋友。　◯ ✕ _____

⑤ 我们常常一起聊天，聊天很多话题。　◯ ✕ _____

1 이합사가 목적어를 나타내는 방법

이합사의 의미상 목적어를 사용하는 데는 세 가지 방법이 있다. 첫 번째는 '**和你见面**'처럼 허사를 쓰는 것이고, 두 번째는 '**见你**', '**帮你**', '**聊中国历史**'처럼 이합사의 앞글자(동사 의미를 나타내는 부분)만 쓰는 것이다. 마지막으로 세 번째는 '**见你的面**', '**帮他的忙**'처럼 특별한 구조를 쓰는 것이다. 자주 쓰는 이합사가 많지 않으므로 이들과 이들의 용법을 하나하나 기억하는 것이 좋다.

❶ 허사가 필요한 이합사

문장 구조	상용 이합사
(1) 和 + 사람 + 동사 + 목적어	见面, 结婚, 离婚, 握手, 聊天, 吵架, 打架, 干杯, 跳舞
(2) 向 + 사람 + 동사 + 목적어	道歉, 鞠躬, 问好, 敬礼, 发脾气
(3) 给 + 사람 + 동사 + 목적어	理发, 鼓掌, 打针, 照相, 看病, 上课, 洗澡, 化妆, 请假, 挂号, 把关, 做主, 打电话, 发短信
(4) 为 + 사람 + 동사 + 목적어	鼓掌, 干杯, 叹气, 操心, 争气
(5) 对 + 사람/사물 + 동사 + 목적어	发脾气, 感兴趣, 吃惊
(6) 从 + 学校 + 동사 + 목적어	毕业

❷ 특별한 구조로 의미상 목적어 나타내기

문장 구조	상용 이합사
동사 + 사람 + 的 + 목적어	帮忙，请客，听话，生气，伤心，当面，丢人，上当，劳驾，见面，放假，吃亏，沾光，告状，接班

» **Check point**

» 이합사가 나타내는 동작이 쌍방 행위이면 '和 + 사람 + 동사 + 목적어' 형식만 쓸 수 있으며, 일방적인 행위이면 일반적으로 '동사 + 사람 + 的 + 목적어'의 형식을 쓴다.

  ❶ 我要和他吵架。 [쌍방 행위('나'와 '그'가 싸우는 행위는 쌍방으로 이루어짐)]

  ❷ 我要帮他的忙。 [일방적 행위('그'를 돕는 '나'의 행위는 일방적으로 이루어짐)]

  따라서 '帮忙'은 두 가지 방법으로 의미상의 목적어를 나타낼 수 있고, '见面'은 세 가지 방법이 있으며 '结婚'은 한 가지 방법만 있다.

일방적 행위	일방적 혹은 쌍방 행위	쌍방 행위
• 我要帮朋友的忙。 나는 친구를 도와줄 것이다. • 我要帮朋友。 나는 친구를 도와줄 것이다.	• 我要见你。 나는 너를 볼 것이다. • 我要和你见面。 나는 너와 만날 것이다. • 见他的面，真是太难了。 그를 보기 정말 어렵다.	• 我要和你结婚。 나는 너와 결혼할 거야.

» '帮助'는 일반 타동사로, 이합사가 아니기 때문에 아래와 같이 써야 한다.

  ❶ 我帮助了朋友。 나는 친구를 도와줬다.

  ❷ 我帮助了两次朋友。 나는 친구를 두 번 도와줬다.

  ❸ 帮助帮助他吧。 그를 좀 도와라.

❸ 기타 이합사

아래와 같은 이합사는 일반적으로 의미상 목적어를 가질 수 없다.

· 失业	· 住院	· 留学	· 唱歌	· 散步	· 睡觉
· 吃苦	· 出名	· 叹气	· 下台	· 倒霉	· 插嘴
· 出神	· 泄气	· 狠心	· 留神	· 站岗	· 搞鬼
· 发烧	· 下课	· 开课	· 下班	· 上班	……

✓ 연습 문제 2

1. 문장이 올바른지 판단하고 잘못된 부분을 고쳐 보세요.

① 听说你已经结婚她了，祝贺你。　　○ ✕ ＿＿＿＿＿＿＿＿＿＿

② 他握手朋友。　　○ ✕ ＿＿＿＿＿＿＿＿＿＿

③ 小时候，他的妈妈常常生气他。　　○ ✕ ＿＿＿＿＿＿＿＿＿＿

④ 我要离婚你，你太糟糕了。　　○ ✕ ＿＿＿＿＿＿＿＿＿＿

2. 중국어로 번역해 보세요.

① 어느 날 저녁, John(约翰)과 나는 얘기를 나눴다. 우리는 서로에 대해 더 잘 이해하게 되었다.

→ ＿＿＿＿＿＿＿＿＿＿＿＿＿＿＿＿＿＿＿＿＿＿＿＿＿＿＿＿＿＿＿＿＿＿

② 내 생각에 그녀는 나한테 정말 화가 난 것 같아.

→ ＿＿＿＿＿＿＿＿＿＿＿＿＿＿＿＿＿＿＿＿＿＿＿＿＿＿＿＿＿＿＿＿＿＿

③ 나는 내가 너한테 직접 사과할 기회가 아직 있기를 바란다.

→ _____

④ 그는 분명 내가 그의 말을 듣지 않는다고 말했어.

→ _____

2 이합사의 용법

이합사의 주요 특징은 동사와 목적어 부분을 분리해서 쓸 수도 있고, 같이 쓸 수도 있다는 것이다. 일반적으로 분리해서 쓸 때는 아래와 같은 형식이다.

---

❶ 주어 + 동사 + 了/过 + 목적어

❶ 我们一起聊了天，吃了饭，跳了舞，唱了歌，过得很开心。
우리는 함께 얘기를 나누고, 식사를 하고, 춤을 추고, 노래하면서 즐겁게 보냈다.

❷ 我们见过面，一起聊过天，吃过饭，跳过舞，都是过去的事了。
우리는 만나서 함께 얘기를 나눴고, 식사를 했고, 춤을 췄는데, 전부 지나간 일이다.

---

❷ 주어 + 동사 + 了/过 + 수량사 + 목적어

❶ 我们聊了一会儿天，跳了一场舞，然后就分手了。
우리는 잠시 얘기를 나누고, 춤을 한 바탕 춘 후에 헤어졌다.

❷ 我们只见过两次面，吃过一顿饭，然后就没有再联系。
우리는 겨우 두 번 만났고, 식사를 한 번 했다. 그 후로 다시는 연락하지 않았다.

---

❸ 주어 + 동사 + 了/过 + 목적어 + 수량사 + 목적어

❶ 他已经见了她两次面了，可是还是想见她，是不是爱上她了？
그는 이미 그녀를 두 번이나 만났지만 여전히 그녀가 보고 싶다. 그녀를 사랑하게 된 것일까?

❷ 我帮过她两次忙，所以，她今天要请我的客。

나는 그녀를 두 번 도와준 적이 있기 때문에, 그녀는 오늘 나에게 한턱내려고 한다.

---

❹ 주어 + 동사 중첩 + 목적어

❶ 大家一起见见面，聊聊天，唱唱歌，吃吃饭，都是好朋友。

다같이 만나서 이야기를 나누고, 노래를 부르고, 식사를 했다. 모두 좋은 친구들이다.

❷ 太累了，我简单地洗了洗澡就睡了。　너무 피곤해서 나는 대충 씻고 잤다.

---

❺ 주어 + 동사 + 起 + 목적어 + 来

❶ 大家一见面就聊起天来。

모두들 한 번 보자마자 이야기를 나누기 시작했다.

❷ 跳起(舞)来吧，唱起(歌)来吧，让我们一起度过一个愉快的夜晚！

춤을 추고 노래를 부르고, 우리 모두 즐거운 밤을 보내자!

✓ 연습 문제 3

1. 문장이 올바른지 판단하고 잘못된 부분을 고쳐 보세요.

① 我们聊天了一个小时。　　　　○ ✕ _____

② Hemingway(海明威)离婚过三次。　○ ✕ _____

③ 我帮忙了朋友两次。　　　　　○ ✕ _____

④ 朋友应该常常见面见面，沟通感情。　○ ✕ _____

⑤ 这个月我请客了几次，花了不少钱。　○ ✕ _____

⑥ 请帮忙帮忙我吧。　　　　　　○ ✕ _____

◎ **海明威** Hǎimíngwēi 헤밍웨이(Hemingway) | **沟通** gōutōng 소통하다

2. 중국어로 번역해 보세요.

① 우리는 여러 해 동안 만날 기회가 없었으니, 오늘 이 기회에 이야기 좀 나누자.

→ _____

② 졸업한 후에 우리는 전화하거나, 인사를 나누거나, 만날 기회가 없었다.

→ _____

③ 깨고 나서 다시 잘 수 없어서 나는 산책을 좀 하러 나갔다.

→ _____

④ 조금 전에 그들은 게임을 하고 있었는데, 지금은 싸우기 시작했다.

→ _____

⑤ 사장님은 어제 그에게 화를 냈다.

→ _____

1. 최소 5개의 이합사를 사용하여 자유롭게 문장을 만들어 보세요.

_____

_____

_____

_____

_____

_____

2. 주제와 요구사항에 유의하여 작문해 보세요.

주제	친구들과 보내는 주말
요구사항	• 시간을 나타내는 표현을 사용하세요. • 장소를 나타내는 표현을 사용하세요. • 이합사를 사용하세요.

_____

_____

_____

_____

_____

_____

제5강

결과보어

⊕ 생각해보기

● 그룹1과 그룹2 각각의 단어 의미에는 어떠한 차이가 있을까?

그룹1	그룹2
找 찾다	**找到** 찾아내다, 발견하다
看 보다	**看到 / 看见** 보게 되다 / 보이다
劝 조언하다	**劝动** ~하도록 설득하다
睡 자다	**睡着** 잠이 들다

그룹1의 동사는 단지 하나의 동작만을 나타내고 있는데, 그룹2의 동사나 구에서 강조하는 것은 동작의 결과이다. 즉, '동작 + 결과'인 것이다.

❶ 在过去的三天里，我一直在找，但是没有找到。
　　지난 3일 동안 나는 계속 찾았는데, 찾아내지 못했다.

❷ 看，看，你看见了什么？ 이것 좀 봐요. 무엇이 보이나요?

영어에서는 'I was scared.(나는 무서웠다.)' 혹은 'I was scared silly.(나는 겁에 질렸다.)'처럼 '동작'과 '동작 + 결과'와의 차이를 문장으로 표현할 수 있다. 중국어에서는 '**找到**', '**看见**', '**睡着**', '**劝动**', '**吓傻**'처럼 '동작 + 결과'는 대부분 '결과보어'로 표현한다. 어떤 경우는 동작의 결과를 강조하는 결과보어를 사용해야만 의미를 명확하게 표현할 수 있다.

⊕ 생각해보기

● 아래 문장은 왜 틀린 문장일까?

❶ 别担心，做手术的那个医生很厉害，他一定能救你的妹妹。 ✖

❷ 白天发生的事情让他很烦恼，躺了两个小时也没睡。 ✖

❸ 我走了半个小时以后，才找了旅馆。 ✖

세 문장 모두 결과를 강조하는 예문인데, 표현이 알맞지 않다. 첫 번째 문장에서는 '**救**(구하다)'가 아니라 '**救活**(목숨을 살리다)'를 써야만 걱정하지 않을 수 있을 것이다. 두 번째 문장에서는 두 시간을 누워서 이미 '**睡**(자다)'라는 동작을 하고 있다. 여기서 표현하고자 하는 의미는 바로 '**睡着**(잠이 들다)'일 것이다. 세 번째 문장에서의 '**走了半个小时找旅馆**(30분을 걸어 여관을 찾았다)'이라는 동작 후에는 분명 여관을 찾았을 것이므로, '**找**'가 아니라 '**找到**'를 써서 결과를 강조해야 한다.

1 결과보어의 형식

결과보어의 형식은 주로 두 가지로 분류된다.

유형	예문

(1) 동사 + 형용사	• 你把手洗干净，再来吃饭。손을 깨끗이 씻고 나서 식사하세요.
	• 我已经听明白了，你不用再讲了。
	  저는 이미 (듣고) 이해했으니, 더 이상 말하지 않아도 돼요.
	• 你看错了，这个字是 "已"，不是 "己"。
	  잘못 보셨어요. 이 글자는 '己'가 아니라 '已'예요.

(2) 동사 + 동사	• 我看见他去那边了，你去那边找找吧。
	  그가 저쪽으로 가는 것을 봤어요. 저쪽으로 가서 한번 찾아 보세요.
	• 他把车开走了，我只好去坐地铁了。
	  그가 차를 가지고 가서, 저는 지하철을 타고 갈 수밖에 없어요.

먼저 '동사 + 형용사' 형태의 결과보어 의미는 어떤 동작으로 인해서 형용사가 표현하는 어떤 상태에 이르렀음을 나타낸다.

❶ 洗干净 : '씻다(洗)'라는 동작으로 '깨끗함(干净)'의 상태로 변했다.

❷ 听明白 : '듣다(听)'라는 동작으로 '이해(明白)'했다.

❸ 看错 : '보다(看)'라는 동작으로 '착오(错)'가 발생했다.

의미가 통한다면 대부분의 형용사들은 결과보어가 될 수 있다.

» ▶ Check point ▷ ·······

» 단음절 형용사 '早', '晚', '快', '慢', '多', '少', '深', '浅', '大', '小'가 결과보어로 쓰일 때는 어떤 목표나 기준에서 벗어나는 의미로 쓰일 때가 많다.

❶ 我们来早了，别人都还没来呢。 ['早'는 정해진 시간보다 이름을 나타냄]
우리는 일찍 왔는데, 다른 사람은 아직 오지 않았어요.

❷ 我们跑快了，慢一点儿吧。 ['快'는 기준 속도보다 빠름을 나타냄]
우리 너무 빨리 달리고 있어요. 좀 천천히 가요.

❸ 他们给多了，实际上不需要这么多。 ['多'는 실제 필요한 것보다 많음을 나타냄]
그들이 많이 주었어요. 사실 이렇게 많이 필요 없어요.

❹ 这个井挖浅了，还应该再深一点儿。 ['浅'은 기준 깊이에 다다르지 못함을 나타냄]
이 우물은 너무 얕게 팠어요. 좀 더 깊어야 해요.

◎ 井 jǐng 우물 | 浅 qiǎn 얕다

'동사 + 동사' 형식에서 결과보어로 쓰이는 동사는 그렇게 많지 않다. 자주 쓰이는 동사는 다음과 같다.

病 / 懂 / 完 / 倒 / 翻 / 通 / 穿 / 透 / 见 / 成 / 走 / 着 / 到 ······

이 가운데 '病', '懂', '完', '倒', '翻', '通', '穿', '透' 등의 동사는 결과보어로 쓰였을 때에도 의미 변화가 없다.

❶ 他累病了。 그는 피곤해서 병이 났다.

❷ 我看懂了。 나는 보고 이해가 되었다.

❸ 我做完作业就去跑步。나는 숙제를 마치고 나서 조깅을 하러 간다.

❹ 他很生气，把椅子踢倒了。그는 화가 나서 의자를 차서 넘어뜨렸다.
　　⊕ 跌倒 / 刮倒 / 滑倒 / 碰倒 / 摔倒 / 推倒 / 撞倒 / 醉倒 ……

❺ 小船被大浪打翻了。작은 배가 풍랑에 뒤집혔다.
　　⊕ 推翻 / 炸翻 / 撞翻 / 掀翻 ……

❻ 我们终于又打通了一条隧道。우리는 드디어 터널 하나를 개통했다.
　　⊕ 接通 / 挖通 / 说通 / 想通 ……

❼ 他在家里玩射箭，把窗玻璃射穿了。그는 집에서 활놀이를 하다가 유리창을 쏘아서 뚫었다.
　　⊕ 打穿 / 扎穿 / 看穿 ……

❽ 我可以看透他的心思，实际上他一点儿也不烦恼。
　　나는 그의 마음을 간파할 수 있다. 사실 그는 조금도 걱정하지 않고 있다.
　　⊕ 钻透 / 吹透 / 理解透 / 说透 / 研究透 / 熟透 ……

◎ 隧道 suìdào 터널 | 射箭 shèjiàn 활을 쏘다

'见', '成', '走', '着', '到' 등의 결과보어 용법은 별도로 분류하여 설명할 필요가 있다.

✓ 연습 문제 1

1. 중국어로 번역해 보세요.

① 아이가 다 컸다. → _____

② 그의 얼굴이 빨개졌다. → _____

③ 버스가 멀리 가버렸다. → _____

④ 방을 깨끗이 청소했다. → _____

⑤ 그녀는 예뻐졌다. → _____

⑥ 내가 들었는데, 잘못 들었다. → _____

⑦ 나는 숙제를 다 끝냈다.　　　→ _____

⑧ 신문이 다 팔렸다.　　　　　→ _____

2　결과보어의 의미

하나의 동사 뒤에 각기 다른 결과보어를 사용하여 다양한 측면에서 동작의 결과를 설명할 수 있다.

> ⊕ **생각해보기**
>
> ❏ 예문에 쓰인 결과보어는 어떤 측면에서의 결과를 나타낼까?
>
> ❶ 他洗衣服洗累了。 그는 빨래를 하다가 지쳤다.
>
> ❷ 他把衣服洗干净了。 그는 빨래를 깨끗이 했다.
>
> ❸ 他洗完衣服了。 그는 빨래를 다 끝냈다.

결과보어는 동작을 행하는 사람이나 동작의 대상이 어떻게 되었는지를 설명할 수도 있고, 동작이 어떻게 변화했는지 설명할 수도 있다.

✓ 연습 문제 2

1. 각 문장에서 결과보어가 어떻게 쓰였는지 설명해 보세요.

① 那时候我每天吃汉堡包，吃了一个月就吃胖了。

② 那一盘子菜，我都吃光了。

③ 我吃完了，你快点儿吃。

2. 결과보어를 이용하여 문장을 완성해 보세요.

① 他听了两个小时课，_____。

② 我打扫房间 _____。

③ 我吃 _____。

④ 我 _____ 累了。

3 자주 쓰이는 결과보어

앞에서 언급했듯이 일부 결과보어는 특별히 그 의미를 학습할 필요가 있으며, 주로 어떤 동사들과 함께 쓰이는지 기억해 두는 것이 좋다.

❶ 见: 보(이)다, 발견하다

看见 / 瞧见 / 听见 / 闻见 / 遇见 / 碰见 / 梦见 ……

❶ 我好像听见有人在叫你。
나는 어떤 사람이 당신을 부르고 있는 것을 들은 것 같아요.

❷ 这种花的香气在很远的地方就能闻见。
이런 종류의 꽃향기는 먼 곳에서도 맡을 수 있다.

❸ 我在商店里碰见了一个小学同学。
나는 상점에서 초등학교 동창 한 명을 만났다.

1. 중국어로 번역해 보세요.

① 그는 잠시 멈추고는 "당신 이 사람들 봤나요?"라고 물었다.

→ _____

② 설마 사람들이 이 일에 대해서 보거나 듣지도 못했다는 것인가?

→ _____

2. 문장이 올바른지 판단하고 잘못된 부분을 고쳐 보세요.

① 我向外一看，看一个人在那儿。　○　✕ _____

② 我在去上课的路上看一只狗。　○　✕ _____

---

❷ 好[완성 + 좋음]: 잘하다, 완성하다, 마무리하다

准备好 / 商量好 / 写好 / 听好 / 坐好 / 吃好 / 走好 ……

❶ 准备好了吗？ 我们马上开始。준비됐나요? 우리 곧 시작하겠습니다.

❷ 我们商量好了，周末一起去颐和园。우리는 주말에 함께 이허위안에 가기로 논의했다.

❸ 请大家坐好，我们要开车了。모두들 잘 앉아 주세요. 차가 곧 출발합니다.

❹ 再见，您走好。잘 가요. 평안히 가세요.

1. 중국어로 번역해 보세요.

① 잘 먹었습니다. → _____

② 모두들 잘 들으세요. 조심하세요. → _____

③ 저는 보고서 다 쓰고 갈게요. → _____

2. 문장이 올바른지 판단하고 잘못된 부분을 고쳐 보세요.

① 再长的路，只要一步一步地走，总能走好。 ○ ✕

_____

❸ 成 [성과]: ~이 되다, ~로 변하다

> 变成 / 摆成 / 布置成 / 剪成 / 写成 /
> 画成 / 翻译成 / 设计成 / 看成 / 听成 / 想成 ……

❶ 零度的时候，水会变成冰。0℃일 때 물은 얼음으로 변하게 된다.

❷ 喝酒以后，他的脸变成红色的了。술을 마시고 나서 그의 얼굴은 붉게 변했다.

❸ 她把原来的长发剪成短发了。그녀는 원래의 긴 머리를 짧게 잘랐다.

❹ 你怎么把她画成这个样子了？太难看了。당신은 어떻게 그녀를 이렇게 그렸어요? 너무 보기 흉하잖아요.

≫ **Check point**

≫ 결과보어 '**成**' 뒤에는 반드시 명사(구)가 사용되어, '동사 + **成** + 명사(구)' 형식으로 쓰인다.

1. 중국어로 번역해 보세요.

① 꿈은 현실이 될 수 있다! → _____

② 그는 "당신을 사랑해요."라고 들었다. → _____

③ 이 글을 영어로 번역해 주실 수 있을까요? → _____

2. 문장이 올바른지 판단하고 잘못된 부분을 고쳐 보세요.

① 他病了，几天没有吃饭，脸都变成白了。 　　　　○ ✕

_____

② 你已经变成你的想法了吗? 现在决定去旅行了吗? 　　　　○ ✕

_____

---

❹ **住[고정]: 고정시키다, 견고하다**

> 站住 / 停住 / 握住 / 抓住 / 抱住 /
> 夹住 / 咬住 / 挡住 / 盖住 / 记住 / 愣住 ……

❶ 抓住这根绳子，千万别松手。 이 밧줄을 붙잡으세요. 절대로 놓으면 안 돼요.

❷ 一个小女孩儿跑起来抱住了她的腿。 한 여자아이가 뛰어서 그녀의 다리를 꼭 껴안았다.

❸ 那只小狗咬住他的衣服不肯松口。 그 강아지가 그의 옷을 물고 놓아주지 않았다.

❹ 你把路挡住了，请让一让。 당신이 길을 막고 있어요. 좀 비켜 주세요.

◎ **绳子** shéngzi 밧줄, 끈 | **咬** yǎo 물다 | **不肯** bùkěn ~하려고 하지 않다 | **挡** dǎng 막다, 가리다

1. 중국어로 번역해 보세요.

① 거기 서! 도망치지 마! 그를 붙잡아!

→ _____

② 당신의 제안을 기억할게요.

→ _____

③ 그 봉투는 내 책상 위의 서류들에 덮여 있었어요.

→ _____

④ 나는 손을 그에게 뻗어서 그의 손을 꽉 잡았어요.

→ _____

◎ **盖** gài 가리다, 덮다

2. 문장이 올바른지 판단하고 잘못된 부분을 고쳐 보세요.

① 我用一个小时一定能记这些生词。　　　　　　○ ✕

_____

② 由于我那么小，忘了很多，可我记了袋鼠、树袋熊等。　　　○ ✕

_____

◎ **袋鼠** dàishǔ 캥거루 | **树袋熊** shùdàixióng 코알라

⑤ 走[떠남]: 떠나다, 가다

飞走 / 跑走 / 开走 / 跳走 / 拖走 / 推走 / 送走 / 借走 / 偷走 ……

---

❶ 我的青春像小鸟一样飞走了。 나의 청춘은 새처럼 날아가 버렸어요.

❷ 那辆车被推走了。 누군가가 그 자전거를 끌고 갔다.

✓ 연습 문제 7

1. 중국어로 번역해 보세요.

① 날아가 버렸네요! 우리 가서 그것을 잡아요. → _____

② 버스가 떠났어요! → _____

③ 그는 보내졌어요. → _____

---

⑥ 掉[제거]: 떨어져나가다, 제거하다(사라졌음을 강조)

卖掉 / 丢掉 / 扔掉 / 忘掉 / 擦掉 / 摘掉 /
倒掉 / 吃掉 / 喝掉 / 刮掉 / 剪掉 / 咬掉 / 辞掉 ……

---

❶ 这些旧报纸，我们卖掉吧。 이런 오래된 신문들은 우리 팔아버려요.

❷ 请把我忘掉吧，不要找我，也不要恨我。 저를 잊어버리세요. 찾지도 말고, 미워하지도 마세요.

1. 중국어로 번역해 보세요.

① 나는 하마터면 그 편지들을 잃어버릴 뻔했다.

→ _____

② 결혼을 하든지 집을 팔아버리든지 해라.

→ _____

③ 만약 이 부분을 잊어버린다면, 그 어떤 것도 중요하지 않게 된다.

→ _____

④ 당신은 반드시 그것을 잘 닦아내야 해요.

→ _____

❼ 下[분리]: 제거하다, 분리하다(하나의 큰 전체에서 작은 부분이 분리됨)

脱下 / 放下 / 拆下 / 摘下 / 扔下 / 扯下 / 咬下 ……

❶ 他放下东西就走了。 그는 물건을 놓고는 가버렸다.

❷ 工人从汽车上拆下了一个轮胎。 노동자는 자동차 위에서 타이어를 하나 떼어냈다.

❸ 你是一个妈妈，不能扔下孩子不管。 당신은 엄마예요. 아이를 버리고 돌보지 않으면 안 돼요.

◎ 拆 chāi 뜯다, 떼다 | 轮胎 lúntāi 타이어

1. 중국어로 번역해 보세요.

① 그는 신속하게 외투를 벗었다. → _____

② 그는 안경을 벗고, 또 그것을 한번 닦았다. → _____

③ 그녀는 손을 들어 나뭇가지에서 배를 하나 땄다. → _____

◎ 摘 zhāi 따다, 꺾다

---

❽ 着 zháo: 동작의 목적 달성

睡着 / 猜着 / 借着 / 买着 / 找着 / 见着 / 闻着 / 抓着 / 租着 ……

❶ 我的钥匙不见了，你能帮我找着吗?
내 열쇠가 보이지 않아요. 당신이 좀 찾아줄 수 있어요?

❷ 那本书被借走了，我没借着。
그 책을 누가 빌려가서 저는 빌리지 못했어요.

≫ ▸ **Check point**

≫ '睡'를 제외한 그 밖의 동사들은 결과보어 '到'와도 함께 쓸 수 있고, 의미도 비슷하다.

1. 중국어로 번역해 보세요.

① 물건을 샀어요?

→ _____

② 그는 너무 피곤해서 잠이 들었다.

→ _____

③ 내 생각에는 내가 당신에게 하나 찾아준 것 같아요.

→ _____

④ 나는 당신이 그들에게 알려준 것이 무엇인지 알아맞힐 수 있어요.

→ _____

---

❾ 到

(1) 동작의 목표 달성

> 看到 / 听到 / 见到 / 找到 / 借到 / 买到 /
> 得到 / 收到 / 吃到 / 捡到 / 闻到 ……

❶ 这本书太受欢迎了，很不容易借到。
이 책은 너무 인기가 많아서 빌리기가 쉽지 않다.

❷ 他在路上捡到了一个钱包。
그는 길에서 지갑을 하나 주웠다.

1. 중국어로 번역해 보세요.

① 제가 그녀를 어디서 찾을 수 있는지 당신은 알아요?

→ _____

② 생활 속에서 나는 두 가지에 대해 배웠어요.

→ _____

③ 지금 당신은 당신이 생각하는 어떤 채소든 먹을 수 있어요.

→ _____

2. 문장이 올바른지 판단하고 잘못된 부분을 고쳐 보세요.

① 我没买飞机票，只好坐火车去了。　　　　　　　　　　○ ✕

_____

② 在电视节目里，可以看一场激烈的辩论正在进行着。　　○ ✕

_____

◎ **激烈** jīliè 격렬하다 | **辩论** biànlùn 토론, 논쟁, 변론하다

(2) 동작의 끝나는 시간(뒤에 시간을 나타내는 단어를 써야 함)

学习到 / 谈到 / 吃到 / 打到 / 做到 ……

❶ 我们一直聊到十二点。 우리는 12시까지 계속 이야기를 나눴다.

❷ 我睡到十点半才起床。 나는 10시 반까지 자고 나서야 일어났다.

✓ 연습 문제 12

1. 중국어로 번역해 보세요.

① 그는 그곳에서 한밤중까지 기다렸어요. → _____

② 짐을 정오까지 둘 수 있을까요? → _____

③ 사람은 나이가 들 때까지 배운다. → _____

(3) 어떤 지점에 도달

走到 / 跑到 / 跳到 / 飞到 / 送到 / 运到 / 回到 / 谈到 / 说到 / 讲到 ……

❶ 你把这些东西送到教室里去。 [구체적인 지점에 도달함을 나타냄]
이 물건들을 교실 안으로 보내세요.

❷ 我们最后也谈到了那个问题。 [추상적인 지점에 도달함을 나타냄]
우리는 마지막에 그 문제까지도 논의했다.

» **Check point** ⊳ ....

» 이 용법으로 쓰인 결과보어 '到'는 예문과 같이 뒤에 '**教室里**' 등의 장소사가 올 수 있고, '**那个问题**'와 같이 추상적인 의미를 나타내는 명사도 올 수 있다.

1. 중국어로 번역해 보세요.

① 지난주 목요일에 거의 400개의 수박이 서울로 운반되었다.

→ _____

② 당신은 좀 전에 어디에 갔었나요?

→ _____

③ 한 번은 그녀가 이메일을 받지 못해서, 그는 런던(伦敦)에서 인도(印度)까지 날아왔다.

→ _____

④ 우리가 어쩌다가 그 화제까지 얘기하게 된 거죠?

→ _____

(4) 어떤 정도에 도달

> 发展到 / 恶化到 / 老到 / 胖到 / 脏到 / 贵到 / 饿到 / 冷到 ……

❶ 他们的关系已经发展到要结婚的程度了。 그들의 관계는 이미 결혼할 정도까지 발전했어요.

❷ 那时候每天都很饿，饿到头昏眼花。 그 당시에는 날마다 배가 고파서 눈앞이 빙빙 돌 정도였다.

◎ **程度** chéngdù 정도, 수준 | **头昏眼花** tóuhūn yǎnhuā 머리가 어지럽고 눈앞이 빙빙 돌다

» **Check point**
....

» 어떤 정도에 도달함을 나타내는 결과보어 '**到**' 뒤에는 비교적 복잡한 절이 올 수 있다. 또한, 앞에는 동사도 올 수 있지만, '**饿**'와 같은 형용사도 올 수 있다.

1. 중국어로 번역해 보세요.

① 시합에 참가할 정도로 잘하게 된 거예요?

→ _____

② 이보다 더 좋을 수 없을 정도이다.

→ _____

---

⑩ 在[장소]: ~에

'在'가 결과보어로 쓰일 때는 '동사 + 在 + 장소'의 형식으로만 쓸 수 있다. 주로 다음의 동사들과 함께 쓰인다.

> 放在 / 写在 / 贴在 / 挂在 / 粘在 / 站在 / 坐在 / 躺在 / 住在 / 跪在 ······

❶ 把书放在桌子上就可以了。 책을 책상 위에 올려놓으면 돼요.

❷ 他坐在椅子上睡着了。 그는 의자에 앉아서 잠이 들었다.

》 Check point

》 결과보어 '在' 뒤에는 반드시 장소사가 온다. 또한, '把'자문과 함께 쓰이는 경우가 많으며, '把 + 목적어 + 동사 + 在 + 장소사' 형식으로 주로 쓰인다. 이런 형식은 '把'의 목적어가 동작 이후 어느 지점에 위치하게 되는지 나타낸다.

1. 중국어로 번역해 보세요.

① 그것들은 뒤에 버리세요.

→ _____

② 당신은 왜 그것을 거기에 놓나요?

→ _____

③ 제 윗옷을 옷장 안에 걸어 주시겠어요?

→ _____

④ 그들은 게시문 하나를 벽에 붙였어요.

→ _____

◎ **布告** bùgào 게시문

2. 문장이 올바른지 판단하고 잘못된 부분을 고쳐 보세요.

① 孩子说谢谢，然后把书在头上出去了。　○ ✕ _____

② 他放书在桌子上。　○ ✕ _____

③ 他把书放下桌子上。　○ ✕ _____

④ 不要把垃圾扔掉在路上。　○ ✕ _____

결과보어의 용법

'동사 + 결과보어'는 주로 다음과 같은 몇 가지 문장형식으로 쓰인다.

유형	예문
(1) 주어 + 把 + 목적어 + 동사 + 결과보어	• 我把作业做完了。나는 숙제를 다 마쳤다. • 她把眼睛哭肿了。그녀는 울어서 눈이 부었다.
(2) 목적어 (+ 주어) + 동사 + 결과보어	• 作业(我)做完了。(나는) 숙제를 다 했다.
(3) 목적어 + 被 + 주어 + 동사 + 결과보어	• 我的书被朋友借走了。나의 책은 친구가 빌려갔다.
(4) 주어 + 동사 + 결과보어	• 我听懂了。나는 듣고 이해했다. • 我吃饱了。나는 배가 불러.
(5) 주어 + 동사 + 결과보어 + 목적어	• 我做完作业了。나는 숙제를 다 했다. • 她哭红了眼睛。그녀는 울어서 눈이 빨개졌다.

» **Check point**

» 문장에 목적어가 있으면 결과보어는 목적어의 변화된 상황을 설명한다. 따라서 '我吃饱饺子了。'의 문장은 성립될 수 없는데, '饱'는 목적어 '饺子'를 설명하는 것이 아니라 주어인 '我'의 상황을 설명하는 것이기 때문이다. 그러나 '我吃光了一盘饺子。'는 가능하다. 여기서 '光'은 목적어 '饺子'가 없어졌음을 설명하기 때문이다.

» 결과보어의 부정형식은 '没(有) + 동사 + 결과보어'이다.

❶ 我还没做完作业。나는 숙제를 아직 다 마치지 못했다.

❷ 他没有把过去的一切都忘掉，一直生活在回忆里，很痛苦。
그는 지난 모든 일을 다 잊지 못하고, 계속 추억 속에 살면서 괴로워한다.

» 가정을 나타내는 상황에서만 '不 + 동사 + 결과보어'의 형태로 쓴다.

❶ 如果不做完作业，你就不能看电视。만약 숙제를 다 끝내지 못하면, 너는 TV를 볼 수 없어.

❷ 你要尽快把这件事想清楚，再不想明白的话，就晚了。
너는 가능한 한 빨리 이 일에 대해 분명하게 생각해야 해. 계속 제대로 판단하지 못하면 늦을 거야.

1. 예시와 같이 결과보어를 사용하여 문장을 고쳐 보세요.

> 예시 我学跳舞。我会跳舞了。 → 我学会跳舞了。

① 我做了一个梦。梦里有一个老同学。   → _____

② 我猜他的意思。我知道了他的意思。   → _____

③ 我买飞机票。我没有得到飞机票。   → _____

④ 我学习，一直到十点。   → _____

⑤ 我去了，但是，晚了。   → _____

⑥ 我吃饭。我饱了。   → _____

⑦ 老师讲那个问题。问题清楚了。   → _____

⑧ 我们听老师的话。我们懂了。   → _____

2. 문장이 올바른지 판단하고 잘못된 부분을 고쳐 보세요.

① 他说奇怪的话完以后，做了奇怪的动作。 ○ ✕ _____

② 我跳舞累了，我们先休息一下再跳吧。 ○ ✕ _____

③ 他不吃完饭就开始做作业了。 ○ ✕ _____

④ 我好久不看见你了。你在忙什么呢? ○ ✕ _____

1. 문장이 올바른지 판단하고 잘못된 부분을 고쳐 보세요.

① 我看这篇短文之后，我觉得在这篇短文里面有两种教训。　○ ✕

_____

② 人们知道吸烟对健康特别不好，可是，一学吸烟，就不容易戒。　○ ✕

_____

③ 从这个"三个和尚没水喝"的传说，我想了我在泰国一家银行工作时的事。　○ ✕

_____

④ 他对我说"钱也买不到好朋友"，我听那句话的时候非常感动。　○ ✕

_____

⑤ 这个窟不知道为什么用泥土被盖了，所以，到19世纪末才被一个人发现。　○ ✕

_____

⑥ 我看她妹妹时，觉得她那么瘦，个子也不高，跟我的朋友差不多。　○ ✕

_____

⑦ 那时候很穷，就连饭也很难吃。　○ ✕

_____

⑧ 我在网上找到了好几个新朋友，如一个住美国的南亚人和一个住加拿大的中国人。　○ ✕

_____

⑨ 五天以后，我们再见面的时候，我发现他变成瘦了。　○ ✕

_____

⑩ 大家都要上名牌大学，因为毕业以后的前途好，可以找收入高的工作。　○ ✕

_____

⑪ 我觉得最重要的是怎么能够吃"绿色食品"，并且吃饱。　　　○ ✕

_____

⑫ 现在，世界上很多人还是不能吃饱东西，他们会饿到的。　　　○ ✕

_____

⑬ 谈有效阅读这个题目，我又想起以前上中学的年代。　　　○ ✕

_____

⑭ 我个人认为，阅读是很重要，可是我们不需要花全部的时间。　　　○ ✕

_____

❀ **泰国** Tàiguó 태국 | **窟** kū 동굴 | **泥土** nítǔ 진흙 | **加拿大** Jiānádà 캐나다 | **前途** qiántú 전망, 전도

2. 빈칸에 알맞은 결과보어를 쓰세요.

(1) ① 对不起，我写错了，我把你的名字写_____"西瓜"了。

② 他的声音很大，所以，我能听_____。

③ 快点儿，写_____了作业我们去打球。

④ 去旅行的人太多了，我们没买_____火车票。

⑤ 请你记_____，一个星期之内你一定要把书还给我。

⑥ 哎，你睡_____了吗？跟我聊聊天吧。

⑦ 我不记得谁把我的书借_____了。

⑧ 你为什么要辞_____那么好的工作？

⑨ 你准备_____了吗？我们马上要开始了。

⑩ 你不能丢_____孩子一个人出去玩那么长时间。

⑪ 你走吧，把行李放_____这儿就可以了。

(2) ① 起来！起来！吃饭，吃_____了去看电影。

② 我把一只手伸给她。她抱着我那只手放_____胸前，像孩子一样满意地睡_____了。

③ 我们三人穿过小树林，来_____了游泳池边。

④ 我听_____那边传来一个很大的响声。

⑤ 第二天天亮，我才重新看_____他们。

⑥ 我们约_____了要去吃饭的地方，我就在医院门口等杜梅。

⑦ "放_____我，放_____我，你把我的手弄_____了。"她大声喊。

⑧ 他已经困极了，但是，他还不能睡_____，因为他害怕一睡_____，他心里想
的那些好事就没有了。

◎ 游泳池 yóuyǒngchí 수영장 | 喊 hǎn 외치다

3. 결과보어를 활용하여 짧은 글이나 대화 형식의 글을 써 보세요.

_____

_____

_____

_____

_____

제6강

방향보어

● 밑줄 친 부분을 유의하며 다음 글을 읽어 보자.

要是滚下去怎么办？

　　你们在中国旅行的时候，坐过火车吗？坐过卧铺吗？如果你第一次坐卧铺，而且你的铺位又在最上面的一层，我不知道你会怎么想！我想的是：“天哪，<u>要是滚下去怎么办？</u>”

　　今年国庆节，我和同屋一起坐火车去上海旅行。这是我第一次坐卧铺，韩国的火车上没有卧铺。我的铺位是上铺，在最上面。<u>走进车厢</u>的时候，我觉得很好奇：上铺那么高，得从梯子<u>上爬上去</u>，可是上铺的空间又很小，在上面只能躺着，我怎么办？一直躺着吗？

　　就在我不知所措的时候，坐在下铺的中国人招呼我说：“你可以坐在下面，想休息的时候<u>再上去</u>。”于是，我和下铺的一家三口认识了。我们愉快地聊起天来。他们是利用国庆节放长假的机会，回老家看看。他们的小女孩儿很可爱，很想跟我聊天，可是又很害羞。

　　时间过得很快，一会儿几个小时就过去了，该熄灯睡觉了。我爬到上铺，可是，当我躺下来的时候，我突然紧张起来：睡在这摇摇晃晃的车厢里，<u>要是滚下去怎么办？</u>

　　（姜珉廷[韩]，选自北京大学2001年留学生中文演讲比赛演讲稿汇编，有改动）

⊕ 참고단어

卧铺 wòpù (기차·여객선 등의) 침대석 | 车厢 chēxiāng 객실, 수화물칸 | 梯子 tīzi 사다리 | 熄灯 xīdēng
불을 끄다, 소등하다 | 摇摇晃晃 yáoyáo huànghuàng 흔들거리다

글에서 밑줄 친 부분을 살펴보면, 모두 동사 뒤에 '下去', '进', '上去', '起来', '下来' 등이 포함되어 있는데, 이들을 '방향보어'라고 하며, 크게 두 가지 용법으로 나눌 수 있다.

❶ 동작의 방향만을 나타내는 경우

'滚下去', '走进', '爬上去', '躺下来'에서 사용된 방향보어 '下去', '进', '上去', '下来'는 모두 동작의 방향을 나타낸다.

다른 언어에서도 이처럼 동작의 방향을 나타낼 수 있다. 예를 들어, 스페인어에서는 동사 자체에 방향의 의미를 내포하고 있는 경우가 있다. 'entrar(走进)', 'salir(走出)', 'bajar(走下)', 'subir(走上)', 'pasar(走过)', 'volver(走回)' 등이 이에 해당한다. 영어의 'bring'과 'take' 역시 동작의 방향이 서로 다른데, 전자는 화자에게 가까워질 때 사용하고, 후자는 화자로부터 멀어질 때 사용한다. 'go down', 'go up', 'go into', 'go out' 등도 나타내는 동작의 방향이 모두 다르다.

중국어에서는 동작의 방향을 강조하고 싶다면, '동사 + 방향보어' 형식을 사용하면 된다.

❷ 방향 의미가 파생되어 다른 의미를 나타내는 경우

'聊起天来', '紧张起来'에서 사용된 방향보어 '起来'는 동작의 방향을 나타내는 것이 아니라, 어떤 동작이 시작됨을 나타낸다. 이것이 방향보어의 파생 용법이다. 자주 사용되는 방향보어 대부분 몇 가지 파생 의미를 지니고 있는데, 예를 들어 '동사 + 上'은 다음과 같은 여러 의미를 나타낼 수 있다.

(1) 닫다

- **关上门** 문을 닫다
- **拉上窗帘** 커튼을 치다
- **闭上眼睛** 눈을 감다
- **挂上电话** 전화를 끊다

(2) 연결하다

- **联系上** 연락이 닿다
- **搭上话** 말을 붙이다
- **遇上阴天** 궂은 날을 만나다
- **赶上下雨** 비를 만나다
- **交上好运** 운이 트이다

(3) 더하다

- **贴上邮票** 우표를 붙이다
- **穿上衣服** 옷을 입다
- **戴上帽子** 모자를 쓰다
- **种上树** 나무를 심다
- **点上灯** 등을 켜다
- **配上音乐** 음악을 곁들이다
- **加上一点儿黄油** 버터를 조금 더하다

(4) 채우다, 덮다

- **写上名字** 이름을 쓰다
- **签上名** 서명하다
- **锁上门** 문을 잠그다
- **盖上被子** 이불을 덮다
- **塞上纸** 종이를 쑤셔/채워 넣다

(5) 좋아하다

- **爱上** 사랑하게 되다
- **看上** 마음에 들다
- **喜欢上** 좋아하게 되다
- **迷上** 빠지게 되다
- **挑上** 선택하다
- **选上** 뽑다

(6) 목적을 달성하다

- **吃上饭** 밥을 먹게 되다
- **喝上好酒** 좋은 술을 마시다
- **穿上新衣服** 새 옷을 입다
- **住上新房** 새 집에 살게 되다
- **考上大学** 대학에 합격하다
- **买上车** 차를 사다

(7) 일정한 수량에 도달하다

- **干上两年** 2년간 일하다
- **喝上两杯** 두 잔 마시다
- **见上一面** 한 번 보다
- **睡上几天** 며칠간 잠을 자다

방향보어의 파생 의미는 매우 복잡하고, 사용 빈도가 매우 높다.

방향보어의 유형

방향보어는 두 가지 유형으로 나눌 수 있다. 단음절로 된 것을 '단순방향보어'라고 하며, 이음절로 된 것을 '복합방향보어'라고 한다.

(1) 단순방향보어	上	下	进	出	回	过	起	来	去
(2) 복합방향보어	上来	下来	进来	出来	回来	过来	起来		
	上去	下去	进去	出去	回去	过去			

---

❶ 단순방향보어

단순방향보어는 동작의 방향만을 나타낼 수 있다.

   ❶ 他走进车厢。 그는 객실로 걸어 들어왔다.

그는 원래 객실 바깥에 있다가 객실 안으로 들어온 것으로, '걷다(走)'라는 동작의 방향이 밖에서 안으로 이루어졌다는 것을 의미한다.

   ❷ 他走出车厢。 그는 객실 밖으로 걸어 나갔다.

반대로 예문 ❷를 보면 그는 원래 객실 안에 있다가 객실 밖으로 나간 것으로, '걷다(走)'라는 동작의 방향이 객실 안에서 객실 밖으로 이루어졌음을 의미한다.

또한 단순방향보어 '来'와 '去'는 동작의 방향과 화자의 관계를 나타낸다. '来'는 동작이 화자에게 향하는 것을 뜻하며, '去'는 동작의 방향이 화자로부터 멀어지는 것을 뜻한다.

   ❸ 他向我跑来。 그는 나에게로 뛰어왔다.

   ❹ 他离开我，向操场方向跑去。 그는 나를 떠나 운동장 쪽으로 뛰어갔다.

---

❷ 복합방향보어

복합방향보어는 동작 자체의 방향을 나타내는 것 이외에 동작의 방향과 화자와의 관계도 나타낼 수 있다.

❶ 他走进车厢来。 그는 객실 안으로 걸어 들어왔다.

그는 원래 객실 바깥에 있다가 객실 안에 있게 된다. 즉, '걷다(走)'라는 동작의 방향이 객실 밖에서 객실 안으로 이루어졌음을 의미한다. 또한 '来'를 써서 화자는 반드시 객실 안에 있으며, '걷다(走)'라는 동작의 방향이 화자 쪽으로 향함을 나타낸다.

❷ 他走进车厢去。 그는 객실 안으로 걸어 들어갔다.

예문 **❷**를 보자. 예문 **❶**과 같이 그는 원래 객실 바깥에 있다가 객실 안에 있게 된다. 즉, '걷다(走)'라는 동작의 방향이 객실 밖에서 객실 안으로 이루어졌음을 의미한다. 그러나 예문 **❷**에서는 '去'를 썼기 때문에 화자는 반드시 객실 밖에 있으며, '걷다(走)'라는 동작의 방향이 화자로부터 멀어졌음을 나타내어 예문 **❶**과 의미가 다르다.

따라서 중국어로 동작의 방향을 표현하고자 한다면, 화자의 위치를 반드시 주의해야 한다.

---

❸ 왜 '동사 + 방향보어'를 사용해야 하는가?

방향보어의 역할을 하는 어휘들 역시 동사이므로 모두 단독으로 쓸 수 있다.

❶ 上啊，上啊，别害怕，这个梯子不高，很安全。
올라가, 올라가, 무서워하지 말고. 이 사다리는 높지 않아서 안전해.

❷ 他出去了。 그가 나갔다.

그러나 동작의 방향뿐만 아니라 동작의 방식도 나타내야 할 경우, '동사 + 방향보어' 구문을 사용해야 한다.

❸ 听了一会儿，他悄悄地走出去了。 잠시 듣고 나서, 그는 조용히 걸어 나갔다.

❹ 蜗牛爬出去了。 달팽이가 기어나갔다.

❺ 小鸟飞出去了。 작은 새가 날아갔다.

❻ 袋鼠跳出去了。 캥거루가 뛰어나갔다.

❼ 滚出去！ 꺼져버려!

❽ 把这些东西扔出去！ 이 물건들을 던져버려!

◐ **蜗牛** wōniú 달팽이

1. 알맞은 방향보어를 사용하여 빈칸을 채워 보세요.

① 你们太慢了吧？我们已经在山顶半个小时了。你们快跑_____吧。

② 我累了，咱们坐_____休息一下吧。

③ 你站_____，这是我的座位，不是你的。

④ 我要多拍一些照片寄_____家_____。

⑤ 你什么时候_____？爸爸妈妈都很想你。

⑥ 把手举起来，把钱都拿_____，都给我!

⑦ 有一个人向我走_____，可是我不知道他是谁。

2 방향보어의 용법

방향보어는 주로 다음 여섯 가지 형식으로 쓰인다.

❶ 주어 + 동사 + 복합방향보어

❶ 他爬上来了。그는 기어 올라왔다. / 他一定要爬上去。그는 반드시 기어 올라가야 한다.

❷ 他走下去了。그는 걸어 내려갔다.

❸ 我们坐下来休息了十分钟。우리는 앉아서 10분간 쉬었다.

❹ 蜗牛会爬进来吗？달팽이가 기어 들어올 수 있을까? / 蜗牛爬进去了。달팽이가 기어 들어갔다.

❺ 人们都跑出来了。사람들이 모두 뛰어나왔다.

/ 人们十分钟就能跑出去。사람들은 10분이면 뛰어나갈 수 있다.

❻ 一到春天，小鸟就飞回来了。봄이 되자 작은 새들이 날아 돌아왔다.

/ 小鸟飞回去了。작은 새가 날아 돌아갔다.

❼ 车开过来了。차가 왔다.

/ 那辆车开过来开过去，不知道在干什么。저 차는 왔다 갔다 하는데, 뭘 하고 있는지 모르겠다.

❽ 太阳每天都会升起来。해는 매일 떠오를 것이다.

» | **Check point** |

» 전치사구를 사용하여 동작의 기점 혹은 방향을 나타낼 수도 있다.

❶ 蜗牛从窗户爬进来了。달팽이가 창문으로 기어 들어왔다.

❷ 人们都从房间(里)跑出去了。사람들이 모두 방에서 뛰어나갔다.

❸ 看3D电影的时候，感觉车朝我们开过来了，太恐怖了。
3D 영화를 볼 때, 차가 우리를 향해 오는 것 같아서 너무 무서웠다.

◎ **恐怖** kǒngbù 공포

✓ 연습 문제 2

1. 중국어로 번역해 보세요.

① 나는 뛰어올라 열정적으로 그와 인사했다.　→ _____

② 나는 이사 나가서 다시는 돌아오기 싫다.　→ _____

③ 봐. 그들이 너를 향해 걸어와.　→ _____

> ## ❷ 주어 + 동사 + 단순방향보어 + 장소 (+ 来/去)

(1) 동사 + '上' + [도착 장소] (+ 来/去)	他爬上山(来)了。그는 산으로 올라왔다.
(2) 동사 + '下' + [출발 장소] (+ 来/去)	他走下楼(来)了。그는 계단을 걸어 내려왔다.
(3) 동사 + '进' + [도착 장소] (+ 来/去)	蜗牛爬进屋子里(来)了。달팽이가 방으로 기어 들어왔다.

(4) 동사 + '出' + [출발 장소] (+ 来/去)	人们都跑出楼(去)了。사람들이 모두 건물에서 뛰어나갔다.
(5) 동사 + '回' + [출발 장소/도착 장소] (+ 来/去)	小鸟飞回北方(来)了。작은 새가 북쪽으로 날아 돌아왔다.
(6) 동사 + '过' + [경로] (+ 来/去)	车开过桥(去)了。차가 다리를 건너갔다.

» **Check point**

» 이 용법에서 동작 방향과 화자의 관계를 강조할 필요가 없을 경우, '来/去'는 생략할 수 있다.

» 즉, 도착 장소만을 나타내고 도착 시 동작의 방향을 강조하지 않을 경우, '到'만 쓰면 된다.

동사 + '到' + [도착 장소] (+ 来/去)

❶ 我跑到楼上(去)。나는 위층으로 뛰어 올라갔다.

❷ 我跑到屋子里(来)。나는 방 안으로 뛰어 들어왔다.

» '下'와 '出' 뒤에는 동작의 기점만 위치할 수 있으므로 주의해야 한다.

✓ 연습 문제 3

1. 중국어로 번역해 보세요.

① 도둑이 내 방으로 몰래 기어 들어왔다. → _____

② 나는 침대에서 뛰어내려, 복도로 뛰어 들어갔다. → _____

③ 그는 남자아이이며, 나무를 기어 올라갈 수 있다. → _____

④ 우리 배로 돌아가자. → _____

⑤ 그는 주방을 걸어 지나서 정원으로 왔다. → _____

2. 문장이 올바른지 판단하고 잘못된 부분을 고쳐 보세요.

① 下雨了，很多石头滚下山脚。　○ ✕ ＿＿＿＿＿＿＿＿＿＿＿＿＿

② 屋子里着火了，人们跑出院子。　○ ✕ ＿＿＿＿＿＿＿＿＿＿＿＿＿

◎ **滚** gǔn 구르다 | **山脚** shānjiǎo 산기슭

---

❸ 주어 + 把 + 목적어 + 동사 + 복합방향보어

이 구문에서 사용되는 목적어는 보통 한정 명사(구)이다.

❶ 你们把东西抬<u>上来</u>。 너희들은 물건을 좀 들고 올라와라.

❷ 他把行李拿<u>下去</u>了。 그는 짐을 들고 내려갔다.

❸ 我们把桌子搬<u>进来</u>了。 우리는 책상을 옮겨 들어왔다.

❹ 你把这些书扔<u>出去</u>吧。 네가 이 책들 좀 내다 버려라.

❺ 我把妹妹送<u>回去</u>了。 나는 여동생을 되돌려 보냈다.

✓ **연습 문제 4**

1. 중국어로 번역해 보세요.

① 내 지갑을 네가 나를 도와 찾아와야겠다.　→ ＿＿＿＿＿＿＿＿＿＿＿＿＿

② 그는 손가락을 펴 넣었다.　→ ＿＿＿＿＿＿＿＿＿＿＿＿＿

③ 나 좀 내버려 둬!　→ ＿＿＿＿＿＿＿＿＿＿＿＿＿

④ John(约翰), 우리 좀 끌어 올려줘!　→ ＿＿＿＿＿＿＿＿＿＿＿＿＿

❹ 주어 + 把 + 목적어 + 동사 + 단순방향보어 + 장소 (+ 来/去)

이 구문에서 사용되는 목적어는 보통 한정 명사(구)이다.

① 你们把东西抬上二楼(来)。 너희들은 물건을 2층으로 들고 올라와라.

② 他把行李拿下楼(去)了。 그는 짐을 들고 계단을 내려갔다.

③ 我们把桌子搬进房间里(来)。 우리는 책상을 방 안으로 옮겨왔다.

④ 你把这些书扔出门(去)吧。 네가 이 책들을 문밖으로 내다 버려라.

⑤ 我把妹妹送回老家(去)了。 나는 여동생을 고향으로 되돌려 보냈다.

» **Check point**

» 동작의 방향을 강조하지 않고, 도착 장소만을 나타낼 경우, '**到**' 또는 '**在**'를 사용하면 된다.

把 + 목적어 + 동사 + 到/在 + 장소

① 我把东西抬到二楼。 나는 물건을 2층으로 올려놓았다.

② 我把行李放在楼下。 나는 짐을 아래층에 놓았다.

✓ **연습 문제 5**

1. 중국어로 번역해 보세요.

① 내가 네 가방을 이곳으로 가지고 돌아왔어.

→ _____

② 당신은 차를 몰고 집으로 돌아가도 좋아요.

→ _____

③ 방금 내 여동생이 나를 도와 내 오래된 책장을 건물에 올려놓았다.

→ _____

④ 우리는 배를 이용하여 짐들을 강 건너로 옮겼다.

→ _____

> ❺ 주어 + 동사 + 단순방향보어 + 목적어 (+ 来/去)
> / 주어 + 동사 + 복합방향보어 + 목적어

이 용법에서 목적어로 사용되는 명사구는 비한정 명사구이다.

❶ 他拿回一本杂志来，让我看。 그는 잡지 한 권을 가지고 돌아와서는 나에게 보여주었다.

❷ 等了半天，服务员终于端上一盘菜来。 한참을 기다렸더니, 종업원이 드디어 요리 한 접시를 들고 왔다.

❸ 他给我带回来一些礼物，我很高兴。 그가 나를 위해 선물들을 가지고 돌아와서 매우 기쁘다.

❹ 他自己搬进来一把椅子，坐下来听课。 그는 스스로 의자 하나를 옮겨 오더니, 앉아서 수업을 들었다.

◇ 端 duān (두 손으로) 들어 나르다

✓ 연습 문제 6

1. 중국어로 번역해 보세요.

① 그가 얼굴이 동그란 사람을 데리고 들어와서는 말했다. "이 사람이 김 선생이야."

→ _____

② 그녀는 건넌방으로 뛰어 들어가서 아이 한 명을 데리고 왔다.

→ _____

❻ 장소 + 동사 + 복합방향보어 + 사물/사람

이 용법에서 방향보어 뒤에 사용되는 어휘는 모두 비한정 명사구이며, 동사는 위치이동 동사이다. 새로운 화제를 언급할 때 자주 사용되는 구문이다.

❶ 前面走过来一群学生。앞쪽에서 한 무리의 학생들이 걸어왔다.

❷ 从山上滚下来一块大石头。산 위에서 큰 돌덩이가 굴러 내려왔다.

❸ 厨房里飘出来一阵香味。주방 안에서 좋은 냄새가 흘러나왔다.

❹ 远处飞过来一只小鸟，落在窗台上。먼 곳에서 작은 새 한 마리가 날아오더니 창턱 위에 내려앉았다.

◎ 飘 piāo (바람에) 나부끼다, 흩날리다 | 落 luò (물체가) 떨어지다

✔ 연습 문제 7

1. 중국어로 번역해 보세요.

① 이곳으로 하얀 피부를 가진 여자아이 한 명이 걸어왔다.

→ _____

② 토론하다 보면 잘못된 의견들이 나오기 마련이나 걱정할 필요 없다.

→ _____

③ 3호 아파트에 새로운 주민들이 이사 들어왔다.

→ _____

④ 정류장에 도착하자, 차에 중년 여성 한 명이 걸어 올라왔다.

→ _____

◎ 居民 jūmín 주민 | 妇女 fùnǚ 부녀자

1. 빈칸에 적당한 방향보어를 넣어 보세요.

① 我妈妈敲门把我叫_____，说有事跟我说。

② 我们在走廊上坐着说话，这时，一个小护士领着一对青年男女走_____，她站_____
和那小护士很亲热地交谈。

③ 我们三个在诊室门外等着，那个男大夫又把杜梅叫了_____，很严肃地和她说什么。
一会儿她走_____，王军忙问："怎么啦？"

④ 她看了一眼手表，立刻站_____："我得走了，谢谢你请我吃饭啊。"

⑤ 大多数房间的门都是开着的，有风从朝北的那排窗户吹_____，很冷。

◎ **严肃** yánsù 진지하다 | **立刻** likè 곧, 당장

2. 문장이 올바른지 판단하고 잘못된 부분을 고쳐 보세요.

① 十年以内，我打算回去澳大利亚看老朋友们。　　　　　　○ ✕

_____

② 我们高高兴兴回了去家。　　　　　　　　　　　　　　○ ✕

_____

③ 学习累了，出去外边看看风景，放松放松吧。　　　　　○ ✕

_____

④ 我应该进去旁边的那座大楼找一个空房间。　　　　　　○ ✕

_____

⑤ 我从来没想起来外国人说中文能跟中国人一样。　　　　○ ✕

_____

⑥ 过了一会儿，全身就发痒起来。　　　　　　　　　　　　○ ✕

_____

⑦ 我见到他就不知不觉流了眼泪，因为我以为他把我忘了。　　○ ✕

_____

⑧ 他们想，从哪里跌倒就从哪里爬。　　　　　　　　　　　○ ✕

_____

⑨ 我父亲因为被公司派了外地，母亲几乎一个人教育我。　　○ ✕

_____

⑩ 我姥姥送我们过机场去。　　　　　　　　　　　　　　　○ ✕

_____

⑪ 我很害怕，所以我很快地逃走去了。　　　　　　　　　　○ ✕

_____

⑫ 我坐下在他的旁边。　　　　　　　　　　　　　　　　　○ ✕

_____

◎ 澳大利亚 Àodàlìyà 오스트레일리아 | 痒 yǎng 가렵다

3. 방향보어의 파생 의미에 주의하면서 빈칸에 적당한 방향보어를 넣어 보세요.

① 这是她给我留_____的深刻印象。

② 她向我提_____结婚申请时，我们已经做了半年朋友。

③ 三楼住的都是女生，这从每个房间门上挂着的不同花色的门帘可以看_____。

④ 一个人在餐馆里说一道菜可口，那并不是说他想留_____当厨师。

⑤ 有时她值夜班，就给我打电话，我们就在电话里聊_____几个钟头。

◎ 值夜班 zhíyèbān 숙직(하다)

제7강

가능보어

∨
∨
∨
∨
∨

⊕ 생각해보기

💬 다음 각 문장에서 밑줄 친 부분들은 어떤 특징이 있을까?

❶ 地图上的字太小了，我看不见。
지도의 글씨가 너무 작아서 나는 볼 수 없다.

❷ 他的视力很好，他看得见。
그의 시력이 매우 좋아서 그는 볼 수 있다.

❸ 山太高了，我累死了，爬不上山顶了。
산이 너무 높아서 나는 힘들어 죽겠어. 정상까지 오를 수 없어.

❹ 她经常锻炼，身体好，她能爬得上山顶。
그녀는 자주 운동을 해서 건강하다. 그녀는 산꼭대기까지 오를 수 있다.

'**看不见**'의 의미: 볼 수 없다.

'**看得见**'의 의미: 볼 수 있다.

'**爬不上**'의 의미: 오를 수 없다.

'**爬得上**'의 의미: 오를 수 있다.

'**看见**'은 '동사 + 결과보어'이고, '**爬上**'은 '동사 + 방향보어'이다. 위 예문처럼 동사와 결과보어 혹은 방향보어 사이에 '**得**' 혹은 '**不**'를 넣으면 '가능보어'가 되고 일종의 가능성을 나타낸다.

가능보어의 형식

가능보어는 긍정형식과 부정형식 두 가지가 있다. 각각 '동사 + 得 + 보어'와 '동사 + 不 + 보어'로 나타낸다.

(1) 긍정식 가능보어	'동사 + 得 + 보어' ['能 + 동사 + 보어'와 같은 의미]
(2) 부정식 가능보어	'동사 + 不 + 보어' ['不能 + 동사 + 보어'와 같은 의미]

가능보어를 사용하여 의문문을 나타낼 때 두 가지 방법이 있다.

> **❶ 동사 + 得 + 보어 + 吗?**

❶ 你看得见吗？ 너 보이니?

❷ 你爬得上去吗？ 너 올라갈 수 있겠어?

> **❷ 동사 + 得 + 보어 + 동사 + 不 + 보어?**

❶ 你看得见看不见？ 너 볼 수 있어, 볼 수 없어?

❷ 你爬得上去爬不上去？ 너 올라갈 수 있어, 없어?

✓ 연습 문제 1

1. 예시와 같이 가능보어를 사용하여 문장을 고쳐 보세요.

> 예시 我的眼睛花了，不能看清楚。 → 我的眼睛花了，看不清楚。

① 你写的字太小了，我不能看清楚。

→ _____

② 虽然衣服很脏，但是，我能洗干净。

→ _____

③ 你讲得太难了，我们听了以后不明白。

→ _____

④ 你点的菜太多了，我们能吃完吗?

→ _____

⑤ 我太累了，十层楼我不能走上去，我要坐电梯。

→ _____

⑥ 爱情已经没了，还能找回来吗?

→ _____

⑦ 一个星期不吃饭，能饿死吗?

→ _____

2. 중국어로 번역해 보세요.

① 이것은 배울 수 있는 것이다.

→ _____

② Andy(**安迪**), 들을 수 있어?

→ _____

③ 내가 무슨 말을 하고 있는지 너 정말 알아들을 수 있어?

→ _____

④ **A** 배는 문제 없죠?

   B 보기엔 괜찮아요. 우리가 타고 갈 수만 있으면 돼요.

→ _____

2 특정 가능보어

일부는 고정형식으로 쓰여 가능 혹은 불가능을 나타낸다.

---

① 来得及: 시간이 충분하다

来不及: 시간이 충분하지 않다

---

❶ 时间还早呢，不要着急，来得及。

아직 시간이 남아서 급하게 하지 않아도 돼. (시간은) 충분해.

❷ 来不及了，快点儿，要迟到了。

늦었어, 빨리 해. 이러다 늦겠어.

❸ 你的过去，我来不及参与，你的未来，我奉陪到底。

너의 과거는 내가 함께하지 못했지만, 너의 미래는 내가 끝까지 함께할 거야.

❹ 生命中，有一些人与我们遇见了，却来不及相识：相识了，却来不及熟悉：熟悉了，

却还是要说再见。

우리는 살면서 어떤 사람들과 만나게 되지만 서로 알기엔 시간이 부족하다. 서로 알게 된 후 익숙해지기엔 시간이 부
족하고, 익숙해지면 결국은 이별해야 한다.

◎ **参与** cānyù 참여하다 | **奉陪** fèngpéi 함께 하다

---

❷ 舍不得: 어떤 일 하기를 원하지 않다 (아쉽다, 섭섭하다)

---

❶ 我舍不得离开家乡。 나는 고향을 떠나기 아쉽다.

❷ 这个玩具他很喜欢，舍不得给别的小朋友玩儿。

걔는 이 장난감을 너무 좋아해서 다른 친구들이 가지고 놀게 하고 싶어 하지 않는다.

---

❸ 怪不得: 사실을 알게 되어서 어떤 일이 더는 이상하다고 느껴지지 않다 (어쩐지)

---

❶ 他病了，怪不得昨天没来上课。

그가 아프구나. 어쩐지 어제 수업에 안 왔더라.

❷ 他们分手了啊？怪不得最近我没有看到他们在一起。

걔네들 헤어졌어? 어쩐지 요즘 걔네들이 같이 있는 것을 못 봤어.

PART 1 제7강 115

④ 동사 + 不得: (위험에 빠지거나, 벌을 받거나 혼나는 것과 같은 결과를 초래할 수 있기 때문에) 어떠한 행동을 하면 안 된다

❶ 老虎尾巴摸<u>不得</u>。 호랑이 꼬리를 만지면 안 된다.

❷ 这种蘑菇有毒，吃<u>不得</u>。 이 종류의 버섯에는 독이 있어서 먹으면 안 된다.

❸ 这是纪律，违反<u>不得</u>。 규율이기 때문에 위반하면 안 된다.

❹ 这是关键时候，出<u>不得</u>一点儿问题。 결정적인 순간이라 조금의 문제도 있어서는 안 된다.

◎ 蘑菇 mógu 버섯 | 纪律 jìlǜ 규율 | 违反 wéifǎn 위반하다 | 关键时候 guānjiàn shíhou 결정적인 순간

⑤ 동사 + 得起: 돈이 있기 때문에 어떤 일을 할 수 있다
동사 + 不起: 돈이 없기 때문에 어떤 일을 할 수 없다

❶ 这个包太贵了，我买<u>不起</u>。 이 가방은 너무 비싸서 나는 살 수 없어.

❷ 现在人们的生活富裕了，都开得起车，吃得起烤鸭了。
요즘 사람들의 생활이 부유해져서, 모두 차를 사서 운전할 수 있고 오리 구이도 먹을 수 있어.

◎ 富裕 fùyù 부유하다

이 형식은 어떠한 대가를 감당할 수 있거나 감당할 수 없음을 나타내기도 한다.

❸ 去医院看病要花这么多时间啊，真是<u>看不起</u>病啊，公司里还有很多工作没做呢。
병원에 가서 진찰받는 데 이렇게 많은 시간이 걸리다니, 진찰을 받을 수 없겠는걸. 회사에 아직 못한 일들이 많이 있어.

❹ 你的礼物太贵重了，我<u>承受不起</u>。 너의 선물이 너무 귀중하기 때문에 나는 받을 수 없어.

❺ 全家人都靠我养活，我<u>病不起</u>啊。 내가 온 가족을 부양하기 때문에 나는 아플 수 없어.

◎ 承受 chéngshòu 받아들이다, 감당하다 | 养活 yǎnghuo 부양하다

⑥ '동사 + 得了'와 '동사 + 不了'

(1) '能 + 동사 + 完'과 '不能 + 동사 + 完'의 의미

❶ 我太饿了，买五个包子吧，我<u>吃得了</u>。(= 能吃完)
나 너무 배고파. 만두 5개 사자. 나는 다 먹을 수 있어.

❷ 太多了，我<u>吃不了</u>。(= 不能吃完) 너무 많아서 나는 다 먹을 수 없어.

(2) '能 + 동사'와 '不能 + 동사'의 의미

❶ 我是四川人，很喜欢吃辣的，所以，我吃得了麻婆豆腐，没关系。(= 能吃)
나는 쓰촨 사람이라 매운 음식을 매우 좋아해. 마파두부 먹을 수 있어. 괜찮아.

❷ 这个菜太辣了，我吃不了。(= 不能吃) 이 요리는 너무 매워서 (나는) 못 먹어.

❸ 他的右半身像死掉了一样。他走不了路，写不了字，说不了话，也不能用右手弹一
下琴! (= 不能走路，不能写字，不能说话)
그의 오른쪽 반신은 죽은 것 같았다. 그는 걸을 수도 없고 글을 쓸 수도 없고 말을 할 수도 없으며, 오른손으로 피
아노를 칠 수도 없다!

✓ 연습 문제 2

1. 특정 가능보어로 문장을 고쳐 보세요.

① 现在才去，恐怕时间不够了。　　　→ _____

② 明天晚上我们有一个聚会，你能来吗? → _____

③ 这么贵的房子，我可没有钱买。　　→ _____

④ 我爱妈妈，不想离开妈妈。　　　　→ _____

⑤ 激光太厉害了，我们不能看。　　　→ _____

◎ 激光 jīguāng 레이저

2. 문장이 올바른지 판단하고 잘못된 부분을 고쳐 보세요.

① 那本书卖光了，我们买不了了。　　　　　　　　　　　　　　○ ✕

_____

② 比较穷的家庭会很难买粮食，这样，有可能会出现饿死的人。　　○ ✕

_____

◎ 粮食 liángshi 식량

3. 특정 가능보어를 사용하여 문장을 번역해 보세요.

① 소중히 여기는 것을 떠나는 것은 정말 서운하구나!

→ _____

② 나는 네가 살 여유가 있다는 걸 알아.

→ _____

③ 그는 아파서 머리를 쓰면 안 돼.

→ _____

3 가능보어와 '(不)能'

'能'이 표현하는 가능성은 화자의 주관적 판단을 강조하고, '동사 + **得** + 보어'는 일종의 객관적 가능성을 나타낸다.

❶ 屋子里在开会，我们现在不能进去。[화자의 주관적 판단]
방 안에서 회의 중이라 우리는 지금 들어가면 안 돼.

❷ 屋子的门窗都被堵上了，我们进不去。[객관적 가능성]
방 안의 문과 창문을 모두 막아놔서 우리는 들어갈 수 없어.

❸ 你现在身体不舒服，不能吃辣的吧？[화자의 주관적 판단]
너 지금 몸이 안 좋아서 매운 거 먹으면 안 되지?

❹ 这个菜有点儿辣，你吃得了吗？[객관적 가능성]
이 요리는 좀 매운데 너 먹을 수 있겠어?

❺ 这些文件不但不能删，而且也是删不掉的，因为都是只读文件。
이 문서는 삭제하면 안 될 뿐만 아니라 삭제할 수도 없어. 왜냐하면 다 읽기 전용 문서이기 때문이야.

그래서 '能'과 '동사 + 得 + 보어'는 함께 사용할 수 있다.

❻ 这些衣服虽然很脏，但是，我能洗得干净。
이 옷들이 비록 더럽긴 하지만 나는 깨끗하게 세탁할 수 있어.

❼ 这个菜有点儿辣，你能吃得了吗?
이 요리들 좀 매운데, 너 먹을 수 있겠어?

또한, '不能'은 어떤 동작이나 행위에 대한 금지 혹은 제지를 나타낼 수 있지만, 가능보어는 그럴지 않다.

❽ 你是男的，这是女厕所，你不能进去!
너는 남자고 여기는 여자 화장실이라서 너는 들어가면 안 돼!

· 你是男的，这是女厕所，你进不去。 ☒

☑ 연습 문제 3

1. 문장의 의미에 따라 알맞은 표현을 골라 빈칸을 채워 보세요.

(1)　　　　走不了 vs 不能走

① 你是负责人，出了这样的事情，你_____，必须留下!

② 外面下雨了，我们_____了，留下来吧。

(2)　　　　不能毕业 vs 毕不了业

① 根据师兄师姐们的经验，你如果不努力的话，就_____。

② 你的论文还不行，所以，今年你_____，必须再学习一年。

(3)　　　　不能想清楚 vs 想不清楚

① 有些事情，你_____还是糊涂一点儿好。

② 这件事情，如果你_____就去做的话，会有麻烦的。

1. 빈칸에 적당한 방향보어를 넣어 보세요.

到	在	完	见	住	上	下	来
起来	下来	不了	不上	得及	不着		
不到	不得	不住	不起	过来	不明白		

① 几天后的一个晚上，我都睡了，小王打_____电话，说他热得睡_____，邀请我一起去游泳。我穿_____衣服下了楼，看_____她和小王站在马路边等我，她在月光下格外动人。

② 杜梅坐_____游泳池边看着我，她好像怎么也想_____我为什么要这么做。

③ 我再三喊，又喊杜梅，同样得_____回答。

④ 为什么呀？你为什么看_____她？我觉得她人挺好的。

⑤ 她有一个人办_____的事，比如接站，去交通不便的地方取东西，也会叫_____我一起去。

⑥ 你要是觉得后悔，现在改还来_____。

⑦ "走啊。"我一边拉她，一边说，"你看你这个人，还开_____玩笑了？别生气了。"

⑧ 一句话没说_____，她流_____眼泪："我什么时候说过后悔了？"

⑨ 我坐_____看电视，看了两眼电视忍_____笑了，转脸对杜梅说："我不应该对你的朋友们热情点吗？"

제8강

상태보어

⊕ **생각해보기**

▍ 그룹1과 그룹2의 예문은 무엇이 다를까?

그룹1

❶ 老师讲了三遍，终于把那个问题讲清楚了。
선생님이 세 번을 설명하고 드디어 그 문제가 명확하게 설명이 되었다.

❷ 经过反复练习，他的字终于写漂亮了。
반복 연습을 거쳐 그의 글자가 드디어 예쁘게 써졌다.

❸ 太脏了，我洗了很多遍，才洗干净。
너무 지저분해서 여러 번 씻었더니, 비로소 깨끗해졌다.

❹ 你吃那么多的巧克力，都吃胖了，别吃了。
너는 그렇게 많은 초콜릿을 먹으니 뚱뚱해지지. 먹지 마.

그룹2

❶ 老师讲得很清楚，学生们一下子就明白了。
선생님이 정확하게 설명해서 학생들은 단번에 이해했다.

❷ 看，他的字写得真漂亮。 봐요, 그가 쓴 글자는 참 예뻐요.

❸ 那家洗衣店洗衣服洗得很干净，我喜欢去那里洗衣服。
그 세탁소는 세탁을 깨끗이 해서, 저는 그곳에 가서 옷 세탁하는 걸 좋아해요.

❹ 你吃得太胖了，已经140斤了，必须减肥。
너는 너무 살찌게 먹어서 70kg이 되었으니 다이어트를 해야 돼.

그룹1에서의 '讲清楚', '写漂亮', '洗干净', '吃胖'은 모두 결과보어로 어떤 동작으로 인한 변화, 즉, 결과를 강조한다. 예를 들어, '吃胖'의 의미는 원래는 살이 찌지 않았는데, 먹는(吃) 동작으로 인해서 살이 쪘음(胖)을 나타낸다.

그룹2에서의 '讲得很清楚', '写得真漂亮', '洗得很干净', '吃得太胖了'는 모두 상태보어이다. 상태보어가 강조하는 것은 변화가 아니라 상태이다. 예를 들어, '吃得太胖了'에서 '너무 살이 찌다(太胖了)'라는 것은 역시 '吃'라는 동작에서 야기된 것이지만, 현재와 예전을 비교한 변화를 강조하는 것이 아니라 현재의 상태를 묘사하고 있다.

상태보어는 '동사 + 得 + 형용사구', '동사 + 得 + 동사구', '형용사 + 得 + 동사구' 이렇게 크게 세 가지로 분류할 수 있다.

상태보어: '동사 + 得 + 형용사구'

상태보어가 형용사구일 때는 아래의 세 가지 용법으로 쓰인다.

❶ 상태 묘사

형용사구 상태보어는 상태를 묘사하는데, 아래 몇 가지 측면으로 나누어 설명할 수 있다.

묘사하는 내용	상용 상태보어	예문
(1) 행위자의 상태	老实, 认真, 着急, 诚恳	他回答得很老实：“我们永远不可能做真正的朋友。” "우리는 영원히 진정한 친구는 될 수 없을 거다."라고 그는 솔직하게 대답했다.
(2) 동작의 정도	重, 狠, 凶, 激烈, 厉害	孩子哭得很厉害，我们都不知道该怎么办了。 아이가 너무 심하게 울어서 우리는 어떻게 해야 할지 몰랐다.
(3) 동작의 강도	紧, 严密	他用手抓住那个书包，抓得紧紧的。 그는 손으로 그 가방을 잡았는데, 꽉 잡았다.
(4) 동작의 세밀도	全面, 具体, 周到, 详细	妈妈对孩子照顾得很周到。 엄마는 아이를 세심하게 잘 돌보았다.

(5) 동작의 속도	快, 慢, 急	他跑得很快。 그는 빠르게 뛰었다.
(6) 동작의 양	多, 少, 差不多	这几天他吃得很少，精神也不太好。 요 며칠 그는 적게 먹어서 맥이 빠져 있었다.
(7) 동작의 시간적 특징	早, 晚, 久	你睡得太晚了，应该十一点前睡觉。 당신은 너무 늦게 자네요. 11시 전에는 자야 해요.
(8) 동작의 공간적 특징	高, 低, 长, 短, 深, 浅, 远, 近	你跳得不高，可以再高一点儿吗？ 낮게 뛰었는데, 좀 더 높게 뛸 수 있을까요?

❷ 평가

형용사구 상태보어는 동작의 행위, 동작의 대상, 동작의 행위자에 대해 평가할 수 있다.

평가의 척도	상용 상태보어	예문
(1) 어떤 기준에 대한 부합 여부	不错, 正常, 准确, 正确, 实在, 真实, 生动, 得体	回到家的头几天，我休息得不错，想吃就吃， 想睡就睡。 집에 돌아간 처음 며칠은 잘 쉬었다. 먹고 싶으면 먹고, 자고 싶으면 잤다.
(2) 사람을 만족시키는지에 대한 여부	好, 舒服, 精彩, 幸福, 满意, 平安	她的话说得很难听，我都不好意思再说给你听。 그녀가 말을 정말 이상하게 해서 내가 당신에게 다시 들려주기 도 좀 그러네요.
(3) 예상을 뛰어넘는지에 대한 여부	平常, 奇怪, 巧妙	齐白石的虾画得很有特色。 치바이스의 새우 그림은 매우 특색이 있다.

◎ **齐白石** Qí Báishí 치바이스(제백석), 중국 근대 화가

❶ 这个老师讲得非常清楚，以前那个老师讲得不太清楚。
　이 선생님은 설명을 아주 잘하시는데, 예전에 그 선생님은 설명을 별로 못하셨다.

❷ 这个年轻人向我提出一个问题。问题提得好，非常好。

　　이 젊은이가 나에게 문제를 하나 제기했는데, 문제 제기가 괜찮았다. 아주 좋았다.

❸ 他的字写得不太漂亮。 그는 글자를 그렇게 예쁘게 쓰지 못했다.

❸ 결과 묘사

형용사구 상태보어는 동작이 일어난 후의 결과를 묘사하는데, 두 가지 측면에서 동작의 결과를 설명할 수 있다. 첫 번째로, 상태보어의 의미를 '因为 + 동사, 所以 + 형용사구'로 이해할 수 있다.

❶ 她以前从来没有这样称呼他的名字，第一次这么叫他，他听得又高兴又惊讶。

　　그녀는 예전에는 그의 이름을 이렇게 불러본 적이 없다. 처음으로 이렇게 그를 불러보는데, 그에게는 기쁘면서도 놀랍게 들렸다.

❷ 她想啊想啊，想得有点糊涂了。 그녀가 생각하다 보니 어리둥절해졌다.

◎ 惊讶 jīngyà 놀랍고 의아하다

예문 ❶의 의미는 '그가 들어서 기쁘고 놀랍다.'이고, 예문 ❷는 '그녀가 생각했기 때문에 어리둥절해졌다.'라는 의미를 나타낸다. 이러한 의미를 나타내는 상태보어는 두 가지의 형용사로 분류할 수 있다.

유형	상용 상태보어	예문
(1) 심리 상태를 나타냄	着急, 紧张, 高兴, 舒服, 开心, 激动, 愉快, 兴奋, 难受, 厌烦, 害怕	他听得很激动，忍不住跳了起来。 그가 듣고는 흥분하여 끝내 껑충 뛰기 시작했다.
(2) 신체 상태를 나타냄	糊涂, 晕, 出神, 入迷, 累, 渴, 热, 哑, 饱, 醉, 麻, 肿	上课的时候，他看小说看得入迷， 老师走过来，他都没有发现。 수업할 때, 그는 소설에 빠져서 선생님이 걸어오시는데도 알아차리지 못했다.

두 번째는, 동작 이후 동작 대상의 상태를 묘사한다.

❶ 地板擦得很干净。 바닥을 깨끗이 닦았다.

❷ 他的手被热水烫得红红的。 그의 손은 뜨거운 물에 데어서 새빨개졌다.

예문 ❶은 '바닥을 닦은 동작 이후에 깨끗해졌다.'라는 뜻이고, 예문 ❷는 '그의 손은 데인 이후에 새빨개졌다.'라는 의미를 나타낸다.

이러한 의미를 나타내는 형용사구 상태보어는 성질, 색깔, 형상 등을 표현한다. 주로 사용되는 보어들은 다음과 같다.

유형	상용 상태보어 예
(1) 성질을 나타냄	硬, 亮, 干净, 乱, 亮晶晶
(2) 색깔을 나타냄	红, 蓝, 黄, 通红, 碧绿, 漆黑
(3) 형태를 나타냄	园, 尖, 直, 弯, 平, 斜

✓ 연습 문제 1

1. 중국어로 번역해 보세요.

① Jane(简)은 학습이 매우 빠르다.

→ _____

② 너무 많이 생각하면 머리 아플 거예요.

→ _____

③ 그 한 주 동안 우리는 계속해서 열심히 공부했어요. 다들 공부하느라 매우 힘들었을 거예요.

→ _____

④ A 잘 뛰었어요?

　　B 아주 괜찮았어요!

→ _____

⑤ 그녀는 노래를 잘 부른다.

→ _____

2 상태보어: '동사 + 得 + 동사구'

이러한 상태보어는 심지어 하나의 절로 이루어지기도 할 정도로 복잡해질 수 있다. 주로 동작의 행위에서 야기된 결과로 동작 행위의 정도를 묘사한다.

> **❶ 주어 + 동사 + 得 + 동사구**

동사구 상태보어는 동작이 일어난 후의 행위자의 상태를 묘사할 수 있다.

❶ 他吃荔枝一次可以吃五十个，有一次吃得流鼻血了，只好去买凉茶喝。
  그는 리즈를 한 번에 50개를 먹을 수 있는데, 한 번은 먹고 나서 코피를 흘려 냉차를 사다 마셔야 했다.

❷ 老师说了很多遍了，说得不想再说了。
  선생님이 꽤 여러 번 말씀하셔서 다시는 말하고 싶지 않을 정도였다.

❸ 他玩电脑玩得一个星期都没有出过门。
  그는 일주일 동안 밖에 나가지도 않을 정도로 컴퓨터를 하고 놀았다.

❹ 他喜欢看诗歌和小说，常常看得忘了吃饭。
  그는 시와 소설 보는 것을 좋아하는데, 종종 밥 먹는 것을 잊을 정도로 본다.

❺ 每年新生来了，他都给他们讲这些故事，新生听得都鼓掌。
  매년 신입생이 들어오면 그는 신입생들에게 이러한 이야기를 들려주는데, 그 이야기를 듣고 모두 박수를 친다.

동사구 상태보어는 동작이 일어난 후의 동작 대상에 대한 상태를 묘사하기도 한다.

❻ 风很大，窗户被刮得 "哐哐" 响。
  바람이 세서 창문이 바람에 '쾅쾅' 울렸다.

❼ 蚊子太多了，他的眼睛、耳朵、鼻子都被咬得肿了起来。
  모기가 너무 많아서, 그의 눈, 귀, 코가 모두 물려 부었다.

◎ **荔枝** lìzhī 리즈, 여지 [과일] | **哐** kuāng 쾅 [부딪쳐서 나는 소리] | **蚊子** wénzi 모기

>> **Check point**

>> 결과보어는 동작 후의 결과를 나타내고, 상태보어 역시 동작의 결과를 나타내지만 용법의 차이가 있다. 먼저, 결과보어는 단음절 동사나 형용사가 오고, 비교적 간단한 동작의 결과에 쓰인다. 상태보어는 단어나 절이 모두 올 수 있으며, 보다 풍부한 의미를 전달할 수 있다.

❶ 我跑累了。 나는 뛰어서 힘들다.　 vs　 我跑得很累。 나는 뛰어서 힘들다.

我跑得上气不接下气。 나는 달려서 숨이 차다.

我跑得腿疼。 나는 달려서 다리가 아프다.

我跑得汗流满面。 나는 얼굴이 온통 땀투성이가 될 정도로 뛰었다.

》 결과보어가 강조하는 것은 동태적인 동작 및 동작 후의 결과이며, 주로 동작이 계획이나 요구대로 실현 또는 달성되었음을 서술한다. 상태보어가 강조하는 것은 정태적 묘사이며, 주로 평가를 한다.

❶ 经过练习，他终于能跑快了。 연습을 통해 그는 결국 빠르게 뛸 수 있게 되었다.

❷ 他现在跑得很快，恐怕你追不上他了。 그는 이제 뛰는 게 빨라서 아마 너는 그를 따라잡지 못할 거야.

❷ 주어₁ + 동사 + 得 + 주어₂ + 동사구

어떤 동사구 상태보어는 사실상 하나의 절이다. 동작 이후에 주어₂의 상태를 나타낸다.

❶ 他们两个人夜里常常吵架，吵得我们都没办法睡觉。
　 그 둘은 밤에 자주 싸우는데, 우리가 잠을 못 잘 지경이다.

❷ 她一直盯着我看，看得我话到了嘴边又收回去了。
　 그녀가 계속 나를 빤히 쳐다봐서 내가 목구멍까지 나오던 말을 다시 삼켰다.

❸ 王老师问了一个问题又一个问题，问得我们目瞪口呆，答不出来。
　 왕 선생님이 계속해서 질문을 던지셔서 우리는 멍해졌고 답을 할 수가 없었다.

❹ 这个白酒很厉害，喝得他头疼。
　 이 고량주는 몹시 독해서 그는 마시고 머리가 아팠다.

❺ 这些日子写论文，写得我头昏眼花。
　 요 며칠 논문을 쓰느라 머리가 어지럽고 눈이 침침하다.

❻ 他刚要离开，小王又来了，气得他差点要哭出来。
　 그가 막 떠나려 할 때, 샤오왕이 왔는데, 화가 나서 하마터면 울음이 터질 뻔했다.

◎ 盯 dīng 응시하다 ｜ 目瞪口呆 mùdèng kǒudāi 어안이 벙벙하다

1. 중국어로 번역해 보세요.

① 그녀는 집이 그리워 견디기 힘들어 보였다. → _____

② 나는 뛰어서 힘이 하나도 없었다. → _____

③ 그녀가 울어서 모두가 슬퍼했다. → _____

④ 네가 태어난 날, 나는 기뻐서 정신을 못 차렸다. → _____

◎ **找不着北** zhǎobuzháo běi 갈피를 못 잡다, 헷갈리다

3 상태보어: '형용사 + 得 + 동사구'

이 형식은 주로 형용사가 나타내는 성질이 매우 높은 정도에 도달했음을 설명하며, 이러한 정도는 보어가 나타내는 결과를 야기한다.

❶ 天气**热得我不想吃饭**。 날씨가 더워서 밥을 먹기 싫을 정도이다.

❷ 我**饿得头晕**。 나는 머리가 어지러울 정도로 배가 고프다.

❸ 我**饿得前胸贴后背了**。 나는 배가 고파서 배가 등에 붙을 것 같다.

❹ 那个菜太辣了，**辣得他不停地喝水**。 그 음식은 너무 매워서 그는 계속 물을 마셨다.

» Check point

» 이 유형의 상태보어는 어떤 성질의 정도가 심함을 이미 표현하고 있기 때문에, 형용사 앞에 정도부사를 쓸 수 없다. 따라서 '**我很累得不想说话**。'는 잘못된 문장이다.

» 보통 '형용사 + **得** + **厉害**', '형용사 + **得** + **慌**', '형용사 + **得** + **要命**' 등도 상태보어로 보며, 의미는 '매우 ～하다'이다.

❶ 这里的东西贵得厉害。 이곳의 물건은 매우 비싸다.

❷ 我饿得慌，给我找点儿吃的。 너무 배가 고픈데 저에게 먹을 것 좀 주세요.

❸ 这几天冷得要命，怎么还不来暖气？ 요 며칠 너무 추운데 왜 아직도 난방기를 안 틀어요?

◎ 暖气 nuǎnqì 난방기

✓ 연습 문제 3

1. 예시와 같이 상태보어를 사용하여 문장을 고쳐 보세요.

> 예시 她很胖。她不能走路。 → 她胖得不能走路。

① 他头疼。他什么也不能做。

→ _____

② 他很担心。他饭也吃不下，觉也睡不着。

→ _____

③ 我很难过。我不能去上班了。

→ _____

④ 他很生气。他说不出话来。

→ _____

2. 중국어로 번역해 보세요.

① 그는 뛸 듯이 기뻐했다. → _____

② 여기는 믿기 어려울 정도로 비싸요. → _____

③ 그녀의 목소리는 놀랄 만큼 크다. → _____

상태보어의 용법

상태보어를 쓸 때는 다음의 몇 가지 사항을 주의해야 한다.

❶ 상태보어는 아래 몇 가지 문장형식에서 나타난다.

(1) 주어 + 동사 + 得 + 형용사구
주어 + 동사 + 得 + 동사구
주어 + 형용사 + 得 + 동사구

❶ 他长得很帅。 그는 잘생겼다.

❷ 他长得跟小时完全不一样了。 그는 어렸을 때와는 완전히 다르게 생겼다.

❸ 他帅得每个姑娘都想和他交朋友。 그는 모든 여자들이 다 그와 사귀고 싶을 정도로 잘생겼다.

(2) 주어 + 목적어 + 동사 + 得 + 형용사구
주어 + 목적어 + 동사 + 得 + 동사구

❶ 他不但钢琴弹得好，小提琴也拉得很不错。
그는 피아노를 잘 칠뿐 아니라, 바이올린도 잘 켠다.

❷ 他是一个语言天才，不但中文说得跟中国人一样，俄语也说得非常地道。
그는 언어 천재인데, 중국어를 중국인처럼 잘하는 것은 물론 러시아어도 네이티브처럼 한다.

(3) 주어 + 把 + 목적어 + 동사 + 得 + 형용사구
주어 + 把 + 목적어 + 동사 + 得 + 동사구

❶ 他把房间打扫得干干净净的。 그는 방을 아주 깨끗하게 청소했다.

❷ 他把房间打扫得一点儿灰尘都看不见了。 그는 방을 먼지 하나도 보이지 않게 청소했다.

◎ **小提琴** xiǎotíqín 바이올린 | **俄语** Éyǔ 러시아어

» **Check point**

» 위 (3)번 문형을 사용할 때 상태보어의 의미 지향은 목적어에 있다. 즉 상태보어는 어떤 동작이 일어난 후 목적어가 어떠한가에 대해 설명한다. 예문 **❶**의 의미는 '打扫'라는 동작을 하고 나서 방이 깨끗해졌음을 말하고 있고, 예문 **❷**에서는 '打扫'의 동작 후에 방에 먼지가 하나도 보이지 않음을 말하고 있다.

(4) 주어 + 동사 + 목적어 + 동사 + 得 + 형용사구

　　주어 + 동사 + 목적어 + 동사 + 得 + 동사구

❶ 他唱歌唱得很好听，跳舞也跳得很漂亮。 그의 노래는 아주 듣기 좋고, 춤도 매우 잘 춘다.

❷ 他看书看得一天都没有出门。 그는 하루 종일 나가지 않고 책을 보았다.

❷ 상태보어 앞의 주요 동사는 하나의 동사이고, 중첩할 수 없다.

❶ 他跑得很快。 그는 빠르게 뛴다.

　• 他跑跑得很快。 ❎

❸ 상태보어는 보통 자주 일어나는 동작, 현재 발생하고 있는 동작이나 이미 발생한 동작의 상태를 설명하거나 평가할 때 쓴다. 단, '在', '着', '了₁' 등과 함께 쓰지 않는다.

	정확한 표현	잘못된 표현
(1) 자주 일어나는 동작	我听说他跑得很快，让他去参加比赛吧。 그가 빠르게 뛴다고 들었는데, 그를 시합에 참가시키자.	
(2) 현재 발생하고 있는 동작	你看你看！他跑得多快啊！ 봐요, 봐요! 그가 얼마나 빠르게 뛰는지!	• 他在跑得多快啊！ ❎ • 他跑着得多快啊！ ❎
(3) 이미 발생한 동작	他拼命地跑，拼命地跑，跑得很快。 그는 필사적으로 뛰고, 뛰어서 매우 빠르게 뛰었다.	• 跑了得很快。 ❎

✓ 연습 문제 4

1. 예시와 같이 상태보어를 사용하여 문장을 고쳐 보세요.

> 예시 他打扫房间。房间干干净净的。 → 他打扫房间打扫得干干净净的。

① 他跑步。他腿痛。　　　　　　→ _____

② 她哭了。眼睛都肿了。　　　　→ _____

③ 他上网。他没有时间好好学习。 → _____

④ 他开车。车太快了。 → _____

⑤ 我看电视剧。我的眼睛疼。 → _____

⑥ 她很开心。她唱起歌来。 → _____

⑦ 他很忙。他没有时间睡觉。 → _____

2. 문장이 올바른지 판단하고 잘못된 부분을 고쳐 보세요.

① 他跑了得很快。 ○ ✕ _____

② 他吃完得很快。 ○ ✕ _____

③ 去年夏天我游泳得很多。 ○ ✕ _____

④ 他看看得很高兴。 ○ ✕ _____

⑤ 他说和唱得很高兴。 ○ ✕ _____

⑥ 他很高兴得跳起来。 ○ ✕ _____

⑦ 他正在说得高兴。 ○ ✕ _____

⑧ 我们聊天得很长时间。 ○ ✕ _____

5 상태보어와 가능보어

⊕ 생각해보기

■ 다음 그룹1과 그룹2는 의미가 어떻게 다를까?

그룹1

Ⓐ 你放心，经过练习，你一定能唱得好。
걱정 마세요. 연습을 통해 당신은 분명 잘 부를 수 있을 거예요.

Ⓑ 不行，不管怎么练习，我都唱不好。
아니에요. 어떻게 연습하든 저는 잘 부를 수가 없어요.

그룹2

Ⓐ 他唱得好，你找他教你吧。
그가 노래를 잘하니까, 그를 찾아가서 당신에게 가르쳐 달라고 하세요.

Ⓑ 我觉得他唱得不好，我想请你教我。
제가 보기에 그는 노래를 잘 못해요. 당신이 저를 가르쳐 주시면 좋겠어요.

두 그룹의 보어 형태는 비슷하지만 그룹1은 가능보어이고, 그룹2는 상태보어이다. 아래 표를 참고하여 가능보어와 상태보어의 차이를 알아보자.

	긍정형식	부정형식
가능보어	동사 + 得 + 형용사	동사 + 不 + 형용사
상태보어	동사 + 得 (+ 很) + 형용사	동사 + 得 + 不 + 형용사

가능보어는 형용사가 하나만 올 수 있고, 상태보어로는 형용사구가 자주 쓰인다. 이 밖에도 두 보어의 부정형식은 다르다.

1. 중국어로 번역해 보세요.

① 그녀가 정확하게 말해서, 우리는 글자 하나하나 다 알아들을 수 있었다.

→ _____

② 선생님이 잘 가르쳐야만 학생들이 잘 배울 수 있다.

→ _____

③ 죄송하지만, 제가 들은 게 그다지 정확하지 않은 것 같아요.

→ _____

④ 미안하지만, 정확하게 안 들려요.

→ _____

1. 상태보어를 사용하여 문장을 만들어 보세요.
(상태 묘사, 평가, 결과, 정도 등의 측면에서 동작을 보충 설명하세요.)

동사 + 得 + 형용사구　　　동사 + 得 + 동사구　　　형용사 + 得 + 동사구

① 他吃得 _____

② 他笑得 _____

③ 她减肥减得 _____

④ 他忙得 _____

⑤ 他疼得 _____

⑥ 天气冷得 _____

⑦ 东西贵得 _____

2. 문장이 올바른지 판단하고 잘못된 부분을 고쳐 보세요.

① 我们晚上七点在美国式饭馆吃得很地道的牛排。　　　○ ✕

_____

② 这个地方很美丽，有宫和湖等等，他们做都非常棒。　　　○ ✕

_____

③ 我的家离学校很远，每天早上，要比别人起很早。　　　○ ✕

_____

④ 我是在妈妈的鼓励下开始学习中文的，开始的时候，我学了很不好。　　　○ ✕

_____

⑤ 我和我的朋友聊得很长时间。　　　○ ✕

_____

⑥ 我很喜欢得想把那本书送给我姐姐。　　　　　　　○ ✕

———————————————————————————————

⑦ 我还记得你从小就总是写小说写漂亮。　　　　　○ ✕

———————————————————————————————

⑧ 昨天晚上我梦见得很奇怪。　　　　　　　　　　○ ✕

———————————————————————————————

⑨ 他们吵架吵得很长时间。　　　　　　　　　　　○ ✕

———————————————————————————————

⑩ 看见他来了，我高兴跳起来。　　　　　　　　　○ ✕

———————————————————————————————

🔍 **보어 총정리**

앞에서 학습한 네 가지 보어의 형식과 의미에 주의하면서 다양한 언어 환경에 따라 알맞게 선택하여 사용하도록 하자.

보어	형식	주된 기능	예
결과 보어	동사 + 보어[단어] (동작 + 결과)	동태 변화의 결과를 강조	• 동사 + 형용사(**吃胖/吃累/吃腻**) • 동사 + **好，见，到，成，走，住，下，掉，在**
방향 보어	동사 + 보어[단어] (동작 + 방향)	동작의 방향을 강조	• 동사 + **上，下，进，出，回，过，起** • 동사 + **上来/上去，下来/下去**
가능 보어	동사 + **得** + 보어[단어] 동사 + **不** + 보어[단어]	가능성 여부	• **吃得腻，吃得到，爬得上** • **吃不腻，吃不到，爬不上**
상태 보어	동사 + **得** + 보어[구] 형용사 + **得** + 동사구	묘사 또는 평가	• **吃得很快**　　• **吃得不满意** • **吃得满头大汗**　• **累得走不动了**

제**9**강

'把'자문

⊕ 생각해보기

我 주어	吃了 동사	他的苹果。 목적어
我 주어	把他的苹果 목적어	吃了。 동사

● 위의 두 문장은 어법적으로 모두 가능하다. 하나는 '주어 + 동사 + 목적어' 구문이고, 다른 하나는 '주어 + 把 + 목적어 + 동사구'의 형태를 지니는 '把'자문이다.

중국어의 일반적인 어순은 '주어 + 동사 + 목적어'이다. 하지만, '把'자문에서 목적어는 동사 앞에 위치한다. 중국어에는 왜 이러한 두 가지 어순이 있는 것일까? 이들의 차이점은 무엇일까? 언제 '把'자문을 써야 할까?

1 문장의 정보 배열과 '把'자문

사람들은 소통하기 위해서 대화를 한다. 소통의 기본 전제는 문장으로 정보를 전달할 때, 문장 안의 어떤 정보는 화자와 청자가 이미 알고 있고, 다른 어떤 정보는 청자가 모르는 내용이라는 것이다. 만약 문장의 내용이 청자에게 전부 새로운 내용이면 청자는 알아들을 수 없을 것이고, 반대로 청자가 이미 아는 내용만 있다면 소통할 필요가 없어진다.

중국어에서 일반적으로 이미 아는 내용은 앞에 위치하고, 새로운 정보는 뒤에 위치한다.

小王　　　　吃了你的苹果。

이미 아는 정보　　**새로운 정보**

이 문장에서 '小王'은 화자와 청자가 모두 아는 사람일 것이다. 그렇지 않으면, 청자는 어리둥절해하며 "샤오왕이 누구야?"라고 물어볼 것이다.

'**吃了你的苹果**'는 청자가 모르는 내용이거나, 화자가 청자는 모를 것이라고 생각하는 내용이므로 화자는 청자에게 이 사실을 알려주려고 한다.

그래서 이 문장에 언어 환경을 부여해주면, 다음과 같은 대화가 나올 것이다.

> **大卫**　小王怎么了？他看见我的时候，他好像有点不好意思。
> 샤오왕 왜 그래? 걔가 날 봤을 때 좀 미안해하는 것 같던데.

> **马里**　他吃了你的苹果。
> 그가 네 사과를 먹었어.

하지만, 만약 '**苹果**'가 두 사람이 이미 아는 정보이고, '**大卫**'가 더 알고 싶어 하는 정보가 '사과가 어떻게 되었는지'이면, '**马里**'는 '**把**'자문을 사용해서 이 요구를 만족시켜야 한다. 아래 대화를 보자.

> **大卫**　奇怪，我的苹果怎么不见了？
> 이상하다. 내 사과가 왜 안 보이지?

> **马里**　小王把你的苹果吃了。
> 샤오왕이 네 사과를 먹었어.

그래서 '**把**'자문은 화자가 표현의 필요에 따라, 문장의 정보 구조를 배열하는 일종의 방법이다. '**把**'자문을 쓸 때, '**把**' 뒤의 목적어는 일반적으로 앞에서 언급이 된 것이어야 한다. 이야기를 나눌 때라면 대화에 참여한 쌍방이 모두 아는 내용이어야 한다.

❶ 你把这个盘子放到桌子上，好吗？　[화자가 접시를 가리키고, 청자도 접시를 본 상황]
이 접시를 탁자 위에 놓아줄래?

'주어 + 동사 + 목적어' 구문과 '把'자문의 어법적 의미는 다음과 같은 차이가 있다.

> #### 📢 '주어 + 동사 + 목적어' 구문
>
> '주어'가 어떤 동작을 한다.
>
> #### 📢 '주어 + 把 + 목적어 + 동사구' 구문
>
> '목적어'가 '주어'가 행하는 동작의 영향을 받아서 어떤 상태나 결과를 갖게 된다.

» Check point

» 간혹 어떤 '把'자문의 목적어는 앞에 언급되지도 않았거나, 구 정보도 아닌 경우가 있다.

❶ 忽然，"哐当"一声，不知道谁把一只椅子碰倒了。这么一来，吵架就开始了。她突然把一只盘子朝马克扔过去……。

누군가가 의자를 넘어뜨렸는지 갑자기 '쾅' 소리가 났다. 이렇게 싸움이 시작되었다. 그녀는 갑자기 접시 하나를 마크에게 던졌다.

이런 '把'자문은 종종 예상치 못한 상황을 나타낸다. 지금은 이렇게 '把'자문을 응용하는 것보다는 용법을 이해하는 것만으로 충분하다.

✓ 연습 문제 1

1. 어떤 문장이 옳은지 판단해 보세요.

① 我昨天买了一本书，今天我就读完了这本书。 ○ ✕

② 我昨天买了一本书，今天我就把这本书读完了。 ○ ✕

2. 다음 문장을 '把'자문으로 고쳐 보세요.

① 我弟弟打碎了一个杯子。 → _____

② 小偷偷走了他的自行车。　　→ _____

③ 小王找到了我丢失的铅笔。　　→ _____

④ 我放了一本书在桌子上。　　→ _____

⑤ 他带回家一只小猫。　　→ _____

3. 문장이 올바른지 판단하고 잘못된 부분을 고쳐 보세요.

① 有一天我想去旅行，所以我去火车站把一张票买了。　　○ ✕

_____

② A 昨天下午去找你，你不在。干什么去了？

　　B 我把朋友送去火车站了。　　○ ✕

_____

② '把'자문의 주의사항

❶ '把'자문의 부사어

'把'자문에 부사어가 있으면, 부사어는 보통 '把' 앞에 위치한다.

> 주어 + [부사어] + 把 + 목적어 + 동사구

❶ 他突然吐血了，我们急忙把他送到了医院。
　　그가 갑자기 피를 토해서, 우리는 그를 병원으로 급히 옮겼다.

❷ 我愿意现在把作业做完。 나는 지금 숙제를 끝낼 수 있으면 좋겠다.

❸ 他笑着把门打开了。 그는 웃으면서 문을 열었다.

부사어가 동작을 묘사하는 것이어야만 '把' 뒤에 위치할 수 있다.

❹ 他乱七八糟地把东西堆在那里。 그가 정신없이 물건을 그곳에 쌓아놓았다.

❺ 他把东西乱七八糟地堆在那里。 그는 물건을 엉망으로 그곳에 쌓아놓았다.

◎ 急忙 jímáng 급하다, 바쁘다 | 乱七八糟 luànqī bāzāo 엉망진창이다

❷ '把'자문의 동사

아래 동사들은 '把'자문에 사용할 수 없다.

(1) 자동사	游泳, 见面, 休息, 站, 躺, 跪, 趴, ……
(2) 판단 · 상태를 나타내는 동사	是, 有, 在, 像, 姓, 属于, 存在, 等于, ……
(3) 능원동사(조동사)	能, 可能, 应该, 得, 要, 肯, 愿意, ……
(4) 심리동사	喜欢, 生气, 害怕, 讨厌, 担心, 怀疑, 相信, ……
(5) 인지동사	知道, 同意, 觉得, 感到, 明白, 懂得, 记得, 希望, 要求, 看见, 听见, ……

3 주요 '把'자문 형식

❶ 주어 + 把 + 목적어 + 동사 + 在/到/进 + 장소

❶ 我把书放在桌子上。 나는 책을 탁자 위에 올려놓았다.

❷ 他把书寄到日本。 그는 책을 일본으로 부쳤다.

❸ 你把这些垃圾扔进垃圾桶里。 이 쓰레기들을 휴지통에 버려라.

1. 사진을 보고 주어진 단어를 활용하여 말해 보세요.

① 下巴 胳膊

② 空瓶子 扔进

③ 快递员 包裹

2. 중국어로 번역해 보세요.

① 아버지께서 책을 바닥에 집어던지시는 걸 보니 화가 나신 게 분명해.

→ _____

② 그녀는 종종 아이를 TV 앞에 두고 자신은 인터넷을 하려고 한다.

→ _____

③ 그는 우표를 봉투에 붙였다.

→ _____

---

❷ 주어 + 把 + 목적어 + 동사 + 成/作 + 명사구

❶ 我把黄瓜切成块儿。 나는 오이를 토막토막 썰었다.

❷ 我把他当作朋友。 나는 그를 친구로 여긴다.

1. 사진을 보고 주어진 단어를 활용하여 말해 보세요.

① 土豆　块儿

② 翻译　手语

③ 蛇　好朋友

2. 중국어로 번역해 보세요.

① 우리 그것을 한 마디 말로 바꾸자.

→ _____

② 성공한 후에 그는 소설을 극본으로 각색했다.

→ _____

③ 나는 달러를 프랑으로 바꿔야 해.

→ _____

④ 그녀는 그림 속의 모든 꽃을 각각 다른 색으로 칠했다.

→ _____

◎ **剧本** jùběn 극본 | **法郎** fǎláng 프랑[프랑스·스위스 등의 화폐 단위]

---

❸ 주어 + 把 + 목적어 + 동사 + 得 + 상태보어

❶ 妈妈把衣服洗得很干净。엄마는 옷을 깨끗하게 빨았다.

❷ 孩子把妈妈气得说不出话来。아이는 엄마를 말문이 막힐 정도로 화나게 했다.

» 이런 종류의 '把'자문에서 상태보어는 의미상 목적어와 관련이 있다. 즉 상태보어는 목적어의 상태를 설명할 뿐, 주어의 상태를 설명하지 않는다.

❶ 妈妈把衣服洗得很累。　　❌　'累'는 주어 '妈妈'를 설명하므로 '把'자문을 사용할 수 없다.

❷ 他把书看得很高兴。　　❌　'高兴'은 주어 '他'를 설명하므로 '把'자문을 사용할 수 없다.

☑ 연습 문제 4

1. 사진을 보고 주어진 단어를 활용하여 말해 보세요.

① 地板　一点儿土　② 盘子　洗　③ 老师　讲

2. 중국어로 번역해 보세요.

① 네가 나를 너무 꽉 안아서 숨이 막혀!

→ _____

② 그는 탁자 위를 반짝반짝 빛나게 닦았다.

→ _____

③ 그는 집을 깨끗하게 청소한다.

→ _____

◎ 喘气 chuǎnqì 숨쉬다 | 整洁 zhěngjié 단정하고 깨끗하다

3. 문장이 올바른지 판단하고 잘못된 부분을 고쳐 보세요.

① 我把书读得很有意思。　　○　✕ _____

② 他才把饭吃得很饱。　　　○　✕ _____

③ 他把作业做得很慢。　　　○　✕ _____

> ❹ **주어 + 把 + 목적어 + 동사 + 결과보어**
>
> ❶ 他把房间打扫干净了。 그는 방을 깨끗하게 청소했다.
>
> ❷ 你把我急死了。 네가 나를 초조하게 해.

☑ 연습 문제 5

1. 사진을 보고 주어진 단어를 활용하여 말해 보세요.

①　　　　　　　　②　　　　　　　　③

理发师　短　　　　　胡子　掉　　　　　头发　干

2. 중국어로 번역해 보세요.

① 그녀는 옷을 깨끗하게 빨았다.

→ _____

② 탁자를 치우고 밥 먹을 준비를 좀 해 주세요.

→ _____

③ 그는 그의 접시에 얼마나 들었던 간에 깨끗이 다 먹어치운다.

→ _____

> **❺ 주어 + 把 + 목적어 + 동사 + 방향보어**

❶ 地上有一个本子，我把它捡了起来。바닥에 공책이 있어서 나는 그것을 주워 들었다.

❷ 他把行李拿进宿舍来了。그는 짐을 기숙사 안으로 들고 들어왔다.

❸ 请把我的歌儿带回你的家，请把你的微笑留下。내 노래는 집에 가지고 가고, 네 미소는 두고 가.

✓ 연습 문제 6

1. 사진을 보고 주어진 단어를 활용하여 말해 보세요.

①

箱子　　搬

②

沙发　　进家

2. 중국어로 번역해 보세요.

① 그에게 도서관에 가서 책을 가지고 오라고 해.

→ _____

② 탁자를 안으로 들고 가서, 위에 있는 물건들을 가지런히 놓아라.

→ _____

◎ 整齐 zhěngqí 가지런하다

6 주어 + 把 + 목적어 + 동사 + 给 + 사람/장소

❶ 我把礼物送给他。 나는 그에게 선물을 주었다.

❷ 我们下午把这些衣服寄给灾区。 우리는 오후에 이 옷들을 재해 지역에 보냈다.

◎ 灾区 zāiqū 재해 지역

✔ 연습 문제 7

1. 사진을 보고 주어진 단어를 활용하여 말해 보세요.

①

男人   钥匙

②

踢   队友

2. 중국어로 번역해 보세요.

① 그녀가 책을 나에게 빌려주었는데, 정말 착하다.

→ _____

② 감자 좀 저에게 주시겠어요?

→ _____

③ 그는 한 손으로 밧줄을 잡고, 다른 한 쪽은 물속에 있는 아이한테 내밀었다.

→ _____

④ 그들은 나한테 꾸이린(桂林)의 사진 몇 장을 보냈다.

→ _____

> **❼ 주어 + 把 + 목적어 + 동사 + 了**

❶ 他把这件事忘了。 그는 이 일을 잊어버렸다.

❷ 你把那些垃圾扔了吧。 너 저 쓰레기들을 버려라.

» **Check point**

» 위 형식으로 된 '把'자문에서 사용할 수 있는 동사는 '忘', '吃', '喝', '扔', '擦', '删', '脱', '摘' 등으로 많지 않다. 이 동사들은 모두 결과보어 '掉'와 같이 쓸 수 있다는 특징이 있다.

✓ 연습 문제 8

1. 사진을 보고 주어진 단어를 활용하여 말해 보세요.

①

啤酒

②

写错

2. 중국어로 번역해 보세요.

① 우리 집 개가 내 숙제를 먹었다.

→ _____

② 숟가락 가지고 장난 그만 치고 빨리 아침밥 먹어.

→ _____

---

❽ 주어 + 把 + 목적어 + 동사 중첩
　　주어 + 把 + 목적어 + 동사 + 수량

❶ 我要把车修一修。 나는 차를 좀 수리해야겠다.

❷ 你把车修一下吧。 너 차를 좀 수리해라.

❸ 妈妈把他批评了一顿。 엄마는 그를 한차례 혼냈다.

☑ **연습 문제 9**

1. 사진을 보고 주어진 단어를 활용하여 말해 보세요.

①

问题　　想

②

整理　　旅行

③

那个问题　　讨论

2. 중국어로 번역해 보세요.

① 나는 너희가 이 문제들을 진지하게 한번 연구해 보길 바란다.

→ _____

② 우리 집을 좀 수리하자.

→ _____

❾ 기타

앞서 제시한 주요 '把'자문의 형식 외에, 다음과 같은 형식도 있다.

(1) 주어 + 把 + 명사₁ + 동사 + 명사₂	• 他把好消息告诉我了。 그는 나한테 좋은 소식을 말해줬다. • 我把这件事情通知其他同学了。 나는 이 일을 다른 학생들에게 알렸다.
(2) 주어 + 把 + 명사 + 부사어 + 동사	• 他把东西乱扔。 그는 물건을 아무데나 버렸다. • 他把钱往衣袋里塞。 그는 돈을 주머니에 집어넣었다.
(3) 주어 + 把 + 명사 + 一 + 동사	• 他把手一挥，站了起来。 그는 손을 한 번 흔들더니 일어섰다. • 他把信一扔，就跑了出去。 그는 편지를 버리더니 뛰어나갔다.

하지만 이러한 '把'자문 형식은 자주 쓰이지 않으므로, 이들의 의미를 이해하는 것만으로 충분하다.

1. 문장이 올바른지 판단하고 잘못된 부분을 고쳐 보세요.

① 孩子放了杯子在桌子上。 ○✕

___

② 爸爸把茶壶放下桌子上。 ○✕

___

③ 我房子里的书比较多，所以把书收拾是最麻烦的。 ○✕

___

④ 孩子把爸爸给他的热水高高兴兴地喝。 ○✕

___

⑤ 孩子把帽子上去的时候，杯子不见了。 ○✕

___

⑥ 咖啡壶掉到地上了，把地上满了咖啡。 ○✕

___

⑦ 孩子一边说明一边一个杯子放在桌子上。 ○✕

___

⑧ 这件事把他爸爸发脾气了。 ○✕

___

⑨ 我决定把它扔掉垃圾桶。 ○✕

___

⑩ 为了你们，我一定要把所有的事努力做。 ○✕

___

2. '把'자문을 사용하여 물음에 답해 보세요.

① 问：你的练习做错了，老师可能对你说什么？

答：请你_____。

② 问：你的电视机坏了，你怎么办？

答：我得找人_____。

③ 问：你在停车场，一楼没有车位了，管理员要求你去二楼，他可能怎么说？

答：你可以_____。

④ 问：你的留学生活结束了，你怎么处理你的东西？

答：我要_____。

⑤ 问：你要去一个不太安全的地方，你的证件和钱怎么样才不会丢？

答：我应该_____。

⑥ 问：你的房间进了水，地上有很多书，你怎么办？

答：我得_____。

⑦ 问：你去银行换钱，怎么对银行的人说？

答：麻烦你帮我_____。

⑧ 问：你朋友的房间比以前干净多了，他可能刚打扫完房间，你可能对他说什么？

答：你今天怎么_____。

⑨ 问：上课时，老师发现你的桌子上没有书，他可能对你说什么？

答：请你_____。

⑩ 问：你买东西的时候，想说"买"，但是，说了"卖"。回来以后你怎么告诉朋友？

答：我今天_____。

⑪ 问：如果你偷妈妈的钱包，妈妈可能会怎么样？

　答：她可能　_____　。

⑫ 问：老板今天给你很多工作，你非常累，晚上回家，你可能对妻子说什么？

　答：老板今天快　_____　。

⑬ 问：如果你偷看姐姐的日记，姐姐可能会怎么样？

　答：她可能　_____　。

3. 주제와 요구사항을 유의하여 작문해 보세요.

주제	자신이 좋아하는 요리의 레시피
요구사항	용법에 주의하여 '把'자문을 사용하세요.

_____

_____

_____

_____

_____

_____

제10강

피동문

∨
∨
∨
∨
∨

⊕ **생각해보기**

💬 다음 문장의 의미는 어떤 차이점이 있을까?

❶ 　我　　吃了　　他的苹果。
　　주어　　동사　　　목적어

❷ 　他的苹果　　被我　　吃了。
　　　목적어　　　주어　　동사

첫 번째 문장은 능동태 문장이고, 두 번째 문장은 피동태 문장이다. 만약, 화자가 목적어를 주제로 삼고 이야기하려고 한다면 피동태 문장을 사용해야 한다. 그렇기 때문에 '他的苹果被我吃了.'에서는 '他的苹果'가 대화 주제이다. 이제 중국어 피동태에 대해 공부해 보자.

① '被'자문

❶ '被'자문의 구조

'被'자문의 기본 구조는 '목적어 + 被 + 주어 + 동사구'이다.

❶ 那个学生被老师批评了一顿，哭了。그 학생은 선생님께 한차례 꾸지람을 들어서 울었다.

❷ 我的帽子被一阵风刮跑了。내 모자가 바람에 날아가 버렸다.

주어가 불확실하거나 명백히 언급할 필요가 없다면, '人'을 주어로 사용할 수 있다. 즉, '목적어 + **被** **人** + 동사구' 구조로 쓸 수 있다.

❸ 自行车被人偷走了。자전거를 누군가에게 도둑맞았다.

❹ 我去找他的时候，发现他被人打了，已经在家里躺了三天了。
내가 그를 찾아갔을 때, 그는 어떤 사람에게 맞아서 집에 누워 있은 지 삼일 째였다는 것을 알게 되었다.

❺ 被人需要，也是一种幸福。누군가에게 필요로 한다는 것도 일종의 행복이다.

또한, 주어가 생략된 '목적어 + **被** + 동사구' 형식도 가능하다.

❻ 新买的自行车又被偷走了。새로 산 자전거를 또 도둑맞았다.

❼ 一阵风吹过来，我的帽子被刮跑了。바람이 불어서 내 모자가 날아가 버렸다.

❽ 真倒霉，今天又被批评了一顿。정말 운이 없게도 오늘 또 혼이 났다.

구어체에서 '**被**'를 '**叫/让**'으로도 바꾸어 쓸 수 있다. 즉, '목적어 + **叫/让** + 주어 + 동사구'로 사용이 가능하다. 그러나 이 문형에서 쓰이는 주어는 절대 생략하면 안 된다.

❾ 这道数学题叫他做出来了。이 수학 문제를 그가 풀어냈다.

❿ 他昨天叫雨淋了，感冒了。그는 어제 비를 맞아서 감기에 걸렸다.

⓫ 他让自行车撞了，腿被撞断了。그는 자전거에 부딪쳐서 다리가 부러졌다.

◎ 撞 zhuàng 부딪치다

✓ 연습 문제 1

1. '被'자문을 사용하여 아래의 문장들을 바꿔 보세요.

① 我弟弟打碎了一个杯子。　→ _____

② 小偷偷走了他的自行车。　→ _____

③ 小王找到了我丢失的铅笔。　→ _____

④ 我放了一本书在桌子上。　　→ _____

⑤ 他带回家一只小猫。　　　　→ _____

2. 문장의 의미에 따라 알맞은 표현을 골라 빈칸을 채워 보세요.

① 　　被鬼折磨 vs 鬼折磨她

有一个女人，_____，病了十八年，腰弯得直不起来。

② 　　被大学录取了 vs 大学录取了他

他最近很顺利，不但_____，还得到了一笔奖学金。

③ 　　葡萄被虫子吃了 vs 虫子吃了葡萄

他们种葡萄，修理葡萄，可是却不能收到葡萄，也不能喝到葡萄酒，
因为_____！

◎ 折磨 zhémó 괴롭히다, 고통스럽게 하다 | 弯 wān 굽다, 구부러져 있다

❷ '被'자문의 주의사항

(1) '被'자문과 부사어

'被'자문에 부사어가 있다면 일반적으로 부사어는 '被' 앞에 쓰인다.

❶ 这种技术还没有被广泛运用。 이런 기술은 아직 광범위하게 사용되지 않았다.

❷ 一个曾经那么快乐的人，一下子被这场灾难打倒了。
그렇게 행복해하던 사람이 돌연 이번 재난에 쓰러졌다.

❸ 在他终于被公司录用的时候，他已经得了肺癌，真是不幸啊！
그가 마침내 회사에 채용되었을 때, 그는 이미 폐암에 걸렸어. 정말 불행이야!

◎ 灾难 zāinàn 재난 | 肺癌 fèiái 폐암

부사어가 동작을 묘사할 때만 '被'자문 뒤에 쓰인다.

❹ 他是一个中年人，戴着一副眼镜，下巴上的胡子被仔细地修理过。
그는 안경을 썼고 턱수염을 세심하게 정리한 중년이다.

❺ 他被狠狠地摔倒在地上，半天都没有爬起来。
그는 바닥에 심하게 넘어져서 한참 동안 일어나지 못했다.

(2) '被'자문의 언어 환경

'被'를 사용한 문장은 대부분 화자가 일어나길 원치 않는 일이나 불쾌한 상황 혹은 손해보는 상황을 나타낸다.

❶ 我被撞伤了。 나는 부딪혀서 다쳤다.

❷ 杯子被打碎了。 컵이 깨졌다.

(3) '被'자문의 동사

다음 동사는 일반적으로 '被'자문에 사용할 수 없다.

a. 자동사: 游泳，见面，休息，站，躺，跪，趴，……

b. 관계동사(판단 또는 상태를 나타내는 동사): 是，有，在，像，姓，属于，存在，等于，……

c. 조동사: 能，可能，应该，得，要，肯，愿意，……

d. 심리동사: 生气，害怕，……

e. 인지동사: 觉得，感到，感觉，懂得，明白，希望，……

✓ 연습 문제 2

1. 문장이 올바른지 판단하고 잘못된 부분을 고쳐 보세요.

① 他被生气得说不出话来。　　　　○ ✕ _____

② 他是南非人，不过中文能被他听得懂。　○ ✕ _____

③ 书被我还没看完。　　　　　　　○ ✕ _____

④ 钱包被他拿出来钱。　　　　　　○ ✕ _____

2 주요 '被'자문 형식

'被'자문의 형식은 '把'자문과 비슷하다. 주로 다음과 같은 형식으로 쓰인다.

형식	예문
(1) 목적어 + 被 + 주어 + 동사 + 到/在/进 + 장소	• 书被他放在桌子上。
(2) 목적어 + 被 + 주어 + 동사 + 成/作 + 명사구	• 那本书被翻译成好几种语言。
(3) 목적어 + 被 + 주어 + 동사 + 得 + 상태보어	• 房间被他打扫得干干净净的。
(4) 목적어 + 被 + 주어 + 동사 + 결과보어	• 房间被他打扫干净了。 • 我被你急死了。
(5) 목적어 + 被 + 주어 + 동사 + 방향보어	• 书被他拿进宿舍来了。
(6) 목적어 + 被 + 주어 + 동사 + 给 + 사람/장소	• 礼物被我寄给他了。
(7) 목적어 + 被 + 주어 + 동사 + 了	• 这件事被他忘了。
(8) 목적어 + 被 + 주어 + 동사 + 수량	• 他的头被人摸了一下。 • 我被他关了一个小时。

✓ 연습 문제 3

1. 중국어로 번역해 보세요.

① 이 문제를 가볍게 여겨서는 안 된다.

→ _____

② 이 일은 미리 예측해낼 수 없다.

→ _____

③ 은행을 위한 인터넷 서비스를 제공할 때, Java는 다양한 분야에서 사용된다.

→ _____

④ 비밀번호는 잊혀지거나 도난당하거나 분실될 수 있다.

→ _____

⑤ 그는 홍수 때문에 마을 밖에 길이 엉망인 것을 보고 바로 수리했다.

→ _____

◇ **轻视** qīngshì 경시하다

3 기타 피동문

---
❶ 목적어 (+ 주어) + 동사구

💬 생각해보기

■ 다음 문장들은 왜 '被'가 없어도 피동 표현이 가능할까?

❶ 飞机票(我)买好了。 비행기 표 샀어.

❷ 行李(我)收拾完了。 짐 다 챙겼어.

❸ 花放在桌子上。 꽃은 책상 위에 놓여있어.

❹ 作业(我)做完了。 숙제 다 했어.

위 문장들은 목적어가 동사 앞에 쓰여 피동의 의미를 나타내고 있지만, '被'나 '叫/让' 등을 사용하지 않았다. 목적어가 동사의 동작 행위를 할 수 없으므로 별다른 피동의 표현 없이도 오해의 여지가 없기 때문이다.

❶ 信写好了，我已经寄出去了。 편지를 다 쓰고 나는 이미 부쳤다.

❷ 面包吃完了，你再去买一些吧。 빵 다 먹었어. 네가 가서 좀 더 사와.

하지만 목적어가 동사의 동작 행위를 할 수 있다면, 반드시 '被'나 '叫/让' 등을 사용해야 한다. 만약 이를 사용하지 않으면 완전히 다른 의미를 나타낸다.

❸ 他被打得哭起来。 그는 맞아서 울기 시작했다.

❷ 목적어 + 得到/受到/遭到 + 주어 + 的 + 동사(구)

'得到', '受到', '遭到'는 이미 동사 자체에 피동의 의미가 있으므로 이러한 피동태 문장에는 '被'를 사용하지 않는다.

❶ 妹妹得到老师的表扬。 여동생은 선생님께 칭찬을 받았다.

❷ 他的建议受到大家的重视。 그의 제안이 사람들의 관심을 받았다.

❸ 弟弟遭到爸爸的批评。 남동생은 아버지한테 꾸중을 들었다.

✓ 연습 문제 4

1. 중국어로 번역해 보세요.

① 거리 문제는 빠른 시일 내에 해결될 것 같습니다.

→ _____

② 그는 선생님께 칭찬받는 것을 좋아한다.

→ _____

③ 경험에 따르면 이렇게 하면 우리 상품은 손해를 입지 않았습니다.

→ _____

④ 결정이 옳다고 해도 만약 우리가 사람들의 동의를 얻지 못한다면 반대를 당할 수 있다.

→ _____

⑤ 그 연극은 심한 비평을 받아서 취소되었다.

→ _____

⑥ 그는 학교생활이 매우 엉망이었고, 친구들에게 괴롭힘을 당했다고 말했다.

→ _____

✿损害 sǔnhài 손해를 주다 | 欺负 qīfu 괴롭히다

1. 문장이 올바른지 판단하고 잘못된 부분을 고쳐 보세요.

① 小孩儿被爸爸批评。　　　　　　　　　　　　○ ✕

_____

② 爸爸被孩子失望了。　　　　　　　　　　　　○ ✕

_____

③ 那个杯子被小孩儿没有了。　　　　　　　　　○ ✕

_____

④ 小树被大风没刮倒。　　　　　　　　　　　　○ ✕

_____

⑤ 我被他几乎打死了。　　　　　　　　　　　　○ ✕

_____

⑥ 书被他忘了回到书架上。　　　　　　　　　　○ ✕

_____

2. 사진을 보고 말해 보세요.

① 这个男人怎么了?　　　　　　② 盘子怎么了?

　　　　　　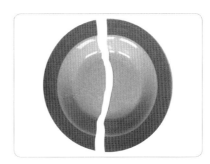

제11강

관형어

∨
∨
∨
∨

생각해보기

● 다음과 같은 복잡한 구조의 문장을 살펴보자.

我最好的朋友　昨天　在一家书店　顺利地　读完了　一本有趣的语法书。
주어 ／ 시간 ／ 在 + 장소 ／ 부사어 ／ 동사 ／ 목적어

이 문장에서 명사구는 '我最好的朋友', '一家书店', '一本有趣的语法书' 이렇게 3개가 있다. 이 명사구에서 '我最好的', '一家', '一本', '有趣的', '语法'는 관형어이며, '朋友', '书店', '书'는 피수식어이다. 이처럼 중국어에서 모든 관형어는 피수식어 앞에 위치한다. 관형어 학습을 하면서 다음 두 질문에 대한 대답을 해야 한다.

(1) 어떤 관형어 뒤에는 '的'가 부가된다. 예 最好的朋友, 有趣的书
　　어떤 관형어 뒤에는 '的'가 부가되지 않는다. 예 一家书店, 一本书, 语法书

　　➡ 관형어 뒤에 어떤 경우에 '的'가 부가되고, 어떤 경우에 '的'가 부가되지 않는가?

(2) 어떤 경우에는 관형어가 하나만 있다. 예 一家书店
　　어떤 경우에는 관형어가 여러 개 있다. 예 一本有趣的语法书 [관형어가 3개]

　　➡ 여러 개의 관형어가 있는 경우 관형어의 순서는 어떻게 배열해야 하는가?

1 소속 관계 명사구 중, 명사성 관형어와 '的'

⊕ 생각해보기

● 이러한 명사구의 관형어와 피수식어는 어떤 의미 관계가 있으며, '的'의 사용 조건은 무엇일까?

· **妈妈的朋友**	[명사 + 的 + 명사]
· **我的书**	[대명사 + 的 + 명사]
· **我的妈妈 / 我的朋友**	[대명사 + 的 + 명사(가족/친지)]
· **我妈妈 / 我朋友**	[대명사 + 명사(가족/친지)]

위 명사구에서 관형어와 피수식어는 모두 소속 관계이다. 관형어는 명사 또는 대사이고 보통 '的'를 부가한다. 그러나 관형어가 대사이고 피수식어가 가족의 명칭이나 친구, 단체 등이면 '的'를 생략할 수 있다.

❶ 我们学校在一座山上。 우리 학교는 산 위에 있어요.

❷ 今天去你们公司看看，行吗? 오늘 당신 회사를 좀 보러 가도 될까요?

❸ 那个女孩子是他同学，不是他女朋友。 저 여자아이는 그의 친구이며, 그의 여자 친구는 아니에요.

2 속성 관계 명사구 중, 명사성 관형어와 '的'

⊕ 생각해보기

● 이러한 명사구의 관형어와 피수식어는 어떤 의미 관계가 있으며, '的'의 사용 조건은 무엇일까?

그룹1	그룹2
韩国是中国的朋友。 한국은 중국의 친구이다.	他有很多中国朋友。 그는 중국 친구가 많이 있다.
孩子的脾气不太好。 아이의 성격이 별로 좋지 않다.	他有一点儿孩子脾气。 그는 아이 같은 성격이 좀 있다.

두 그룹의 명사구에서 관형어는 모두 명사, 즉, '中国', '孩子'이다. 그룹1에서 관형어와 피수식어는 소속 관계이므로 '的'를 부가해야 한다. 그룹2의 관형어와 피수식어는 속성 관계이다. 즉, 관형어가 피수식어의 속성 또는 특징을 수식한다. 이 경우에는 '的'를 부가하지 않는다.

❶ 这本语法书很有趣。이 어법책은 매우 재미있어요.

❷ 我想买一张木头桌子。저는 나무 책상을 하나 사고 싶어요.

✔ 연습 문제 1

1. 중국어로 번역해 보세요.

① 매 한 편의 문학작품 → _____

② 역사 전공 → _____

③ 국제 관계 → _____

2. 문장이 올바른지 판단하고 잘못된 부분을 고쳐 보세요.

① 我们先打扫房间，然后看王刚电视节目。 ○ ✕

_____

② 不久她碰到一个美国的女人。 ○ ✕

_____

③ 电脑的桌子也是我的做作业的地方。 ○ ✕

_____

시간사, 장소사, 방위사와 '的'

관형어가 시간, 장소, 방위를 나타내는 단어일 때 '的'를 부가한다.

❶ 最近的情况有一些变化，你要注意观察。
최근 상황의 변화가 좀 있으니, 주의해서 관찰해야 해요.

❷ 这是去年的流行色，今年流行红色了。
이것은 작년 유행 컬러이고, 올해는 빨간색이 유행이에요.

❸ 以前，北京的冬天很冷，现在不那么冷了。
예전에 베이징의 겨울은 많이 추웠는데, 지금은 그렇게 춥지 않아요.

❹ 苏州的园林是非常有名的，你一定要去看看。
쑤저우의 정원은 매우 유명하니, 꼭 한번 가 보세요.

❺ 怎么了？山上的树木都没有了！
어떻게 된 거지? 산 위의 나무들이 모두 없어져 버렸네!

❻ 你把下面的书给我。 아래에 있는 책을 나에게 줘.

✓ 연습 문제 2

1. 중국어로 번역해 보세요.

① 올해 싼 물건은 내년에는 더 저렴할 것이다.

→ _____

② 나는 지난주 모임에서 당신을 보았는데, 맞지요?

→ _____

③ 테이블 위의 물건이 매우 어지럽다.

→ _____

④ 그는 조심스럽게 가운데 종이 몇 페이지를 빼냈다.

→ _____

형용사성 관형어와 '的'

⊕ 생각해보기

■ 두 그룹에서 '的'의 부가 여부는 무엇과 관계가 있을까?

그룹1	그룹2
好人 高楼	很好的人 高高的楼 有意思的书

위 표에서 명사구의 관형어는 모두 형용사이다. 그룹1의 관형어는 단음절 형용사이며, '的'를 부가하지 않았다. 그룹2의 관형어는 다음절 형용사 또는 형용사구이며, '的'를 부가했다. 따라서 형용사가 관형어일 때 형용사의 음절에 따라 '的'의 부가 여부가 결정됨을 알 수 있다.

Check point

》 일반적으로 단음절 형용사가 관형어가 되면 '的'를 쓰지 않고, 이음절 형용사가 관형어가 되면 '的'를 쓴다. 특히, 이음절 형용사가 단음절 명사를 수식할 때는 대부분 '的'를 쓴다. 그러나 때로는 어법적 요인 뿐만 아니라 의미적 요인으로 '的'의 부가 여부가 결정된다.

❶ 她是一个漂亮的姑娘。 그녀는 예쁜 아가씨이다.
   [이때 '漂亮'의 묘사성은 강하며, 전달하고자 하는 정보는 '她怎么样?'이다.]

❷ 她是一个漂亮姑娘。 그녀는 예쁜 아가씨이다.
   [여기서 '漂亮'은 분류의 한 기준이며, 전달하고자 하는 정보는 그녀는 '漂亮姑娘' 부류에 속하며 '丑姑娘'의 부류에는 속하지 않는다는 것이다.]

형용사가 관형어가 되는 경우 '的'의 주요 기능은 묘사성을 드러나게 해준다.

❸ 你要用好的护肤品，不好的护肤品对皮肤不好。
   당신은 좋은 기초화장품을 써야 해요. 좋지 않은 기초화장품은 피부에 좋지 않아요.

❹ 我喜欢吃甜的橘子，不喜欢吃酸的橘子。저는 단 귤을 좋아해요. 신 귤은 좋아하지 않아요.

◎ **护肤品** hùfūpǐn 기초화장품

» 형용사 중첩이 관형어로 쓰이면 묘사적 기능이 더 강해지고, 호감이나 긍정의 감정 색채가 더해진다.

❶ 看见她大大的眼睛，弯弯的眉毛，他一下子就爱上了她。
그녀의 커다란 눈과 초승달 같은 눈썹을 보고, 그는 한 순간에 그녀를 사랑하게 되었다.

❷ 她拿了一条干干净净的毛巾给我。그녀는 아주 깨끗한 수건 하나를 들어 나에게 주었다.

그러나 약 20%의 형용사만 중첩이 가능하며, 그중 90%는 구어체 단어이다. 다음의 형용사는 중첩할 수 없다.

· 耳背，年轻，心细，性急，胆大，心虚，开心，吃亏，吃香，……
· 刺耳，丢人，动人，可口，省事，听话，有名，知足，……
· 好看，难看，愉快，正直，不安，不幸，能干，好听，无耻，……
· 美丽，整洁，精彩，严肃，肮脏，方便，……

그 밖에 형용사의 중첩은 아래 세 가지 형식으로 나타낼 수 있다.

(1) AA + 的	白白的，大大的，胖胖的，……
(2) AABB + 的	白白胖胖的，漂漂亮亮的，……
(3) ABAB + 的	雪白雪白的，碧绿碧绿的，笔直笔直的，冰凉冰凉的，漆黑漆黑的，……

» 특징이나 성질을 명확히 말하지 않는다면 대사 '这样/那样'을 사용하고, '的'를 부가한다.

❶ 我不喜欢看这样的书。저는 이러한 책을 좋아하지 않아요.

❷ 我希望那样的事不再发生。저는 그러한 일이 다시 발생되지 않기를 바랍니다.

» 관형어로만 쓰이는 형용사가 명사를 수식할 때는 음절 수와는 관계없이 보통 '的'를 쓰지 않는다. 이러한 형용사에는 '男', '女', '正', '副', '大型', '慢性', '急性', '彩色', '初级', '主要', '新式', '天然', '基本' 등이 있다.

· 男厕所，正教授，大型机器，慢性病，彩色电视机，初级班，主要问题，……

» '很多'는 보통 '的'를 쓰지 않는다.

❶ 来中国以后，我认识了很多朋友。 중국에 온 이후, 나는 많은 친구들을 사귀었다.

» '真', '太', '有点儿', '有一些', '怪', '分外', '尤其 + 형용사'는 관형어가 될 수 없다.

» 형용사를 남용하여 관형어로 쓰지 않도록 한다. 예를 들어 '老师问不难的问题，我们都会回答。'라는 문장은 다음과 같이 수정하는 것이 좋다.

❶ 老师问的问题不难，我们都会回答。
선생님이 물어보는 질문은 어렵지 않아서 우리들은 모두 대답할 수 있다.

'老师问不难的问题'에서 '问题'는 새로운 정보(제9강 '把'자문 참고)이고, '不难'은 단지 '问题'를 수식하는 성분이다. 그러나 화자의 의도는 '问题'가 '不难'하다는 것을 표현하려는 것이므로 '不难'을 뒤에 배열해야 한다.

✓ 연습 문제 3

1. 중국어로 번역해 보세요.

① 그녀는 사랑스러울 뿐 아니라, 똑똑한 엄마이다.

→ _____

② 당신은 좋은 사람이고 싶은 거죠? 매우 매우 좋은 사람.

→ _____

③ 그들은 작년에 많은 고층 빌딩을 지었다.

→ _____

④ 이 민족들은 어떻게 이러한 발전을 얻을 수 있었나요?

→ _____

2. 문장이 올바른지 판단하고 잘못된 부분을 고쳐 보세요.

① 坐火车要花非常长时间。　　　〇 ✕ _____

② 我以为我和这样事没关系。　　　〇 ✕ _____

③ 他有多书。　　　　　　　　　　〇 ✕ _____

④ 他得了一种很慢性的病，得慢慢地治。〇 ✕ _____

⑤ 她是一位真好的老师。　　　　　〇 ✕ _____

⑥ 这真是一个聪聪明明的办法。　　〇 ✕ _____

⑤ 동사성 관형어와 '的'

⊕ 생각해보기

🔹 예문 속 관형어는 어떤 종류의 단어일까?

❶ 我买的书很有意思。 제가 산 책은 재미있어요.

❷ 他不喜欢我给他的礼物。 그는 제가 그에게 준 선물을 좋아하지 않아요.

❸ 你去那个修理部看看，他们也许能修。
　 당신은 그 수리부서에 가 보세요. 그들은 아마도 고칠 수 있을 겁니다.

❹ 有敲门声，你听到了吗? 문 두드리는 소리가 나네요. 당신 들었나요?

❺ 爷爷的退休生活挺丰富多彩的。 할아버지의 퇴직 생활은 매우 풍부하고 다채로워요.

◎ 丰富多彩 fēngfù duōcǎi [성어] 풍부하고 다채롭다

예문 속 명사구의 관형어는 모두 동사 또는 동사구이며, 보통 '的'를 부가한다. 예문 ❸, ❹, ❺처럼 관형어가 이음절 동사이고, 명사구의 운율 형식이 '2+1' 또는 '2+2'일 때에만 '的'를 쓰지 않을 수 있다.

(1) '2+1' 운율 형식	治疗费，取款机，登记处，寄宿制，……
(2) '2+2' 운율 형식	研究状况，发展模式，研究方法，研究课题，考察对象，使用情况，调查结果，比赛规则，创作时间，解决方案，演出地点，表演技巧，睡眠姿势，运行状态，工作条件，演讲提纲，就餐环境，休闲场所，运动款式，推销策略，遗留问题，应用次序，进攻路线，……

✔ 연습 문제 4

1. 중국어로 번역해 보세요.

① 아이를 안은 여자가 진료를 보기 위해 기다리고 있다.

→ _____

② 나는 내 여자 친구가 내게 준 물건을 지니고 있다.

→ _____

③ 대학교 도서관은 사람들이 좋아하는 장소이다.

→ _____

④ 소음은 사람을 힘들게 한다. 특히, 당신이 잠자고 싶을 때는 더욱 그러하다.

→ _____

◎ **噪音** zàoyīn 소음

2. 문장이 올바른지 판단하고 잘못된 부분을 고쳐 보세요.

① 我最喜欢地方是我的房间。　　○ ✕ _____

② 我欣赏一种在我旁边芳香的花。　○ ✕ _____

6 전치사구 관형어와 '的'

⊕ 생각해보기

■ 예문 속 관형어는 어떤 종류의 단어일까?

❶ 我对语法的兴趣很大。 저는 어법에 대한 흥미가 많아요.

❷ 妈妈对孩子的爱最深。 엄마는 아이에 대한 사랑이 가장 깊어요.

❸ 他们在学习问题上的态度和我们不一样。 그들은 학습 문제상의 태도가 우리와 다르다.

위 예문에서 명사구 관형어는 모두 전치사구이고, 관형어 뒤에 '的'를 부가해야 한다.

✓ 연습 문제 5

1. 중국어로 번역해 보세요.

① 당신이 우리에 관해서 쓴 책 한 권을 제게 알려주세요.

→ _____

② 그녀의 언어 방면에 대한 능력은 사람을 놀라게 한다.

→ _____

③ 그는 이 문제에 대한 견해가 나와 다르다.

→ _____

수량사 관형어와 '的'

❶ 수량사 관형어는 '的'를 부가하는가?

양사가 관형어가 될 때는 보통 다음과 같은 세 가지 유형이 있다.

(1) 수사 + 양사 + 명사

> • 一本书，一辆车，一件衣服，……

(2) 这/那/哪/几/每 + 양사 + 명사

> • 这张桌子，那种东西，哪首诗，几瓶水，每个星期，……

(3) (수사 +) 양사 중첩 + 명사

> ❶ 看到爸爸在公园给我照的一张张精美的照片，我高兴极了。
> 아버지가 공원에서 찍어주신 한 장 한 장의 예쁜 사진을 보고, 저는 몹시 기뻤어요.

> ❷ 条条大路通罗马。 모든 길은 로마로 통한다.

◎ 精美 jīngměi 정교하고 아름답다 | 罗马 Luómǎ 로마

» **Check point**

» '(수사 +) 양사 중첩 + 명사'는 '매우 많다', '하나하나'의 의미가 있고 묘사성이 강하다.

一座座青山紧相连，	푸른 산들이 서로 연결되어 있고
一朵朵白云绕山间，	뭉게구름이 산 사이를 휘두르고
一片片梯田 一层层绿，	조각조각의 계단식 밭이 층층이 푸르고
一阵阵歌声随风传。	노래 소리가 드문드문 바람을 따라 전해지는구나.
哎……谁不说俺家乡好？	아…… 누가 우리 고향을 좋다 하지 않겠는가?

（山西民歌《谁不说俺家乡好》）

이러한 묘사성을 강조할 필요가 없다면, '(수사 +) 양사 중첩 + 명사' 형식을 사용하지 않는다. 예를 들어 '他很喜欢韩国漫画，书架上有一本一本的漫画书。'이 문장은 '漫画书多'를 표현하고자 하는 것이며, '书很多的样子'를 묘사할 필요가 없으므로 '一本一本的漫画书'로 표현하는 것은 적당하지 않다.

그러면 수량사가 한정어가 될 때, '的'를 부가해야 하는가?

⊕ 생각해보기

■ 다음 명사구에서 양사의 다른 점은 무엇일까?

그룹1	그룹2
• 给你一张纸，够不够？ • 那边跑过来一群人。 • 我要买一些苹果。	• 我买了五斤(的)苹果，一斤(的)草莓。 • 我用了一年(的)时间弄明白，他才花了一会儿(的)工夫！

그룹1의 양사는 차례대로 '개체양사', '집합양사', '부정양사'이다. 이 세 종류의 양사가 관형어로 쓰인다면 '的'를 쓰지 않는다.

(1) 개체양사	个，本，条，座，张，片，件，幅，篇，首，……
(2) 집합양사	双，群，对，副，排，打，束，串，种，类，……
(3) 부정양사	(一)些，(一)点儿，……

그룹2의 양사는 도량 또는 시량을 표현한다. '수사 + 도량사/시량사'가 관형어로 쓰일 때는 보통 '的'를 쓰지 않는다. 그러나 수량을 강조해야 한다면 '的'를 부가할 수 있다.

(1) 도량사	米(公尺)，尺，寸，吨，千克(公斤)，斤，两，升，亩，里，……
(2) 시량사	年，天，夜，分钟，秒，……

🔊 다음 두 문장의 의미는 어떻게 다를까?

❶ 我已经订了一桌子菜了，够了，不用再订了，两桌菜的话，我们吃不完。

제가 이미 한 테이블 음식을 주문했어요. 충분합니다. 더 주문할 필요 없어요. 두 테이블의 음식은 우리가 다 먹을 수 없어요.

❷ 妈妈准备了一桌子(的)菜，满满的。

엄마는 음식을 한 상 준비하셨어요. 한가득이에요.

위 예문에서 '桌子'는 보통명사이며, '一张桌子', '这张桌子'처럼 양사 '张'과 함께 쓰인다. 이 두 문장에서 '桌子'는 양사로 차용되었다. 예문 ❶의 '一桌子'는 '一张桌子'의 의미이며, 예문 ❷의 '一桌子'는 '满桌(식탁 가득)'의 의미이다. 그러므로 '一 + 차용양사 + 명사구'가 '满'의 의미를 표현할 때는 '的'를 쓸 수 있다.

❶ 他出差两个月，昨天回到家的时候，发现一屋子(的)土，没法住了。

그가 출장간 지 두 달 만에 어제 집에 돌아왔을 때, 집안 가득 흙인 것을 발견했다. (그 집에서) 도무지 살 수 없었다.

❷ 你看你，出了一脸(的)汗，快擦擦吧。

너 좀 봐. 얼굴 가득 땀을 흘렸네. 빨리 좀 닦아라.

차용양사는 두 종류가 있다.

(1) 담는 것을 표현한 명사를 차용	一碗米饭，一盆水，一车人，一船货物，一桌子书，……
(2) 인체 기관 명사를 차용	一脸汗水，一手泥，一头白发，一口北京话，一肚子不高兴，一鼻子灰，一身(儿)新衣服，……

» **Check point**

» 앞서 말한 개체양사, 집합양사, 부정양사, 도량사, 시량사, 차용양사 이외에 중국어에는 동작의 양을 표현하는 '동량사'가 있다.

(1) 전용 동량사	次，趟，遍，下，阵，场，番，回，……
(2) 차용 동량사	扎一针，砍一刀，放一枪 / 看一眼，吃一口，踢一脚，打一巴掌，……

≫ 동량사 뒤에 동사의 목적어가 쓰일 수도 있다.

❶ 假期里，我去了一趟上海。 휴가 기간에 저는 상하이에 다녀왔어요.

❷ 他讲了一番大道理，可是，孩子根本没听懂。
그가 큰 이치를 한 차례 말해주었지만 아이는 전혀 알아듣지 못했어요.

❸ 她轻轻地拍了一下我的肩膀。 그녀는 아주 가볍게 제 어깨를 한 번 두드렸어요.

◎ **番** fān 번, 차례 | **道理** dàoli 이치, 도리

✓ 연습 문제 6

1. 예시와 같이 문장을 고쳐 보세요.

> 예시 鱼缸里装满了水。 → 装了一鱼缸(的)水。

① 他的房间里，地上堆满了书。　　→ _____

② 他喝了很多啤酒，肚子满满的。　→ _____

③ 整个假期，他都在看书。　　　　→ _____

④ 打扫完房间后，我手上沾满了土。 → _____

⑤ 春节那天，她从头到脚穿的都是新衣服。 → _____

⑥ 他书包里装满了书，去上学了。　→ _____

◎ **鱼缸** yúgāng 어항 | **沾** zhān 묻다, 닿다

❷ 양사 사용 시 주의사항

양사를 사용할 때는 다음 몇 가지를 주의해야 한다.

(1) 집합명사는 개체양사와 함께 쓸 수 없고, 집합양사, 부정양사 또는 차용양사와 쓸 수 있다.

> 예 车辆，花朵，船只，人口，书本，纸张；父母，夫妻，师生，书报，饭菜，树木，
> 城乡；文具，亲友，财产，……

- 一对夫妻 [집합양사 + 집합명사]
- 一些文具 [부정양사 + 집합명사]
- 一批车辆 [부정양사 + 집합명사]
- 一桌饭菜 [차용양사 + 집합명사]

(2) 자연현상, 사회적 산물 또는 사람의 바탕이나 성품을 표현하는 단어는 보통 수량사 관형어를 쓸 수 없다.

> 예 大自然，天空，海洋，金融，商业，政治，人类，外表，心灵，眼界，……

(3) 다수의 양사는 명사의 형상을 반영한다.

a. 뿌리·줄기 형태를 표현	一根黄瓜，一支钢笔，一棵树，一杆枪，……
b. 가늘고 긴 형태를 표현	一股清泉，一队人马，一排房子，一串糖葫芦，一条小河，一列火车，一行树，……
c. 물방울 형태를 표현	一点墨，一粒米，一颗珍珠，一滴水，一星儿油，……
d. 평면 형태를 표현	一张地图，一面镜子，一片面包，一层皮，……
e. 원형·고리 형태를 표현	一轮圆月，一面鼓，一丸药，一卷纸，一团儿毛线，一圈儿红印儿，……
f. 형태가 비슷한 것을 표현	一头蒜，一口井，两撇胡子，……

(4) 양사에 따라 좋거나 나쁨, 문체 등의 색채가 다르다.

a. 혐오 · 경시를 표현	一窝贼，一伙流氓，一帮傻瓜，一撮野心家，……
b. 정중 · 소중함을 표현	一尊塑像，一幢高楼，一位老人，一束小诗， 一捧家乡土，一颗心，……
c. 주로 문어체에 사용	一幅古画，一弯新月，一盏灯，一丝希望，一页书， 一株白杨，……
d. 주로 구어체에 사용	一个人，一摞报纸，一嘟噜葡萄，一绺头发， 一把香菜，一块草地，……

(5) 언어 환경에 따라 적합한 양사와 명사를 사용해야 한다.

❶ 一串泪珠儿从她的眼里滚落下来。한 줄기 눈물이 그녀의 눈에서 흘러내렸다.

❷ 司机一滴酒，亲人两行泪。운전자의 술 한 방울은 가족의 두 줄기 눈물.

❸ 她一把眼泪一把鼻涕的，哭得非常伤心。그녀는 훌쩍훌쩍 매우 슬프게 울었다.

❹ 她一脸泪水地跑出去了。그녀는 눈물범벅이 되어 뛰쳐나갔다.

◎ 滚落 gǔnluò 굴러 떨어지다

✓ 연습 문제 7

1. 문장이 올바른지 판단하고 잘못된 부분을 고쳐 보세요.

① 我一出车站，钱包就被一位小偷偷走了。　　　　　　　　　　　○ ✕

———————————————————————————————

② 一帮可爱的小孩儿向我们跑来。　　　　　　　　　　　　　　　○ ✕

———————————————————————————————

③ 在香山有很多棵树，很多朵花儿，很多块石头，很多只松鼠。 ○ ✕

_____

④ 公园里，有的个人在散步，有的个人在打太极拳。 ○ ✕

_____

⑤ 她喜欢买东西。每周末她带回几双鞋、几件衣服。 ○ ✕

_____

⑥ 一个院子的花儿都开了，漂亮极了。 ○ ✕

_____

⑦ 2019年我和家人一起在日本住了两月。 ○ ✕

_____

2. 보기 중 알맞은 양사를 사용하여 빈칸을 채워 보세요.

束	套	把	家	棵	场	对	颗	朵
种	顿	碗	本	张	粒	副	份	枝
件	块	袋	部	瓶	双	条	阵	杯

① 我昨天看了一_____电影，一共看了两_____。我更喜欢第一_____。

② 我买了一_____书，这_____书一共有十_____。

③ 昨天下了一_____雨，但是，只下了一_____就停了。

④ 我家有一_____树，树上的花开得特别好，一共开了十四_____呢。

⑤ 我过生日的时候，你送我一_____花吧。要九百九十九_____玫瑰。

⑥ 昨天，父亲非常生气，狠狠地骂了我一_____。

⑦ 你把那_____报纸递给我，好吗？

⑧ 你总是天天买报纸看，今年我们干脆就订一_____吧。

⑨ 报纸有很多_____呢。你喜欢看哪一_____的？

⑩ 在啤酒里放上几_____冰吧。

⑪ 桌子上还剩下几_____米饭。你把它们捡起来吧。

⑫ 家里没米了，你去买一_____吧。

⑬ 你只吃了一小_____米，够了吗？

⑭ 他抓了一_____米，出去喂小鸡了。

⑮ 这_____豆腐太小了，给我换一_____大的。

⑯ 从下午五点起，我们吃了一_____好饭，看了一_____好电影，又在这_____冷饮店里坐了几个小时，吃遍了这_____店所有品种的冰激凌，花光了我们俩身上的所有钱，再要一_____汽水也要不起了。

⑰ 她戴着一_____红色的围巾，穿着一_____白色的毛衣。

⑱ 她的脸上还挂着两_____泪珠呢。

⑲ 宿舍里有两_____椅子，一_____床和一_____桌子。

⑳ 你带一_____香皂、一_____毛巾就可以了。

㉑ 那一_____老夫妻，你认识吗？

㉒ 我要买一_____眼镜，去哪儿买好呢？

㉓ 你送我一_____筷子干什么？

8 여러 항목의 관형어

❶ 여러 항목의 관형어 배열 원칙

여러 개의 관형어로 사물 또는 사람을 수식하여 설명할 때가 있다. 아래 표에서는 '集'와 '书' 앞에서 여러 관형어가 꾸며주고 있다.

我	那本	在书店买的	有意思的	小说	集	在哪儿？
我的	一本	朋友送的	新	语法	书	丢了。
소유대사 또는 명사	수량사	동사	형용사	명사		

관형어가 여러 개 있다면 일정한 순서에 의해 배열해야 하며, 대략 다음과 같은 몇 가지 방법이 있다.

(1) 관형어의 품사를 본다.

배열 원칙	대사 → 수량사 → 동사 → 형용사 → 명사

주로 이렇게 배열하지만 수량사 관형어의 어법 위치는 비교적 자유로워서 동사 관형어, 형용사 관형어 뒤에도 쓰일 수 있다.

❶ 我朋友送的一本新语法书丢了。 제 친구가 선물한 새 어법책 한 권을 잃어버렸어요.

❷ 我朋友送的有意思的一本语法书丢了。 제 친구가 선물한 재미있는 어법책 한 권을 잃어버렸어요.

(2) 관형어의 역할을 본다.

배열 원칙	시간 · 장소 → 소속 관계 → 수량 → 한정적 관형어 → 국적 → 묘사성 관형어 → 성질 관형어

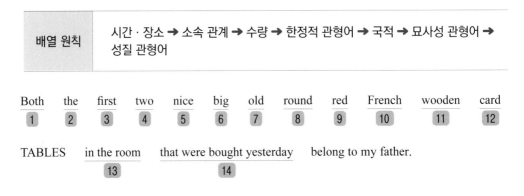

'시간·장소(13, 14) → 수량(1, 4) → 한정적 관형어(2, 3) → 국적(10) → 묘사성 관형어(5, 6, 7, 8, 9) → 성질 관형어(11, 12)' 순서대로 위 문장을 번역하면 다음과 같다.

昨天买的(14)、放在房间前面的(3, 13)、那两张(1, 2, 4)法国的(10)、漂亮的(5)、大大的(6)、古老的(7)、圆的(8)、红色的(9)、打牌用的(12)木头(11)桌子，都是我父亲的。
어제 사서 방 앞쪽에 둔, 그 두 개의 프랑스산 예쁘고 아주 크며 오래되고 둥근 빨간색 카드놀이용 나무탁자는 모두 제 아버지 것이에요.

(3) 관형어와 중심어의 의미 관계를 본다.

배열 원칙	관형어가 명사구의 고유한 성질일수록 명사구와 가깝다.

실제로 앞의 두 가지 배열 순서를 보면, 명사 관형어는 중심어의 속성을 제한하기 때문에 중심어와 의미관계가 가장 가깝다. 그러므로 명사 관형어는 중심어와 가장 가깝고 시간, 장소, 수량 등의 관형어는 중심어와 의미관계가 가장 멀기 때문에 중심어에서 가장 멀리 위치한다는 것을 알 수 있다.

(4) 관형어의 '的' 유무를 본다.

배열 원칙	'的'가 있는 관형어는 앞에, '的'가 없는 관형어는 뒤에 위치한다. 그러나 수량사 관형어는 비교적 자유롭다.

❶ 我买了一张漂亮的木头桌子。 ['漂亮的'는 '的'가 있고, '木头'는 '的'가 없다.]
저는 예쁜 나무탁자를 하나 샀어요.

❷ 她拿圆圆的大眼睛看着我。 ['圆圆的'는 '的'가 있고, '大'는 '的'가 없다.]
그녀가 동글동글한 큰 눈으로 나를 보고 있어요.

❸ 那是一间明亮的大教室。 ['一间'은 수량사, '明亮的'는 '的'가 있고, '大'는 '的'가 없다.]
저것은 환하고 밝은 큰 교실이다.

---

❷ 상용하는 여러 항목의 관형어 어순

하나의 명사구에 3개 또는 3개 이상의 관형어를 볼 수도 있지만, 실제로는 관형어가 2개 있는 문장이 가장 일반적이다. 관형어가 2개 있는 문장은 주로 다음과 같은 어순으로 자주 쓰인다.

여러 항목의 관형어 어순	예	
(1) 수량사 + 단음절 형용사 + 명사	• 一个小教室	• 那个老东西
	• 这两个小女孩	
(2) 수량사 + 이음절 형용사 + 的 + 명사	• 一个有趣的故事	• 这个晴朗的日子
(3) 수량사 + 형용사구 + 的 + 명사	• 一个十分可爱的世界	• 一段很长的时间
	• 一位聪明漂亮的姑娘	
(4) 수량사 + 명사 + 명사	• 一个作家朋友	• 这个电话号码
(5) 수량사 + 명사 + 的 + 명사	• 一件蓝色的衬衫	
(6) 수량사 + 동사구 + 的 + 명사	• 几个抽烟的老人	• 一个有经验的律师
	• 一只她新买来的船	
	• 一块没有感觉没有绿色的沙漠	
(7) 수량사 + 이음절 동사 + 명사	• 一箱修理工具	
(8) 这/那 + 단음절 형용사 + 명사	• 这小东西	
(9) 这/那 + 이음절 형용사 + 的 + 명사	• 这漂亮的姑娘	
(10) 인칭대사 + 这/那 + 양사 + 명사	• 我这个书包	
(11) 인칭대사 + 전치사구 + 的 + 명사	• 我对这个问题的看法	
(12) 인칭대사 + 的 + 수량사 + 명사	• 你的一个朋友	
(13) 인칭대사 + 的 + 단음절 형용사 + 명사	• 我的旧相册	
(14) 인칭대사 + 的 + 명사 + 명사	• 他们的历史背景	
(15) 인칭대사 + 的 + 이음절 동사 + 명사	• 自己的研究对象	
(16) 소유명사 + 的 + 명사 + 명사	• 人的精神状态	• 社会生活的本质方面
(17) 소유명사 + 的 + 이음절 동사 + 명사	• 激光的应用范围	• 人类的生存问题
(18) 소유명사 + 的 + 이음절 형용사 + 명사	• 主人公的悲惨命运	• 日常生活的麻烦问题
(19) 소유명사 + 的 + 수량사 + 명사	• 儿童的三种爱好	
(20) 소유명사 + 전치사구 + 的 + 명사	• 照相机在这个方面的优点	
(21) 명사 + 명사 + 명사	• 中国诗歌朗诵	

(22) 동사구 + 的 + 수량 + 명사	• 我借给你的那些书 • 阿Q最讨厌的一个人 • 踢足球的那些男孩
(23) 동사구 + 的 + 단음절 형용사 + 명사	• 我父亲留下的老办法
(24) 동사구 + 的 + 명사 + 명사	• 北大出版社出版的历史书 • 反对自由主义的政治活动
(25) 이음절 형용사 + 的 + 명사 + 명사	• 优秀的文人作家

✓ **연습 문제 8**

1. 중국어로 번역해 보세요.

① 그 세 개의 한국 도시   → _____

② 과학의 다른 두 방면   → _____

③ 매우 훌륭한 작은 방 하나   → _____

④ 예쁜 붉은 벽돌의 집들   → _____

⑤ 선진적인 외국 경험   → _____

⑥ 아름다운 작은 빨간 꽃들   → _____

2. 빈칸을 채워 여러 개의 관형어가 있는 문장으로 확장해 보세요.

① 你还记得_____女孩吗?

那个 / 那年到过咱们家的 / 小

② 你会碰见_____小伙。

　　帅 / 很多 / 晒得黑黑的 / 歪戴着帽子的

③ 我想你做_____姑娘，不多嘴多舌。

　　　温柔可爱的 / 听话的 / 一个 / 好

④ 村里盖了_____楼房。

　　　　　许多 / 新 / 俗气的

3. 문장이 올바른지 판단하고 잘못된 부분을 고쳐 보세요.

① 今天很好玩儿，我认识了几个美丽新的朋友。　　　　　　○ ✕

_____

② 你的旅行东西都准备好了吗?　　　　　　　　　　　　　○ ✕

_____

③ 最后的城市我们去过是旧金山。　　　　　　　　　　　　○ ✕

_____

④ 去年五月，我跟我的大学五个朋友一起去旅行了。　　　　○ ✕

_____

> ❸ 여러 관형어가 있는 경우, '的'의 사용

여러 개의 관형어가 있는 경우, '的'의 용법은 비교적 복잡한데, 다음의 두 가지 경우가 있다. 하나는 통사적으로 반드시 '的'를 써야 하지만 쓰지 않는 경우이고, 또 하나는 통사적으로 본래는 '的'를 사용할 수 없지만, 오히려 쓰는 경우이다.

❶ 你永远也看不够的美丽风景

❷ 在园中最寂寞的时间

'美丽'는 이음절 형용사이고, '在园中'은 동사구로서, 이들은 반드시 '的'를 사용해야 하지만, 사용하지 않았다.

❸ 新的艺术形式

❹ 那红的丝巾

❺ 一个美妙的绿的背景

'新', '红', '绿'는 모두 단음절 형용사이므로 '的'를 쓰지 않아야 하지만 사용했다.

'的'의 사용은 때로는 운율의 영향(예 ❶, ❷)으로, 때로는 의미 표현의 필요에 의해, 즉 어떤 성질 또는 형상의 강조(예 ❸, ❹, ❺)를 해야 할 때 영향을 받는다. 때로는 문장의 길이도 '的'의 사용에 영향을 준다.

❻ "的" 仍然是对外中文教学中的一个教学难题。 ['对外中文教学中' 뒤에 '的'가 쓰임]
　　'的'는 여전히 대외한어 교학 가운데 교학 난제 중 하나이다.

❼ "的" 仍然是对外中文教学中一个没有解决的教学难题。 ['对外中文教学中' 뒤에 '的' 쓰지 않음]
　　'的'는 여전히 대외한어 교학 가운데 해결되지 않은 교학 난제 중 하나이다.

현재로서는 '的'의 사용과 생략의 규칙을 완벽하게 설명할 수는 없지만, 다음 세 가지 상황에서 소속 관계를 표현하는 '的'는 일반적으로 생략한다.

(1) 인칭대사 + 이음절 형용사 + 的 + 명사	· 她是我最好的姐姐。
(2) 인칭대사 + 这/那 + 양사 + 명사	· 我这条小狗送给你了。 · 她那个女友很可爱。 · 你这话不对。
(3) 인칭대사 + 전치사구 + 的 + 명사	· 我对这个问题的看法。

1. 중국어로 번역해 보세요.

① 예쁜 그의 여자 친구는 어제 출국했다.

→ _____

② 머리가 좋은 그의 아버지는 그를 어떻게 통제해야 하는지 안다.

→ _____

③ 나의 그 빨간색 컵은 중국산이다.

→ _____

④ 나는 마침내 나의 그 귀여운 작은 테이블 옆으로 돌아왔다.

→ _____

⑤ 뉴욕(纽约) 부근에 있는 그 남자 아버지의 큰 집은 매우 예쁘다.

→ _____

1. 다음 문장의 관형어를 찾고, 번역해 보세요.

① 내가 반드시 네게 알려야 할 중요한 일이 좀 있다.

→ _____

② 이것은 대답하기 매우 어려운 질문이에요.

→ _____

③ 다섯 살 여자아이가 하나 왔다.

→ _____

④ 빨간색 옷을 입은 어떤 여자아이가 방금 너를 보러 왔어.

→ _____

⑤ 나는 처리해야 할 일이 있어. 너 먼저 가라.

→ _____

2. 명사를 확장하여 복잡한 구로 만들어 보세요.

① 学生 → _____

② 书 → _____

3. 보기의 단어를 활용하여 중국어로 바꾸어 보세요.

보기	杰克 잭(Jack)	老鼠 쥐	猫 고양이	狗 개
	麦芽 엿기름	追赶 쫓다	惊扰 괴롭히다	

이것은 잭이 지은 집이에요.

_____

이것은 잭이 지은 집 안의 엿기름이에요.

_____

이것은 잭이 지은 집 안의 엿기름을 먹은 쥐예요.

_____

이것은 잭이 지은 집 안의 엿기름을 먹은 그 쥐를 쫓는 고양이에요.

_____

이것은 잭이 지은 집 안의 엿기름을 먹은 쥐를 쫓아가 먹은 그 고양이를 괴롭힌 개예요.

_____

4. 다음 문장 중 필요한 곳에 '的'를 사용해 보세요.

> 　　我始终找不到和王眉个别谈话_____机会。白天她飞往祖国各地，把那些_____大
> 腹便便_____外国人和神态庄重_____同胞们运来运去。晚上，她就往我住_____地方带
> 人，有时一两个，有时三五个。我曾问过她，是不是这一路上不安全，需要人作
> 伴？她说不是。
> 　　那我就不懂了。她_____同事都是很可爱_____女孩，我愿意认识她们，可是难
> 道她不知道我希望_____是和她个别谈谈吗？也可能是成心装糊涂。她看来有点内
> 疚，每次来都带很多_____各地_____水果：海南_____菠萝蜜，成都_____橘子，新疆
> _____哈密瓜，大连_____苹果。吃归吃，我还是心怀不满。

◎ **始终** shǐzhōng 줄곧 | **大腹便便** dàfù piánpián 올챙이처럼 배가 볼록 나오다 | **神态** shéntài 태도 |
庄重 zhuāngzhòng 위엄이 있다 | **同胞** tóngbāo 동포, 한민족 | **作伴** zuòbàn 친구가 되다 |
成心 chéngxīn 일부러 | **糊涂** hútu 어리둥절하다, 애매모호하다 | **内疚** nèijiù 가책을 느끼다

5. 주어진 여러 항목의 관형어를 빈칸에 배열하여 문장을 만들어 보세요.

① 叫我深深感动的是＿＿＿＿＿＿＿＿＿＿＿＿＿＿＿＿＿＿＿爱。

> 那种 / 她 / 深深的 / 对我的

② 我去＿＿＿＿＿＿＿＿＿＿＿＿＿＿＿＿＿商场买了一大堆东西。

> 自选 / 古城的 / 食品

③ 你心里一定充满着＿＿＿＿＿＿＿＿＿＿＿＿＿＿＿＿＿东西。

> 一些 / 遥远的 / 我不知道的 / 美好的

④ 我写信安慰她，告诉她＿＿＿＿＿＿＿＿＿＿＿＿＿＿＿＿危险。

> 我 / 一些 / 经历过的

⑤ 那天我们一起去＿＿＿＿＿＿＿＿＿＿＿＿＿＿＿＿＿餐厅吃饭。

> 一家 / 城南 / 法国 / 高级

⑥ 他送给我＿＿＿＿＿＿＿＿＿＿＿＿＿＿＿＿＿刀。

> 韩国 / 很漂亮的 / 一对

⑦ 这些都是＿＿＿＿＿＿＿＿＿＿＿＿＿＿＿＿＿问题。

> 难以解决的 / 今天 / 社会上存在的 / 老

⑧ 我看见了＿＿＿＿＿＿＿＿＿＿＿＿＿＿＿＿＿女孩。

> 穿白色裙子的 / 一个 / 漂亮

⑨ ＿＿＿＿＿＿＿＿＿＿＿＿＿＿＿＿＿话，你都忘了吗?

> 那些 / 你 / 对我说的 / 当年

◎ **遥远** yáoyuǎn 아득히 멀다 | **安慰** ānwèi 위로하다 | **高级** gāojí 고급(의)

부사어

⊕ 생각해보기

🍃 다음과 같은 복잡한 구조의 문장을 살펴보자.

我最好的朋友　昨天　在一家书店　顺利地　读完了　一本有趣的语法书。
　　주어　　　　　　　　　　　　　　　　　　　동사　　　목적어

나의 가장 친한 친구가 어제 한 서점에서 재미있는 어법책 한 권을 순조롭게 다 읽었다.

이 문장에서 주요 동사는 '读(읽다)'이고, '读(읽다)' 앞에 '昨天(어제)', '在一家书店(한 서점에서)'과 '顺利地(순조롭게)' 세 부분은 모두 '读(읽다)'라는 동작을 한층 더 설명하거나 혹은 묘사하기 위해서 쓰인 부분인데, 이 부분이 바로 '부사어'이다. 중국어에서는 부사어가 모두 동사의 앞에 놓인다.

부사어를 공부하면서 다음의 2가지 질문에 대답해야 한다.

(1) 부사어 뒤에 언제 '地'를 부가하고, 언제 '地'를 부가하지 않아도 되는가?

(2) 만약 부사어가 여러 개 있으면, 이 부사어들은 어떤 순서로 놓이게 되는가?

부사어의 유형

⊕ 생각해보기

■ 그룹1과 그룹2의 부사어에는 어떤 차이점이 있을까?

그룹1

❶ 我2003年来北京了。나는 2003년에 베이징으로 왔다. [시간: 시간 명사]

❷ 我在北京学习中文。나는 베이징에서 중국어를 공부한다. [장소: 在 + 장소]

❸ 我坐飞机来北京。나는 비행기를 타고 베이징에 온다. [방식: 동사 + 명사]

❹ 我们用中文聊天。우리는 중국어로 이야기한다. [도구: 전치사 + 명사]

❺ 我对中文感兴趣。나는 중국어에 관심이 있다. [대상: 전치사 + 명사]

❻ 我给妈妈打电话。나는 엄마에게 전화한다. [관계 대상: 전치사 + 명사]

❼ 他比我学得好。그가 나보다 잘 배운다. [비교 대상: 전치사 + 명사]

❽ 我从明天开始学习中文。나는 내일부터 중국어를 공부하기 시작한다. [시간: 전치사 + 명사]

❾ 他急忙跑回了家。그는 급히 집으로 뛰어갔다. [시간·방식: 부사]

❿ 我们悄悄(地)进去。우리는 몰래 들어간다. [상태: 부사]

⓫ 我努力(地)学习中文。나는 열심히 중국어를 공부한다. [상태: 형용사]

⓬ 我们一天一天地互相理解了。우리는 점점 서로를 이해하게 되었다. [상태: 수사와 양사 중첩]

그룹2

❶ 至于时间和地点问题，我们再找时间讨论吧。
시간과 지점의 문제에 관해서 우리는 다시 시간을 내서 토론합시다.

❷ 关于西湖，有一个美丽的传说。시후에 관해서 아름다운 전설이 하나 있다.

❸ 对于他的意见，你们最好好好考虑一下。
그의 의견에 대해서 여러분은 잘 고려해 보는 것이 좋을 것 같습니다.

❹ 随着时间的流逝，人们渐渐淡忘了这件事情。
시간의 흐름에 따라, 사람들의 기억에서 이 일은 점점 희미해졌다.

❺ 我去的时候，大家都已经到齐了。내가 갔을 때, 모두 이미 도착했다.

그룹1의 부사어들은 모두 문장의 주요 동사의 앞, 주어의 뒤에 위치한다. 이러한 부사어가 될 수 있는 단어들은 주로 시간 명사, '在 + 장소', 전치사구, 부사와 수량사이다. 그들은 동작이 발생하는 시간, 장소, 방식, 대상 등을 설명할 수 있다.

그룹2의 부사어들은 모두 문장 앞에 위치한다. 이러한 부사어가 될 수 있는 것은 주로 일부 전치사구나 '……**的时候**'와 같은 시간어구이다.

✓ 연습 문제 1

1. 다음 문장의 빈칸에 자유롭게 부사어를 넣어 보세요.

① _____, 我_____研究了一个星期。

② _____, 他_____去了_____。

2. 부사어에 유의하며 중국어로 번역해 보세요.

① 그녀는 매우 빠르게 나를 향해 걸어오다가 의자를 하나 넘어뜨렸다.

→ _____

② Mark(**马克**)는 고통스럽게 그를 보고 있다.

→ _____

③ 그는 나에게 이 문제에 대한 그의 관점을 상세히 표현했다.

→ _____

④ 정부는 이 문제에 의견을 달리했다.

→ _____

◎ **观点** guāndiǎn 관점 | **政府** zhèngfǔ 정부 | **一致** yízhì 일치하다

2 전치사구 부사어와 '地'

⊕ 생각해보기

🔲 다음 문장의 부사어는 어떤 단어일까?

❶ 他对我笑了。 그는 나에게 웃었다.

❷ 你向东走。 너는 동쪽으로 가.

❸ 我给妈妈打电话。 나는 엄마에게 전화를 드렸다.

❹ 我们用中文聊天。 우리는 중국어로 이야기를 한다.

❺ 我们为健康友谊干杯！ 우리 건강과 우정을 위해 건배하자!

❻ 他们在工作中互相帮助。 그들은 일하는 동안 서로 돕는다.

부사어가 전치사구일 때는 부사어 뒤에 '地'를 쓰지 않는다.

✓ 연습 문제 2

1. 중국어로 번역해 보세요.

① 당신이 제게 사진을 보내줘서 당신에게 감사의 편지를 보내야 한다고 저희 어머니가 말했어요.

→ _____

② 그는 똑똑한 아이지만, 자신에 대해 그다지 자신이 없다.

→ _____

③ Lisa(莉莎)는 한 관람객에게 손을 흔들었다.

→ _____

형용사 부사어와 '地'

🔳 다음 두 그룹의 부사어는 어떤 단어일까? 또한 그들은 어떤 차이가 있을까?

그룹1

❶ 快跑，快跑！老虎来了！ 빨리 뛰어, 빨리 뛰어! 호랑이가 왔어!

❷ 你傻笑什么？ 너는 왜 실없이 웃니?

❸ 您慢走。 안녕히 가세요.

❹ 他大哭起来。 그는 펑펑 울기 시작했다.

그룹2

❶ 他开心地看着我，说："真的？你想好啦？"
그는 즐거운 마음으로 나를 보면서 말하길 "정말? 너 생각을 다 했니?"

❷ 他客客气气地点了点头。 그는 예의 바르게 고개를 끄덕였다.

❸ 他慢慢地站起来，一句话也没说就走了。
그는 천천히 일어나서 한 마디 말도 없이 가버렸다.

❹ 我津津有味地吃着，感到很满足。
나는 매우 맛있게 먹으면서 만족스러워했다.

❺ 他莫名其妙地看着我，样子很好笑。
그는 영문도 모른 채 나를 보는데 그 모습이 너무 우스웠다.

◎ **津津有味** jīnjīn yǒuwèi 아주 맛있게 | **莫名其妙** mòmíng qímiào 영문도 모르고

이 두 그룹의 부사어는 모두 형용사이다. 그룹1은 단음절 형용사 부사어이며, 이때는 '地'를 붙이지 않는다. 그룹2는 이음절 형용사 혹은 형용사구가 부사어이며, 일반적으로 '地'를 붙여준다. 예를 들어, 그룹2의 예문 ❹, ❺의 '津津有味', '莫名其妙'는 사자성어이고, 이러한 성어들이 부사어로 쓰일 때는 일반적으로 형용사처럼 '地'를 붙여준다.

» 단음절 형용사 대부분은 자유롭게 부사어로 쓰일 수 없고, 예시와 같은 소수의 단어만 자유롭게 쓸 수 있다.

   · 多，少，早，晚，快，慢，难，真，全，……

» 부사어로 자주 쓰이는 이음절 형용사는 뒤에 '地'를 붙이지 않고 부사어로 쓰일 수 있고, 대부분 문어체 어휘들이다.

   · 经常，特别，正式，一致，普遍，积极，公开，直接，完全，充分，彻底，努力，
     刻苦，认真，仔细，细心，……

   구어체에서 부사어로 자주 쓰이는 이음절 형용사는 비교적 적다.

   · 一般，勉强，老实，大胆，大声，小声，……

   '地'를 붙이지 않고 부사어로 쓰이는 형용사는 거의 대부분 시간, 수량, 빈도, 정도, 범위 혹은 방식을 나타내는 단어들이다.

» 형용사가 부사어로 쓰일 때, 중첩 형식으로 많이 쓰이고, 특히 '热闹', '普通', '凉快', '平坦', '稳当' 같은 형용사들은 중첩해야만 부사어로 쓰일 수 있다.

   ❶ 孩子们安安静静地坐着看书。 아이들은 조용히 앉아서 책을 본다.

   ❷ 我们痛痛快快地玩儿了一天。 우리는 유쾌하게 하루 종일 놀았다.

   ❸ 他圆圆地画了一个圈儿。 그는 동그랗게 원을 하나 그렸다.

   ❹ 我们热热闹闹儿地玩儿了一个晚上。 우리는 떠들썩하게 밤새 놀았다.

» 형용사가 부사어로 쓰일 때, 앞에 정도부사를 붙여주는 경우가 많다.

   ❶ 他们很开心地聊了一会儿天儿。 그들은 즐겁게 한참 이야기를 했다.

   ❷ 他非常痛快地答应了。 그는 아주 통쾌하게 동의했다.

   중국어에서 자주 보이는 정도부사는 다음과 같다. 형용사와 정도부사를 사용할 때 문체에 주의해야 하는데, 예를 들어 '颇棒! 万分牛! '처럼 구어체 형용사와 문어체 정도부사를 같이 쓰면 안 된다.

구어	구어 / 문어	문어
好	多，多么，太，真	何等
挺，怪	很，非常	颇，十分，万分，极度，分外
顶	最	
有点儿，有一些	不大，比较，还，稍微，略微	较，稍
极		极其
	更	更加，格外
	太	过，过于
	尤其	

또한, 다음과 같이 묘사성이 짙은 형용사들은 정도부사로 수식할 수 없다.

(1) AB식	雪白，碧绿，天蓝，笔直，血红，冰凉，漆黑，…… [어휘의 내부 의미 구조: 'A처럼 B이다']
(2) ACC식	绿油油，傻乎乎，香喷喷，亮晶晶，暖洋洋，乱哄哄，红通通，孤零零，软绵绵，甜丝丝，静悄悄，……

✓ 연습 문제 3

1. 중국어로 번역해 보세요.

① 빨리 달려! 그들이 도처에 다 있어!

→ _____

② 무엇이 우리로 하여금 이렇게 빨리 이 문제를 다시 생각해 보게 했을까?

→ _____

③ 그들은 용감하고 즐겁게 자신의 임무를 맞이할 것이다.

→ _____

④ Lisa(莉莎)는 한 관람객에게 기쁘게 손을 흔들었다.

→ _____

☼ **迎接** yíngjiē (일을) 맞이하다

2. 문장이 올바른지 판단하고 잘못된 부분을 고쳐 보세요.

① 妈妈很轻轻地给孩子盖好被子。　　○ ✕ _____

② 他一个人很孤零零地坐着。　　○ ✕ _____

③ 他高兴高兴地跑进来。　　○ ✕ _____

④ 孩子们聚精会神听老师讲故事。　　○ ✕ _____

⑤ 蜘蛛掉到地上快跑走了。　　○ ✕ _____

☼ **孤零零** gūlínglíng 외롭게 | **聚精会神** jùjīng huìshén 정신을 집중하다 | **蜘蛛** zhīzhū 거미

4 수량사 부사어와 '地'

⊕ 생각해보기

🔖 다음 문장의 부사어는 어떤 특징이 있을까?

❶ 他一步(一)步地走上来。 그는 한 걸음 한 걸음 걸어 올라왔다.

❷ 她一件(一)件地试穿，足足试了半个小时。 그녀는 한 벌 한 벌 족히 30분 동안 입어 보았다.

❸ 孩子把肥皂泡一个(一)个地吹破了，开心地笑着。

아이는 비눗방울을 하나씩 하나씩 불어서 터뜨리고, 즐겁게 웃고 있다.

❹ 他疯狂地写作，一部(一)部地写。可是，没有剧院愿意演出他的歌剧。

그는 미친 듯이 한 편 한 편 글을 썼으나, 어느 극장도 그의 오페라를 공연하기 원하지 않았다.

❺ 他一个字一个字地说："就是这样，不能改变。"

그는 한 글자 한 글자씩 말하길, "이렇게 해. 바꿀 수 없어."

❻ 时间一个小时一个小时地过去了，还是没有她的消息。

시간이 한 시간 한 시간씩 지났지만 그녀의 소식은 여전히 없었다.

✿ 足足 zúzú 꼬박, 족히 | 肥皂泡 féizàopào 비눗방울 | 疯狂 fēngkuáng 미친 듯하다 | 歌剧 gējù 오페라

위 예문의 부사어는 모두 수량사의 중첩 형식이다. 수량사의 중첩 형식은 아래 세 가지 용법으로 쓰인다.

(1) 一 + 양사 + 一 + 양사 + 地 + 동사구	· 她把信一封一封地撕掉了。
(2) 一 + 양사 + 양사 + 地 + 동사구	· 她把信一封封地撕掉了。
(3) 一 + 양사 + 명사 + 一 + 양사 + 명사 + 地 + 동사구	· 她一封信一封信地撕着，眼泪止不住地流下来。

이 세 가지 수량사 부사어는 모두 강한 묘사성을 띠고 있으며, 뒤에 일반적으로 '地'를 붙인다.

» **Check point**

» 일부 양사는 중첩한 후에 '地'를 부가하지 않아도 된다.

❶ 祝你年年有今朝，岁岁有今日。 매년 오늘처럼 행복하게 살기 바랄게.

❷ 祝你步步高升！ 점점 승진하길 바랍니다!

1. 부사어에 유의하며 중국어로 번역해 보세요.

① 그들은 우선 이 문제들을 더 잘 이해한 후에, 하나씩 하나씩 그것들을 해결할 것이다.

→ _____

② 만약 우리가 한 걸음 한 걸음 성실하게 하면, 마지막에는 꼭 성공할 수 있다.

→ _____

③ 한 해 한 해 좋아지기 시작했다.

→ _____

④ 우리는 한 집 한 집 문을 두드리며 우리의 임무를 시작할 준비를 했다.

→ _____

2. 예시와 같이 '一 + 양사 (+ 一) + 양사 + 地 + 동사(구)'의 형식으로 문장을 고쳐 보세요.

> 예시 他今天心情不好，不停地喝酒，喝完一杯又喝一杯。
>
> → 他今天心情不好，一杯一杯地喝酒。

① 他太喜欢这本书了，看完一遍又看一遍。

→ _____

② 他很喜欢看小说，看完一本又一本。

→ _____

③ 人们的生活水平好起来了，一天比一天好。

→ _____

④ 他很细心地照顾她，给她喂饭。喂完一勺接着再喂一勺，直到她吃饱了。

→ _____

⑤ 走路就是要这样，走完一步再走一步。

→ _____

◎ 喂饭 wèifàn 밥을 먹이다

5 부사 부사어와 '地'

중국어에서 부사는 모두 부사어로 쓰일 수 있으며, 일반적으로 '地'를 붙이지 않는다. 부사는 의미에 따라 다음 몇 가지 종류로 나눌 수 있다.

부사의 종류	예
(1) 관련부사	才, 就, 也, ……
(2) 어기부사	却, 倒, 毕竟, 偏偏, 竟然, 也许, 幸亏, 到底, ……
(3) 시간부사	刚, 常常, 已经, 从来, 终于, 马上, 忽然, 永远, ……
(4) 총괄부사	都, 一共, 统统, ……
(5) 한정부사	就, 光, 只, 才, 仅仅, ……
(6) 정도부사	很, 太, 最, 非常, 稍微, ……
(7) 부정부사	不, 没(有), 别, ……
(8) 협동부사	一起, 一块儿, 一齐, 一同, ……
(9) 반복부사	又, 再, 还, 重新, 反复, ……
(10) 방식부사	白, 渐渐, 逐个, 偷偷, 暗暗, 悄悄, 特意, 白白, 分别, 亲自, ……

이 중 방식부사는 부사어로 쓰일 때, 어떤 때는 '地'를 쓸 수 있고 어떤 때는 '地'를 쓸 수 없다.

❶ 雨渐渐(地)小了。 비는 점점 잦아들었다.

❷ 他偷偷(地)溜走了。 그는 몰래 도망쳤다.

❸ 父亲今天亲自下厨房做菜给我吃。 아버지께서 오늘 직접 나에게 음식을 만들어 주셨다.

따라서 각각의 방식부사 용법을 주의해야 한다.

6 여러 항목의 부사어 순서

만약 문장 안에 부사어가 여러 개일 경우, 부사어의 배열 순서는 일반적으로 다음의 원칙을 따른다.

❶ 부사어의 기능을 따른다.

배열 원칙	원인/목적/어기 → 시간 → 장소 → 협력자 → 동작자의 상태 묘사 → 도구/대상/방식 → 동작 묘사

❶ 因工作关系　我　2008年　在那个公司　和他一起　努力地　用英语　工作了一年。
　　原인　　　　　시간　　　장소　　　협력자　　동작자 상태　도구

❷ 我　高兴地　给他　打了一个电话。
　　동작자 상태　대상

❸ 他　一个人　慢慢地　走了进来。
　　　방식　　동작 묘사

❷ 부사어와 동사의 의미 관계를 따른다.

여러 부사어를 순서대로 배열할 때, 부사어와 동사의 의미 관계가 밀접할수록 위치도 동사에서 가깝다는 원칙을 기억하자. 앞에서 언급한 배열 원칙을 보면 알 수 있듯이, 원인과 시간, 장소 등은 동작의 의미 관계가 멀기 때문에 동사에서 멀리 위치한다. 반대로 동작을 묘사하는 부분은 동작과의 의미 관계가 밀접하기 때문에 동사에 가깝게 위치한다.

» 만약 문장 중에 시간을 나타내는 부사어가 두 개 혹은 두 개 이상이면 일반적으로 비교적 구체적인 부사어는 앞에, 비교적 개괄적인 부사어는 뒤에 위치한다.

❶ 我昨天上午一直在睡懒觉。나는 어제 오전에 계속 늦잠을 자고 있었다.

❷ 小时候她经常去那个公园里玩儿。어렸을 때 그녀는 자주 그 공원에 가서 놀았다.

» 만약 문장 중에 동작자 혹은 동작을 묘사하는 부사어가 두 개 혹은 두 개 이상이면 비교적 구체적인 부사어는 앞에, 비교적 개괄적인 부사어는 뒤에 위치한다.

❶ 他一步一步地小心地走着。그는 한 걸음 한 걸음 조심히 걷고 있다.

❷ 他满脸通红地紧张地说：“我可以跟你一起吃一辈子的饭吗？”
그는 얼굴이 온통 새빨개져서 긴장하여 말하길 "내가 평생 당신과 같이 밥을 먹어도 될까?"

» 여기까지 언급한 부사어의 순서는 일반적인 순서이다. 사실 같은 성질의 부사어라고 하더라도 문장 중에 배열되는 어순은 비교적 자유로우며, 이는 문장 속 부사어의 역할과 관계가 있다.

❶ 我在中国经常骑自行车。['**在中国**'는 하나의 큰 범위를 제한한다.]
나는 중국에서 자주 자전거를 탔다.

❷ 我经常在操场上骑自行车。['**在操场上**'은 동작이 발생한 구체적인 장소이다.]
나는 자주 운동장에서 자전거를 탄다.

다시 예를 들면,

❸ 他嗷嗷地在操场上叫着喊着，像疯了一样。
그는 '와와'하며 운동장에서 소리를 지르고 있다. 마치 미친 것 같다.

◎ 嗷嗷 áoáo 울거나 외치는 소리

위의 예문에서 '**嗷嗷地**'는 가장 먼저 우리의 관심을 끄는 특징이기 때문에, 장소 부사어 '**在操场上**' 앞에 놓일 수 있다.

1. 다음 문장들을 여러 형태의 부사어가 포함된 문장으로 확장시켜 보세요.

① 我们 _____ 跑着。

　　　　兴高采烈地 / 在公路上

② 晚上，我 _____ 坐着看电视。

　　　　和爸爸一起 / 默默地

③ 她是决不愿意放弃的！尽管她不能 _____ 告诉你。

　　　　明明白白地 / 用语言 / 再

④ 她叹口气，_____ 装回自己包里。

　　　　把书 / 不情愿地

⑤ 我相信，她 _____ 表示感谢的。

　　　　向你 / 一定会 / 用某种形式 / 也

⑥ 她 _____ 进了我的房间。

　　　在深夜三点钟的时候 / 竟然 / 偷偷地

2. 중국어로 번역해 보세요.

① 저는 두 번째 회의를 내년 여름 Petersburg(彼得堡)에서 거행할 것을 기쁘게 선포합니다.

→ _____

② 나는 런던(伦敦)에서 살았을 때 자주 공용 수영장에서 수영을 했다.

→ _____

③ 그 다음 며칠 동안 남자아이들은 예기치 않게 더 많은 문제에 맞닥뜨렸다.

→ _____

④ 그 전에 우리는 그들과 함께 기차를 타고 파리(巴黎)로 갔다.

→ _____

◎ **宣布** xuānbù 선포하다 | **意外** yìwài 예상 밖이다

---

7 부사어와 보어

⊕ 생각해보기

🔖 아래 두 그룹은 어떤 차이가 있을까?

그룹1 부사어	• 因为不愿意见他，我**晚**去了一个小时。 그를 만나길 원하지 않아서 나는 한 시간 늦게 갔다. • 我要**晚**去一个小时，你先走吧。 나는 한 시간 늦게 갈 테니까 너 먼저 가라.
그룹2 보어	• 路上堵车，我去**晚**了一个小时。 길이 막혀서 나는 한 시간 늦게 도착했다.

부사어는 주로 주관적인 결정 혹은 의지를 나타내고, 보어는 주로 객관적인 상황을 나타내므로 주어의 의지는 상대적으로 약하다. 특히 상태보어는 긍정형식의 명령문, 권고하거나 권유하는 문장에서는 쓰지 않는다.

❶ 学生应该学习得很认真。 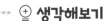 → 学生应该认真学习。
학생은 열심히 공부해야 한다.

❷ 明天八点有课，你要起床得早一点儿。 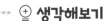 → 明天八点有课，你要早一点起床。
내일 8시에 수업이 있으니까 너는 일찍 일어나야 해.

하지만 부정문에서는 쓸 수 있다.

❸ 你不应该睡得这么晚。早睡早起身体好!
너는 이렇게 늦게 자면 안 돼. 일찍 자고 일찍 일어나야 건강에 좋아!

❹ 我们不必想得太多，去了以后看情况再作决定吧。
우리 너무 많이 생각하지 말고, 가서 상황을 보고 그 다음에 결정하자.

⊕ 생각해보기

🔖 아래 두 그룹은 어떤 차이가 있을까?

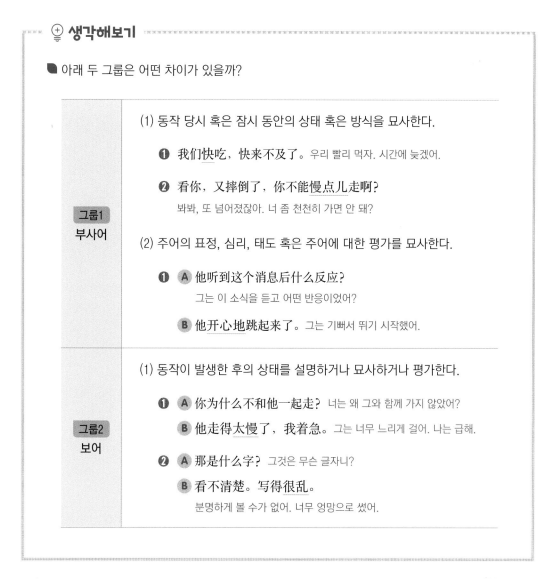

그룹1 부사어	(1) 동작 당시 혹은 잠시 동안의 상태 혹은 방식을 묘사한다. ❶ 我们快吃，快来不及了。우리 빨리 먹자. 시간에 늦겠어. ❷ 看你，又摔倒了，你不能慢点儿走啊? 봐봐, 또 넘어졌잖아. 너 좀 천천히 가면 안 돼? (2) 주어의 표정, 심리, 태도 혹은 주어에 대한 평가를 묘사한다. ❶ Ⓐ 他听到这个消息后什么反应? 그는 이 소식을 듣고 어떤 반응이었어? Ⓑ 他开心地跳起来了。그는 기뻐서 뛰기 시작했어.
그룹2 보어	(1) 동작이 발생한 후의 상태를 설명하거나 묘사하거나 평가한다. ❶ Ⓐ 你为什么不和他一起走? 너는 왜 그와 함께 가지 않았어? Ⓑ 他走得太慢了，我着急。그는 너무 느리게 걸어. 나는 급해. ❷ Ⓐ 那是什么字? 그것은 무슨 글자니? Ⓑ 看不清楚。写得很乱。 분명하게 볼 수가 없어. 너무 엉망으로 썼어.

'주어 + 부사어 + 동사구' 구문에서 표현하려는 핵심 의미는 동작 행위이며, 부사어는 동작이 어떠한 지에 대해 설명한다. 반면, '주어 + 동사 + 得 + 상태보어'에서는 보어가 핵심 의미이고, 상태를 묘사하기 때문에 오히려 동사는 그렇게 중요하지 않다. 다음의 표로 요약해 보자.

구조	주어 + 부사어 + 동사구	주어 + 동사 + 得 + 상태보어
예문	他开心地跳起舞来。	他(跳舞)跳得很开心。
의미	무엇을 하는가	어떠한가
	동작 당시의 상태 · 방식, 주어의 표정과 태도 등을 나타냄.	동작이 일어난 후의 상태, 결과, 평가 등을 나타냄.
기능	동사구가 가장 중요한 정보이다.	상태보어가 가장 중요한 정보이며, 동사는 심지어 생략할 수 있다.

✔ 연습 문제 6

1. 문장이 올바른지 판단하고 잘못된 부분을 고쳐 보세요.

① 年轻的时候，应该看书看得很多。　○　✕ _____

② 你的病刚好，一定要休息得好好的。　○　✕ _____

③ 我很快地骑自行车，差点儿撞到人。　○　✕ _____

④ 我喜欢书法。不过，我觉得写得太难。　○　✕ _____

2. 중국어로 번역해 보세요.

① **A** 그는 문제에 대한 대답이 어땠어?

　B 그는 영리하게 대답했어.

→ _____

② **A** 그는 뭘 했어?

　B 그는 영리하게 그 문제들을 대답했어.

→ _____

1. 아래의 표를 참고하여 알맞은 위치에 '地'를 넣어 보세요.

전치사 구조 + 동사	수량사 중첩 + 地 + 동사
단음절 형용사 + 동사	이음절 형용사 + 地 + 동사
부사 + 동사	방식부사 (+ 地) + 동사

① 就是因为这次旅行_____，我深深_____爱上了中国。

② 我到处_____登山临水，不停_____往南_____走。

③ 他来看我，也大惊小怪_____问："你还是无所事事_____待着？"

④ 还是一天一天_____、一年一年_____飞下去。

⑤ "可她确实_____是有话对我说呀。"我绝望_____大_____叫。

⑥ 他没再说一句话，动也不动_____坐着，脸白得像张纸。

⑦ 她一阵风似_____跑出去。

⑧ 有一天晚上，她没来。我不停_____往她办公室打电话，五分钟一个。

⑨ 春节期间_____飞机加班很多，她常常_____到夜里十二点才_____回宿舍，第二天一大早_____又要进机场准备。

2. 주어진 어휘를 문장 안에 알맞게 넣어 보세요.

① 旅游者们下来了。　　　　兴奋的 / 从车上 / 纷纷

→ _____

② 我看男男女女。 　　用望远镜 / 那些 / 神情愉快的

→ _____

③ 她透露了秘密。 　　向我 / 心里的 / 她

→ _____

④ 理想感动了我。 　　纯朴的 / 女孩 / 深深地

→ _____

⑤ 他说电视剧。 　　一个 / 不停地 / 无聊的

→ _____

⑥ 我受不了日子。 　　吃吃睡睡的 / 实在 / 无聊的

→ _____

◎ 望远镜 wàngyuǎnjìng 망원경 | 神情 shénqíng 안색, 표정 | 透露 tòulù 드러내다 |

纯朴 chúnpǔ 순박하다, 순수하다

3. 다음 문장의 구조를 참고하여 알맞은 위치에 '的', '地', '得'를 넣어 보세요.

我最好的　朋友　昨天在一家书店顺利地　读　完了　一本有趣的语法　书。
　관형어　　　　　　　　　부사어　　　　　보어　　　　관형어

① 我充满信任_____乘阿眉服务_____航班回北京。

② 一个穿红色连衣裙_____女孩清楚_____出现在我的视野中。

③ "别像个傻子似_____看我。"我拍着他_____肩膀乐呵呵_____说：

"待会儿尝尝我_____手艺。"

④ 站在我身旁____一个老头一边从扶手上抽回自己瘦瘦____手，一边抱歉____对阿眉说："这是我____手。"

⑤ "你知道我现在____最大____愿望是什么？"

"什么？"

"临死前____，最后一眼____看到____是你。"

"小傻瓜，那时____我早____老了，老____不成样子。那时，也许____你想看____是孩子。"

⑥ 开头那几个月____我做____太好了，好____过了头，简直可以说惯坏了她。我天天____待在首都机场，只要是她们____飞机落地，我总要____急急忙忙____跑过去问："阿眉来了吗？"

◎ **视野** shìyě 시야 | **手艺** shǒuyì 솜씨 | **扶手** fúshǒu 손잡이 | **落地** luòdì 착지하다

4. 다음 문장에서 부사어, 관형어, 보어를 찾아 보세요.

① 今天中午我亲眼看见他慌慌张张地把一张纸藏了起来。

② 到时候，我会当着你们大家的面，坦率地告诉你们我这几天决定的事儿。

③ 我们就这样安排：你们明天上午十一点在树林里麦地后面左边的那棵大树旁边跟我见面。我会骑马过去，你们把一切准备好。

④ 为了使自己对自己有信心，他至少需要从自己身边的一个人身上得到那种看得见、摸得着、感受得到的爱。

◎ **藏** cáng 감추다 | **坦率** tǎnshuài 솔직하다 | **麦地** màidì 보리밭

5. 어휘 사이에 한정어, 부사어, 보어를 넣어 보세요.

① 学生 / 去 / 机场   → _____

② 朋友 / 吃   → _____

PART
2

제**13**강

'要', '会', '将'

⊕ 생각해보기

💬 아래 문장 속 'will'의 의미는 같을까?

❶ If you'll study Chinese grammar, I'll study too.

❷ If you study hard, you'll get good grades.

❸ I'll go to store tomorrow.

❹ It will rain tomorrow.

예문 ❶의 'will'은 일종의 의지를 나타내는 것으로, 중국어에서는 이를 '**要**'로 나타낸다.

❶-1 如果你**要**学习中文语法，我也**要**学。 의지
　　　네가 중국어 어법을 공부하려 한다면, 나도 배울 거야.

예문 ❷의 'will'은 앞으로 일어날 가능성이 있는 사건을 예측하는 것이며, 중국어에서는 이를 '**会**'로 나타낸다.

❷-1 如果你努力学习，你**会**取得好成绩。 예측
　　　네가 열심히 공부한다면, 너는 좋은 성적을 받을 수 있을 거야.

예문 ❸의 'will'은 의지를 나타낼 수도 있고, 미래 사건만을 나타낼 수도 있다. 중국어에는 두 가지 표현 방식이 있다.

❸-1　我明天要去商店。 의지 및 미래 　나는 내일 상점에 갈 거야.

❸-2　我明天去商店。 미래 　나는 내일 상점에 가.

예문 ❹의 'will'은 미래 사건을 나타낼 수도 있고, 미래 사건에 대한 예측을 나타낼 수도 있다. 중국어에는 두 가지 표현 방식이 있다.

❹-1　明天下雨。 미래 　내일 비가 온다.

❹-2　明天会下雨。 예측 　내일 비가 올 것 같다.

그러므로 아직 일어나지 않았거나, 앞으로 일어날 일을 중국어로 표현하고자 한다면, 다음의 세 구문을 활용할 수 있다.

(1) 주어 + **要** + 동사구	他明天要去上海。 의지 그는 내일 상하이로 가려고 한다.
(2) 주어 + **会** + 동사구	他明天一定会去上海。 예측 그는 내일 반드시 상하이로 갈 것이다.
(3) 주어 + 미래 시점 어휘 + 동사구	他明天去上海，我想让他帮我买一件衣服。 미래 그는 내일 상하이로 가니, 나는 그에게 나 대신 옷 한 벌 사라고 할 생각이다.

'要'

⊕ 생각해보기

■ 다음 세 그룹에 쓰인 '**要**'는 각각 어떻게 다를까?

그룹1

❶ 我负担重呀，我要努力工作，多挣钱。
　　내 책임이 막중하니, 열심히 일해서 돈 많이 벌어야지.

❷ 她小心地看看我，说：“我以后要少进城，少来你家。”
　　그녀는 조심스레 나를 쳐다보며 말했다. "나는 이후부터 시내에도 덜 오고, 너희 집에도 덜 올 거야."

❸ 你别这样难过好不好，明天你不是还要来吗？

너 이렇게 힘들어 하지 마. 내일 그래도 올 거잖아?

❹ 她来的时候，正好我要去看电影。问她去不去，她自然也要去。

그녀가 왔을 때, 마침 나는 영화를 보러 가려 했다. 그녀에게 갈 건지 물어보았는데, 당연히 간다고 했다.

그룹2

❶ 她们的航班刚从广州来，又要去上海，不能来北京看我。

그녀들이 탄 항공편이 막 광저우에서 왔다가, 또 바로 상하이로 떠나니, 베이징에 와서 나를 볼 수가 없다.

❷ 这期间飞机加班很多，她常常到夜里十二点才回宿舍，第二天一大早又要准备起飞。

이 기간에는 비행기 증편이 많아, 그녀는 밤 12시가 되어서야 숙소로 돌아오곤 하는데, 둘째 날이면 이른 아침부터 또 이륙 준비를 해야 한다.

❸ 根据安排，她下个月就要去上海，所以最近工作比较忙，比较累。

스케줄에 따라, 그녀는 다음 달에 상하이로 떠나야 한다. 그래서 요즘 업무가 바쁘고 피곤한 편이다.

그룹3

❶ 国庆节要到了，电视台、报纸每天都有很多报道。

국경절이 곧 다가오니, 방송국과 신문에서는 매일 많은 보도가 나온다.

❷ 要开演了，演员们跑出来，小王也跑走了。

공연이 시작하려 하자, 배우들이 뛰어나오고 샤오왕도 뛰어갔다.

❸ 那我们就要失业啦，到时候怎么办？

그럼 우리들은 곧 실직할 텐데, 그때 가서 어쩌지?

❹ 他快要结婚了，不再跟我们一起去夜店玩儿了。

그는 곧 결혼을 하니, 더는 우리랑 함께 클럽에 가서 놀지 못할 거야.

위 예문들은 모두 앞으로 일어날 사건을 나타낸 것이다. 그러나 그룹1의 예문들은 주어의 주관적인 의지에 의해 일어나게 될 사건이라면, 그룹2의 예문들은 주어의 주관적인 의지로 한정되지 않고 객관적인 상황에 의해 일어나게 될 것임을 나타낸다. 그룹3의 예문들은 가까운 미래에 일어나게 될 사건을 나타낸 것으로, '要……了', '就要……了', '快要……了'의 형식을 사용했다.

이외에도, '**要**'는 '**正**'과 함께 사용되기도 한다. 이는 '마침 ~하려고 하다'라는 의미이다.

❶ 我告诉她五元钱，她却给了我十元钱，我正要找钱给她，她笑着说不用找了。
나는 그녀에게 5위안이라고 알려주었는데, 나에게 10위안을 주었다. 내가 그녀에게 막 돈을 거슬러주려 하자, 그녀는 거슬러줄 필요 없다고 웃으며 말했다.

❷ 她正要说话，突然听见远处有人喊她，她转过身，见是她的朋友。
그녀가 막 말을 하려고 했는데, 갑자기 먼 곳에서 그녀를 부르는 소리가 들렸다. 그녀가 몸을 돌려 보니 그녀의 친구였다.

❸ 办完退房手续时，我正要离开旅馆，忽然想起了昨天晚上看到的事，于是便问服务台小姐。
체크아웃을 마치고 나서 내가 막 호텔을 떠나려 할 때, 어제 저녁에 본 일이 갑자기 떠올라 데스크 여직원에게 물어보았다.

◎ **退房手续** tuìfáng shǒuxù 체크아웃 수속 | **便** biàn 곧, 바로

» **Check point**

» '**要**'에는 다른 용법들도 많은데, 그중 두 가지 용법에 대해 살펴보자. 첫째는 어떤 상황에 대한 판단이나 추측을 나타내는 용법으로, 비교문에 사용되는 것이 일반적이다.

❶ 那时候当然要比现在好。 그때는 당연히 지금보다는 좋을 거야.

❷ 我说："反正，这些菜比那些海鲜要好吃得多。"
"어쨌든, 이 요리들이 저 해물 요리보다 훨씬 맛있을 거야."라고 내가 말했다.

❸ 他比同龄孩子差不多要早一个月学会走路、说话、穿衣服和用勺子吃饭。
그는 같은 나이 아이들보다 거의 한 달 정도 일찍 걷고, 말하고, 옷을 입고, 숟가락 사용하여 밥 먹는 법을 익혔다.

❹ 他一直认为儿子和母亲的关系要比和父亲的关系亲密一些。
그는 줄곧 아들과 어머니의 관계가 아들과 아버지와의 관계보다 좀 더 친밀할 것이라 생각한다.

» 두 번째 용법은 요구나 명령, 혹은 어떤 사람의 행동을 금지하는 것을 나타낸다.

❶ 你太累了，别这么拼命地工作，要注意身体。
네가 많이 피곤할 텐데, 이렇게 목숨 걸고 일하지 말고 건강 좀 챙겨.

❷ 你不要自卑嘛，实际上你挺棒的。 너 열등감 가지지 마. 실제로 너는 꽤 뛰어나.

◎ **同龄** tónglíng 나이가 같다 | **亲密** qīnmì 친밀하다 | **自卑** zìbēi 스스로 낮추다, 열등감을 가지다

1. '要'의 의미에 주의하며, 아래 문장을 읽고 빈칸에 문장 번호를 넣어 분류해 보세요.

(1) 주어의 주관적 의지에 의해 일어나는 사건	
(2) 객관적 상황에 의해 일어나는 사건	
(3) 가까운 미래에 일어나는 사건	
(4) 주관적 판단이나 추측	
(5) 요구 · 명령 · 금지	

① 我正要继续说服他，看到石红进来，就改了主意。

② 吃完饭要走时，在门口窗边坐着的一个人招手叫米兰过去。

③ 你别逗我了，我肚子都要笑疼了。

④ 天冷了，下午要把花都搬进屋里来了。

⑤ 我说不来吧！你偏要来。都六十多岁的人了，还花这个钱干什么？

⑥ 现在，你绝对要听他们的。等以后有机会了，你再自己干嘛。

⑦ 那时候我就像那个"十八岁的哥哥"，绝对要比现在帅多了。

⑧ 运动会马上就要到了，大家这周都要开始锻炼。

⑨ 我们要尊重孩子们的感情，决不要强迫他们做什么说什么写什么。

⑩ 看见这些，她心里一阵发热，几乎要哭了。

◎ **逗** dòu 놀리다 | **强迫** qiǎngpò 강박하다, 강요하다

2. 중국어로 번역해 보세요.

① 나는 너도 이 편지를 읽고 싶어 하는 줄 알았다.

→ _____

② 네게 좋은 일이 생기기를 기다리고 있지 말고, 네가 행복을 향해 가야 한다.

→ _____

③ 나는 그들이 곧 성공할 것이라고 생각한다.

→ _____

④ 그녀에게 내가 잠시 후 그녀에게 전화 주겠다고 알렸는데, 나는 또 늦어질 것 같다고 했다.

→ _____

⑤ 학교에서 여자아이들이 대부분이 같은 나이의 남자아이들보다 조금 크다.

→ _____

⑥ 그것들이 좀 더 비쌀 테지만 사용 시간은 좀 더 길 것이다.

→ _____

⑦ 그는 그가 아마도 오늘 저녁에야 돌아올 것이라고 말했다.

→ _____

⑧ 그는 며칠 후 신장(新疆)으로 출발할 것이다.

→ _____

⑨ 네가 전화했을 때 나는 막 자려고 했다.

→ _____

⑩ 그가 막 말하려 할 때 전화벨이 울렸다.

→ _____

생각해보기

■ 다음 세 그룹에 쓰인 '会'는 각각 어떻게 다를까?

그룹1

❶ 我们俩将来一定会幸福。 우리 둘은 미래에 반드시 행복할 거야.

❷ 我可说不准，等你老了，他十之八九会去找别人。
내가 확실히 말은 못하지만, 네가 늙으면 그는 십중팔구 다른 사람을 찾아 떠날 거야.

그룹2

❶ 如果她知道了这件事，她一定会伤心死的，好在她不知道。
그녀가 이 일을 알게 된다면, 그녀는 반드시 엄청나게 속상할 거야. 몰라서 다행이야.

❷ 我要是真想骗您，就不会找这个借口了。
제가 당신을 정말 속이려 했다면, 이러한 변명거리는 찾지도 않았겠죠.

❸ 很显然，她喜欢上你了，否则不会请你去吃饭。
확실해. 그녀는 네가 마음에 드나 봐. 그렇지 않으면 네게 밥을 사지 않을 거야.

❹ 要是你这些优越条件都没了，他还会跟你好吗？
너의 이런 좋은 조건들이 없어진다면, 그는 그래도 너와 사이가 좋을까?

그룹3

❶ 以前妻子都会在晚饭后送他回来，或者让他自己回来。
이전에 아내는 항상 저녁 먹은 후에 그를 데리고 오거나, 직접 오게 했다.

❷ 我相信这是一种人性的弱点：有钱了，人就会变坏。
나는 이것이 일종의 사람 본성이 가진 약점이라 믿는다. 돈이 생기면, 사람은 나쁘게 변하기 마련이다.

❸ 上海、南京那边儿，一到五六月就会下雨。
상하이, 난징 그쪽 지역에서는 5, 6월이 되면 항상 비가 내린다.

❹ 人都会死的，所以，我不怕死，但是我怕活得没有意义。
사람은 모두 죽기 마련이다. 그러므로 나는 죽는 것이 두렵지는 않으나, 의미 없이 사는 것은 두렵다.

◎ 借口 jièkǒu 핑계 | 显然 xiǎnrán 분명하다 | 优越 yōuyuè 우월하다 | 弱点 ruòdiǎn 약점

그룹1의 예문들은 미래에 대한 예측을 나타내며, 그룹2의 예문들은 허구 상황에 대한 예측을 나타낸다. 즉, 어떤 가정이나 조건 하에 일어날 법한 사건에 대해 예측하는 것이다. 마지막으로 그룹3의 예문들은 통상적으로 일어날 수 있는 어떤 일에 대한 예측을 나타낸다.

» **Check point** ··

» 어떤 규칙성을 가진 일에 대한 예측을 나타낼 때에는 '要'와 '会'를 바꾸어 사용할 수도 있다.

❶ 这样的话，随便一个老太太一天都要/会说上好几遍，所以，我也没在意。
이렇게 한다면, 어떤 노부인이든지 하루에 몇 번을 말할 테니, 나도 신경 쓰지 않았다.

❷ 阿眉和你关系好的时候，有时从你那儿回来，也要/会生一会儿闷气。
아메이와 너의 사이가 좋을 때, 가끔 너에게서 돌아올 때면, 울분이 조금 생겼을 것이다.

❸ 所有工作人员，都要/会从这个出口去三楼餐厅吃饭。
모든 직원들은 이 출구를 통해 3층 식당으로 가서 밥을 먹을 것이다.

» 그러나 의지의 의미를 특별히 강조할 필요가 있다면, '要'를 사용하는 것이 가장 좋다.

❶ 无论是多么小的一块食物，比如半个苹果，他们也要你一口我一口地互相喂。
얼마나 작은 음식이든 간에, 예를 들어 사과 반 개라도, 그들은 너 한 입, 나 한 입 하면서 서로 먹여주려고 한다.

❷ 我这人轻易不说别人好，往往大家说好的时候，我还偏要 "鸡蛋里挑骨头"。
나는 다른 사람이 좋다고 쉽게 말하지 않는다. 종종 모두들 좋다고 말할 때, 나는 그래도 굳이 트집을 잡으려 한다.

◎ **闷气** mènqì 울분, 답답한 기분 | **轻易** qīngyì 함부로, 쉽게 | **鸡蛋里挑骨头** jīdàn li tiāo gǔtou 굳이 트집을 잡다

✓ **연습 문제 2**

1. 중국어로 번역해 보세요.

① 우리가 언젠가 결혼한다면, 반드시 매우 훌륭한 결혼식이 될 거예요.

→ _____

② 아버지께서 내 얼굴의 상처를 보신다면, 엄청나게 화를 내실 거야.

→ _____

③ 나는 백만 달러를 영원히 아무도 찾아내지 못할 곳에 숨겼다.

→ _____

④ 삶을 사랑한다면, 삶도 당신을 사랑할 거예요.

→ _____

⑤ 경기를 할 때 나는 몹시 긴장하곤 한다.

→ _____

⑥ 대답하지 못한 문제가 있으면, 그는 늘 불편함을 느끼곤 했다.

→ _____

⑦ 비가 내리지 않는다면, 우리는 즐거운 여행을 하게 될 거야.

→ _____

⑧ 길이 너무 멀지 않다면, 나는 분명 네게 함께 가자고 할 거야.

→ _____

◎ **气疯** qìfēng 미친 듯이 화가 나다

'将'

❶ 将(要)

문어체에서는 '**将(要)**'을 사용하여 미래를 나타내기도 한다.

❶ 为了鼓励大家积极参加体育运动，下个月学校将举办春季大学生篮球比赛，希望有兴趣的留学生朋友积极参加。

여러분들의 적극적인 체육 운동 참가를 독려하기 위해, 다음 달 학교에서는 춘계 대학생 농구 시합을 개최할 예정이오니, 관심 있는 유학생 여러분들의 적극적인 참여 바랍니다.

❷ 按照事先约定的时间，他将在5月16日下午2:30接受美国《新闻周刊》的采访。

사전에 정해진 시간에 따라, 그는 5월 16일 오후 2시 30분에 미국《뉴스위크지》와 인터뷰할 것이다.

❸ 我一直走到江边码头，登上一艘客轮。这艘客轮夜里将开往韩国。

나는 강변 나루까지 줄곧 걸어서 한 여객선에 올랐다. 이 여객선은 밤사이 한국으로 갈 것이다.

❹ 刘英知道，从这一刻起，她已成为一个张家庄人，今后她将一直生活在这个山青水秀的小村庄了。

리우잉은 지금 이 순간부터 장지아주앙 사람이 되었기에, 지금부터 산 좋고 물 좋은 작은 마을에서 쭉 살게 될 것임을 알고 있다.

◎ 艘 sōu 척 [배를 세는 양사] | 客轮 kèlún 여객선

'将'은 주로 계획이나 스케줄에 따라 발생하게 될 미래 사건을 나타내며, 반드시 발생할 것이라는 의미를 내포한다. '将要'라고도 표현할 수 있다.

✓ 연습 문제 3

1. 중국어로 번역해 보세요.

① 우리는 곧 회의에 참가하기 위해 버밍엄(伯明翰)에 갔다가 곧 돌아올 것이다.

→ _____

② 외교대신이 곧 중국을 방문할 것이다.

→ _____

③ 너는 곧 네가 원하던 것을 얻게 될 것이고, 이는 거의 의심의 여지가 없다.

→ _____

④ 그는 이에 대해 다른 선택은 있을 수 없고 받아들여야만 한다.

→ _____

⑤ 그는 중국의 상하이를 포함해 4개 도시를 곧 방문할 것이다.

→ _____

⑥ 우리는 곧 새집으로 이사할 것이다.

→ _____

⑦ 그는 우리가 장차 할 일에 대해 호기심을 느낀다.

→ _____

◎ **大臣** dàchén 대신 | **包括** bāokuò 포함하다

---

❷ 行将 & 即将

문어체에서는 '**行将**'과 '**即将**'을 사용하여 머지않은 미래를 나타내기도 한다.

❶ 一个热闹的时代行将过去。 떠들썩한 시대가 곧 지나갈 것이다.

❷ 谢家东即将出国参加学术会议，她已跟谢家东说好，让他留在国外读书。
시에지아동은 곧 출국하여 학술회의에 참가할 것인데, 그녀는 이미 시에지아동과 이야기를 잘 끝내, 그가 외국에 남아 공부하도록 했다.

» **Check point**

» 만약 '**将** + 동사'가 '1+1'의 운율 형식이라면, '**将**'은 '**行将**'이나 '**即将**'으로 바꾸어 쓰지 못한다.

❶ 火车将停时，所有的旅客都向车门移动。
기차가 곧 멈추려 할 때, 모든 여행객들은 문 앞으로 이동했다.

❷ 人之将死，其言也善。 사람이 곧 죽을 때가 되면, 그 말이 선해진다.

1. 중국어로 번역해 보세요.

① 내년 봄 선거가 곧 다가온다.

→ _____

② 곧 발생할 일을 위해 걱정하는 사람은 없을 것이다.

→ _____

③ 그 중병환자가 곧 죽게 되는데, 우리는 아무것도 할 수 없다.

→ _____

◎ **选举** xuǎnjǔ 선거 | **重病** zhòngbìng 중병

---

❸ 将(会)

문어체에서 아직 일어나지 않은 어떤 사건에 대한 예측을 나타내고자 한다면, '**将(会)**'을 사용할 수도 있다.

❶ 那<u>将</u>是天大的不幸，<u>将</u>是真正的悲剧，<u>将会</u>带来严重的后果。
그것은 엄청난 불행이 될 것이며, 진정한 비극이 될 것이고, 심각한 결과를 가져올 것이다.

❷ 这三个多月的生活，对她<u>将会</u>留下怎样的影响，她不知道。
이 3개월 남짓한 생활이 그녀에게 어떤 영향을 가져다 줄 것인지, 그녀는 모른다.

❸ 如果让他到这里来，<u>将会</u>更加危险，我们<u>将</u>更加被动。
그에게 이곳으로 오라고 한다면, 더 위험해질 것이고, 우리는 더 수동적이게 될 것이다.

❹ 这个美妙的年龄，<u>将会</u>给我们以后留下多少美好的回忆啊！
이 아름다운 나이가 앞으로 우리에게 얼마나 아름다운 추억을 가져다 주겠는가!

❺ 是啊，如果她没有这么聪明，<u>将会</u>发生什么事儿啊！
그렇지. 그녀가 이렇게나 똑똑하지 않았다면, 무슨 일이 생겼겠는가!

◎ **悲剧** bēijù 비극 | **被动** bèidòng 수동적이다 | **美妙** měimiào 아름답고 즐겁다

위의 예문에서 사용된 '**将**'은 '**将会**'라고 바꾸어 쓸 수 있다. 이는 '반드시 ~할 것이다'라는 의미를 지니며, 주로 미래에 대한 화자의 강한 예측을 나타낸다.

연습 문제 5

1. 중국어로 번역해 보세요.

① 몹시 추운 겨울이 될 것이다.

→ _____

② 그는 내일이 힘든 하루가 될 것이라는 것을 안다.

→ _____

③ 나는 내가 그녀에게 영원히 감사하게 될 것이라는 것을 알고 있다.

→ _____

④ 그는 곧 발생할 일을 걱정하지 않을 수 없다.

→ _____

⑤ 나는 앞으로 나의 생활이 얼마나 힘들게 될지 느끼게 되었다.

→ _____

◎ **艰难** jiānnán 어렵다, 힘들다 | **意识** yìshí 의식하다, 깨닫다

④ '주어 + [미래 시점 어휘] + 동사(구)'

'주어 + [미래 시점 어휘] + 동사(구)' 구문만을 사용해도 미래를 나타낼 수 있다. 게다가 만약 앞뒤 문맥이 명확하다면, 시점 어휘를 사용하지 않아도 된다.

❶ 她打算后天离开。 그녀는 모레 떠날 생각이다.

❷ 我知道一家很不错的餐厅，下周我们去那里吃午饭。
    내가 아주 괜찮은 식당 하나를 아는데, 다음 주에 우리 그곳에 가서 점심 먹자.

❸ 如果一切顺利，他明天就从法国回来了。
모든 것이 순조롭다면, 그는 내일 프랑스에서 돌아올 것이다.

❹ 别担心，他回来的时候，我去接他。 걱정 마. 그가 돌아올 때, 내가 마중 갈게.

✓ 연습 문제 6

1. 중국어로 번역해 보세요.

① 그들은 다음 달 중국으로 여행을 갈 것이다.

→ _____

② 그러나 두 달 후에 계약 만료가 될 것이다.

→ _____

③ 신입생은 모레 입학할 것이다.

→ _____

④ 내가 모레 저녁에 너를 보러 올게.

→ _____

⑤ 우리 다음 주에 한번 모이는 거 어때?

→ _____

⑥ 우리는 다음 주 방학이야.

→ _____

⑦ 나는 최대한 서두르면 다음 주에 논문을 완성할 수 있어.

→ _____

1. 보기 중 알맞은 단어를 골라 빈칸을 채워 보세요.

> 会　　要　　将

① 现在觉得是天大的事，过个几十年回头看看，你就＿＿＿觉得无足轻重了。

② 她好像＿＿＿立刻走过来，对我说一句很重要的话。

③ 如果IBM公司和苹果公司联合起来，＿＿＿会有什么效果呢？

④ 她下个月就＿＿＿去杭州出差，所以最近我们见面的次数比较多。

⑤ 偶尔他们对某个人某个事件的看法也＿＿＿不同，但更多的是一个人听另一个人的。

⑥ 他脾气不好，你说话＿＿＿小心，弄不好他＿＿＿和你吵架的。

⑦ 今年的冬天比往年都＿＿＿暖和一些，奇怪。

⑧ 如果你一直这样浪费时间，你＿＿＿一事无成。

◎ **无足轻重** wúzú qīngzhòng 별로 중시할 것이 못 되다 | **一事无成** yíshì wúchéng 아무 일도 성사하지 못하다

2. 문장이 올바른지 판단하고 잘못된 부분을 고쳐 보세요.

① 我要跟中国人合租房子，这样我要每天有机会说中文。　　　　○ ✕

_____

② 因为现在我是一个大款，所以，我会买我最想要的帽子。　　　　○ ✕

_____

③ 如果你去一个公园的话，你就看见美丽的风景。　　　　○ ✕

_____

④ 我真的羡慕你，你一定越来越适应外国的生活。　　　　○ ✕

_____

⑤ 马上要放假，我们都在准备行李。　　　　○ ✕

_____

제14강

'在', '正', '呢'

💡 생각해보기

■ 아래의 문장들은 중국어로 어떻게 말해야 할까?

❶ Why are you watching TV now? Have you finished your homework?

❷ They were studying Chinese grammar when I got there yesterday.

❸ I have been studying Chinese grammar in the past ten years.

❹ He is always watching TV when I get his home.

위 예문 속의 동사는 모두 'be + doing' 형식이다. 이를 중국어로 말하려면 '在 + 동사' 형식을 사용해야 한다.

❶-1 你怎么又<u>在看</u>电视，作业做完了吗? 너는 왜 또 TV를 보고 있니? 숙제 다 끝냈어?

❷-1 昨天我去的时候，他们<u>在学习</u>中文语法。 어제 내가 갔을 때 그들은 중국어 어법을 공부하고 있었다.

❸-1 十几年来，我<u>一直都在研究</u>中文语法。 십여 년 동안 나는 줄곧 중국어 어법을 연구하고 있다.

❹-1 每次去他的家，他<u>总在看</u>电视。 매번 그의 집에 갔을 때 그는 항상 TV를 보고 있었다.

첫 번째 문장은 '말하는 시점에서 발생하고 있는 일'을 나타내고 있다.
두 번째 문장은 '지나간 한 시점에서 발생하고 있던 일'을 나타내고 있다.
세 번째 문장은 '일정한 시간 동안 계속 발생하고 있는 일'을 나타내고 있다.
네 번째 문장은 '일정한 시간대에 발생하고 있는 일'을 나타낸다.

‘주어 + 在 + 장소 + 동사 (+ 목적어)’

만약 사건이 발생한 장소 정보가 있다면 ‘주어 + 在 + 장소 + 동사 (+ 목적어)’ 문형을 사용하여 어떤 장소에서 진행 중인 일을 나타낼 수 있다.

❶ 我现在在餐厅吃午饭。
　　나는 지금 식당에서 점심 식사를 하고 있어.

❷ 他给我打电话的时候，我在咖啡馆喝咖啡。
　　그가 나한테 전화할 때, 나는 카페에서 커피를 마시고 있었어.

❸ 明天上午十点的时候，我可能在网上跟朋友聊天。
　　내일 오전 10시에 나는 어쩌면 인터넷에서 친구랑 얘기 중일 거야.

✓ 연습 문제 1

1. 사진을 보고 ‘주어 + 시점사 + 在 + 동사 (+ 목적어)’와 ‘시점사, 주어 + 在 + 장소 + 동사 (+ 목적어)’ 구문을 사용하여 이야기해 보세요.

①
오늘, AM 8~10

②
어제, PM 4:30

③
현재

2. 중국어로 번역해 보세요.

① 나는 아침을 먹고 있어서 인터넷으로 신문을 볼 수 없다.

→ _____

② 그는 인터넷 게임 중이라 전화 받기를 원치 않는다.

→ _____

③ 그가 나한테 전화를 걸었을 때, 나는 도서관에서 예술 강좌를 듣고 있었다.

→ _____

◇ **讲座** jiǎngzuò 강좌

2 '주어 + 正在 + 동사 (+ 목적어)'

'주어 + **正在** + 동사 (+ 목적어)' 문형을 사용하여 진행 중인 일을 나타내기도 한다.

❶ 王大夫正在给病人看病，您稍等。 왕 선생님은 지금 환자를 진찰하고 계시니 잠시 기다려 주세요.

❷ 你打电话的时候，我正在洗澡，没听见。 네가 전화를 걸었을 때, 나는 마침 샤워 중이라 듣지 못했어.

'**正**'을 사용하는 것은 '**不早不晚，就在那个时候**(이르지도 늦지도 않은 바로 그때)'를 강조하기 위해서이다. 만약 언어 환경이 매우 명확한 경우에는 '正'만 사용해도 된다.

❸ 外面正下雨，你等一会儿再走吧。 밖에 지금 비가 오는데 너 조금만 기다렸다가 가.

❹ 我去的时候，玛丽正用中文和小孩子说话。 내가 갔을 때 마리는 마침 어린아이와 중국어로 얘기 중이었다.

❺ 她那时正在五楼的窗前看书。 그녀는 그때 마침 5층 창문 앞에서 책을 읽고 있었다.

» Check point

» 문장의 술어동사가 단음절 동사로 단독으로 오면, '正'을 사용하여 진행을 나타낼 수 없다.

❶ 我去的时候，他正吃。 ❌

→ 我去的时候，他正吃饭。 내가 갔을 때, 그는 마침 밥을 먹고 있었어.

» '正'은 진행형을 나타내는 진행상 표지가 아니므로 '在 + 동사'와 같이 사용할 뿐만 아니라, '想/要 + 동사'와도 함께 사용할 수 있다.

❶ 他正要出去踢足球，突然下起了大雨。
그가 막 축구를 하러 나가려고 하는데, 갑자기 큰 비가 내리기 시작했다.

❷ 哎，你怎么来了？ 我正要给你打电话呢。

어, 너 어떻게 왔어? 내가 막 너한테 전화하려던 참인데.

❸ 她正想走开，却看见一名警察招手让她进去。

그녀가 막 가려던 참이었는데, 경찰관 한 명이 그녀에게 들어가라고 손짓하는 것을 봤다.

❹ 他放下书，正想转身回去，忽然想到，外面正下大雪，天气很冷，那年轻人穿得那样少，怎么行呢？

그가 책을 내려놓고 막 몸을 돌려 돌아가려고 하는데, 밖에 많은 눈이 내리고 있고 날씨가 춥다는 것이 갑자기 생각났다. 저 젊은 사람은 옷을 저렇게 얇게 입어서 괜찮을까?

✓ 연습 문제 2

1. 중국어로 번역해 보세요.

① 그는 지금 남미를 여행하는 중이다.

→ _____

② 나는 그때 금연하려고 노력하는 중이었다.

→ _____

③ "왜 우리는 지금 일어나고 있는 일을 모르는 걸까?" 그는 불평하며 말했다.

→ _____

◎ **此刻** cǐkè 이때, 지금 | **戒烟** jièyān 금연하다 | **抱怨** bàoyuàn 불평하다, 원망하다

2. 보기 중 알맞은 단어를 골라 빈칸을 채워 보세요.

正　　　在

① 我去的时候，他 _____ 在看电视。

② 回头一看，他 _____ 要起身离开。

③ 我 _____ 要去找你，你就来了。

④ 他们 _____ 打算卖掉房子，然后搬到一个小一点的公寓。

⑤ _____ 说着，忽然听到外面有人敲门。

⑥ 这几天我一直 _____ 想这个问题。

⑦ 四年前他就开始写论文了，现在还 _____ 写，还没写完。

◎ **公寓** gōngyù 아파트

3 '주어 + 一直在 + 동사 (+ 목적어)'

⊕ 생각해보기

💬 다음 문장들은 중국어로 어떻게 말해야 할까?

❶ Korean companies have been pumping out plenty of innovative products.

❷ I've been dieting ever since the birth of my fourth child.

❸ I've been wondering in the past two hours if you have any idea why she came.

❹ She'd been working in her room till a noise had disturbed her.

이러한 문장들은 일정한 시간 동안 계속 발생하고 있는 일을 나타낸다. 이를 중국어로 나타낼 때는 '**一直在** + 동사 (+ 목적어)'를 사용한다.

❶-1 韩国公司一直在生产很多有创意的产品。 [주어 + 一直在 + 동사]
한국 회사에서는 계속해서 많은 창의적인 제품을 생산하고 있다.

❷-1 生完第四个孩子以后，我一直在减肥。 [시점사, 주어 + 一直在 + 동사]
넷째 아이를 낳은 후, 나는 계속 다이어트 중이다.

❸-1 在过去的两个小时里，我一直在想你们是不是知道她为什么来了。
[시량사 + 内/里/以来, 주어 + 一直在 + 동사]
지난 두 시간 동안 나는 줄곧 너희들이 그녀가 왜 왔는지 알고 있는가에 대해서 생각하고 있다.

❹-1 她一直在房间里工作，直到有噪声打扰到她。 [주어 + 一直在 + 장소 + 동사]

그녀는 시끄러운 소리로 방해받기 전까지 방에서 계속 일하는 중이었다.

◎ **创意** chuàngyì 창의 | **噪声** zàoshēng 소음

✓ 연습 문제 3

1. 사진을 보고 '주어 + 一直在 + 동사 (+ 목적어)' 구문을 사용하여 말해 보세요.

①

跳舞

②

喝酒

2. 중국어로 번역해 보세요.

① 요 몇 년 동안 그는 줄곧 교육 개혁을 진행하고 있다.

→ _____

② 우리는 계속해서 그녀를 구하려고 노력하고 있다.

→ _____

③ 그와 그의 여자 친구는 그의 집 밖에 있는 정원에서 계속 다투고 있다.

→ _____

◎ **改革** gǎigé 개혁(하다) | **抢救** qiǎngjiù 구조하다

'주어 + 总在 + 동사 (+ 목적어)'

⊕ 생각해보기

💬 다음 문장들은 중국어로 어떻게 말해야 할까?

❶ They have been praising you all the time.

❷ I found myself constantly pondering the question: "How could anyone do these things?"

❸ You are always interfering in matters you know nothing of.

❹ The speech sounds of all languages are gradually but constantly changing.

이 문장들은 모두 규칙적으로 발생하는 일들을 나타낸다. 중국어로는 '주어 + **总在** + 동사 (+ 목적어)'를 사용하여 나타낸다.

❶-1 他们总在表扬你。 그들은 항상 너를 칭찬한다.

❷-1 我发现自己总在思考这个问题，"怎么会有人做出这样的事情呢？"
나는 내가 '어떤 사람이 이런 일을 할 수 있을까?'라고 항상 생각하고 있는 것을 발견했다.

❸-1 你总在干涉你完全不懂的事情。 너는 항상 네가 전혀 모르는 일에 간섭해.

❹-1 所有语言的语音总在逐渐地不停地变化。 모든 언어의 음은 늘 차츰차츰 끊임없이 변화하고 있다.

◎ **干涉** gānshè 간섭하다 | **语音** yǔyīn 말소리, 언어의 음성 | **逐渐** zhújiàn 점차

✓ 연습 문제 4

1. 중국어로 번역해 보세요.

① 나는 늘 결정하곤 해. 예를 들면 금연 같은 것.

→ _____

② 그는 항상 문제를 생각하고, 항상 사물의 이치를 찾고 있다.

→ _____

③ 우리는 항상 말다툼하고 있는 것 같은데, 늘 이러면 안 돼.

→ _____

◎ **寻找** xúnzhǎo 찾다 | **争吵** zhēngchǎo 말다툼하다

---

5 '주어 + (正/一直/总)在 + 동사 (+ 목적어) + 呢'

종종 '**在**'와 '**呢**'를 같이 사용할 수 있고, 이 구문 또한 진행 중인 일을 나타낸다.

❶ 妈妈，我在做作业呢，不能帮你做饭。
  엄마, 제가 지금 숙제하는 중이라 식사 준비를 도와드릴 수가 없어요.

❷ 他正在看书呢，你别打扰他。 그는 지금 책 보는 중이니까 너 방해하지 마.

❸ 我们一直在讨论问题呢，咱们改天再聊，好吧?
  우리는 계속 문제를 토론하는 중이니 우리 나중에 다시 얘기하자. 괜찮지?

❹ 你不要以为他在偷懒，其实，他总在寻找赚钱的机会呢。
  너 그가 게으름 피우고 있다고 생각하지 마. 사실 그는 항상 돈 벌 기회를 찾고 있어.

◎ **偷懒** tōulǎn 게으름을 피우다, 꾀를 부리다

위 예문에는 모두 '**呢**'가 쓰였기 때문에 일종의 특별한 뜻을 갖게 된다. 즉, 화자가 청자에게 어떤 사실을 주의하라고 명백하게 경고하고 있다. 만약 언어 환경이 명확하다면, '**呢**'를 단독으로 사용하여 진행 중인 일을 나타낼 수 있다.

Ⓐ 嘿，你干什么呢? 야, 너 뭐하고 있어?

Ⓑ 我看《红楼梦》呢。 나《홍루몽》보고 있어.

'주어 + (正/一直/总)在 + 동사 (+ 목적어) + **呢**'와 '주어 + 동사 (+ 목적어) + **呢**' 구문은 모두 구어체로만 사용이 가능하다.

1. 중국어로 번역해 보세요.

① 너 방금 무슨 생각한 거야? 너 집중하지 않았구나.

→ _____

② 그는 여가 시간에 항상 피아노를 연습해. 너 설마 몰랐어?

→ _____

③ 밥 먹고 가. 어차피 지금 밖에 비 오잖아.

→ _____

④ 어쩐지 지난주부터 내 다리가 계속 아프더라.

→ _____

⑤ 그는 계속 한국을 떠나려고 계획 중이어서 집을 팔아 버린 거야. 이제 알겠지?

→ _____

❂ **开小差** kāi xiǎochāi 생각이 집중되지 않다

1. 보기 중 알맞은 단어를 골라 빈칸을 채워 보세요.

> 正　　在　　一直在　　总在　　呢

① 我_____要去找你，你就来了。

② 我去的时候，他_____在看电视。

③ 这几天我_____想这个问题。

④ 四年前他就开始写小说了，现在还_____写，还没写完。

⑤ 十几年来，我_____研究中文语法。

⑥ 每次去他家，他_____看电视。

⑦ 他正在看书_____，你别打扰他。

⑧ 妈妈，我在做作业_____，不能帮你做饭。

2. 문장이 올바른지 판단하고 잘못된 부분을 고쳐 보세요.

① 一班的学生正唱歌，二班的学生正跳舞。　〇 ✕ _____

② 已经半夜了，他还正看书，真用功。　〇 ✕ _____

③ 我们在担心你找不到这里，你就来了。　〇 ✕ _____

④ 他正在房间里看电视。　〇 ✕ _____

⑤ 我去的时候，他正喝。　〇 ✕ _____

⑥ 十几年来，我正研究英语语法。　〇 ✕ _____

제**15**강

'**着**'

1 '在'와 '着'의 의미

 생각해보기

📍 사진 속 아이의 모습을 중국어로 어떻게 말할 수 있을까?

왼쪽 사진은 '有个小朋友在穿衣服。(어떤 어린이가 옷을 입고 있는 중이다.)'라고 말할 수 있고, 오른쪽 사진은 '有个小朋友穿着漂亮的衣服。(어떤 어린이가 예쁜 옷을 입고 있다.)'라고 말할 수 있다.

일반적으로 '在 + 동사'는 동태적인 진행을 나타내고, '동사 + 着'는 정태적인 지속을 나타내는데, 주로 언어 환경을 묘사할 때 사용한다.

❶ 他静静地坐着，一声不响。 그는 조용히 앉아, 아무 소리도 내지 않았다.

❷ 她的眼里含着泪水。 그녀의 눈에 눈물이 고여 있다.

❸ 门太矮了，我们弯着腰才能进去。 문이 너무 낮아서, 우리는 허리를 굽혀야 들어갈 수 있다.

❹ 我多么希望有一个门口。早晨，阳光照在草地上。我们站着，扶着自己的门窗。门很低，但太阳是明亮的。草儿在结它的种子，风在摇它的叶子。我们站着，不说话，就十分美好。

내가 창문이 있기를 얼마나 바랐던가. 아침에 태양이 풀밭을 비추면 우리는 선 채로 창에 몸을 기댄다. 문은 매우 낮지만 태양은 밝다. 풀은 씨앗을 맺고, 바람은 풀잎을 흔들고 있다. 우리는 선 채로 말을 하지 않았지만, 매우 행복했다.

◎ 扶 fú 기대다 | 明亮 míngliàng 밝다

❶ 在 + 동사 + 着

때로는 '在'와 '着'가 함께 쓰일 수 있다. 이때는 '동태진행'과 '상태지속'을 함께 강조한다.

❶ 我总是想，他们一定在看着我，所以后来我很快就离开食堂跑到外面去了。
나는 줄곧 그들이 반드시 나를 보고 있을 것이라고 생각해서, 후에 나는 빠르게 식당을 떠나 밖으로 나갔다.

❷ 她站起来，面向大家，但眼睛却一直在看着我。
그녀는 일어나 대중을 향했지만, 그러나 눈은 줄곧 나를 보고 있었다.

❸ 开车赶到北京，向编辑部传这篇新闻时，我的同事们正在紧张工作着，透过窗户我看到：小米、小郭在紧张地写着，老章和小宁还在商量着……。
차를 몰고 베이징에 도착하여 편집부에 이 뉴스를 전할 때, 나의 회사 동료들은 긴장한 채 일을 하고 있었다. 창문을 통해 내가 본 것은 샤오미와 샤오궈가 긴장한 채로 무언가를 쓰고 있고, 라오장과 샤오닝은 여전히 의논하고 있는 것이었다.

◎ 编辑部 biānjíbù 편집부

문장에서 '在 + 동사 + 着'가 동태진행 표현에 중점을 두고 있으면, '着'는 일반적으로 생략한다.

❹ 当我回到学校，路过布告栏时，看见许多人在观看(着)什么。
내가 학교로 돌아와 게시판을 지나칠 때, 많은 사람들이 무언가를 보고 있는 것을 보았다.

❺ 他和方兰来到母亲的房间里，看见母亲一个人在流(着)泪。
그가 팡란과 어머니의 방에 왔을 때, 어머니가 홀로 눈물을 흘리고 계신 것을 보았다.

◎ 布告栏 bùgàolán 게시판

'在 + 동사 + 着'가 정태묘사(상태지속)를 강조하고 있으면, '在'는 일반적으로 생략한다.

❻ 我们沉默了一会儿，一切都是静静的，那个警察似乎真是呆住了，不停地把手里的东西翻来翻去，却(在)呆望着我。莫名其妙地。

우리는 잠시 침묵했고, 모든 것이 조용했다. 그 경찰은 거의 정말 멍하니 꼼짝 않고 있는 것 같았고, (손은) 손 안의 물건을 끊임없이 뒤적이지만, (눈은) 나를 멍하니 바라보고 있다. 영문을 모른 채.

◎ 沉默 chénmò 침묵하다 | 翻 fān 뒤집다, 뒤적이다 | 呆望 dāiwàng 멍하니 바라보다 |

莫名其妙 mòmíng qímiào 영문을 모르다

» Check point

» '着'는 주로 묘사에 사용된다. 따라서 다른 사람이 무엇을 하고 있는지에 대해 이야기할 때는 '着'를 사용할 수 없다.

❶ Ⓐ 小王在干什么? 샤오왕은 무엇을 하고 있니?

Ⓑ 他在打篮球。 그는 농구하고 있어.

· 他打着篮球。 ❌

» 다음 동사들은 일반적으로 '着'와 함께 사용하지 않는다.

(1) 관계동사	是，姓，属于，等于，好像，适合，值得，作为，当作，……
(2) 심리 또는 생리상태 동사	喜欢，知道，懂，明白，害怕，主张，尊敬，失望，嫌弃，认为，……
(3) 위치 이동 동사	来，去，到达，离开，前往，过去，上来，下去，出发，……
(4) 결과를 포함하거나 결과 의미를 내포하는 동사	a. 순간동사: 死，塌，垮，断，折(shé)，熄，倒，胜利，失败，停止，…… b. 결과동사: 认识，发现，丢失，毕业，记得，忘记，想起，看见，听见，碰见，遇到，打破，推翻，学会，烧焦，砸烂，切碎，写错，磨好，……

1. 보기 중 알맞은 단어를 골라 빈칸을 채워 보세요.

正　　在　　着

① 我激动得不知道说什么好，只是呆呆地看＿＿＿＿他。

② 我去的时候，他＿＿＿＿睡懒觉呢。

③ 在火车上，我们一边唱＿＿＿＿歌，一边看＿＿＿＿外面的风景。

④ 一班的学生＿＿＿＿唱歌，二班的学生＿＿＿＿跳舞。

⑤ 我喜欢躺＿＿＿＿看书，所以，我的视力很不好。

⑥ 已经半夜了，他还＿＿＿＿看书，真用功。

⑦ 她戴＿＿＿＿一项白色的帽子，很漂亮。

⑧ 我们＿＿＿＿担心你找不到这里，你就来了。

2. 중국어로 번역해 보세요.

① 아이는 줄곧 그 남자 뒤의 벽에 시선을 고정하고 있다.

→ ＿＿＿＿＿＿＿＿＿＿＿＿＿＿＿＿＿＿＿＿＿＿＿＿＿＿＿＿＿＿＿＿

② 그녀는 그를 깊이 사랑하고 있다.

→ ＿＿＿＿＿＿＿＿＿＿＿＿＿＿＿＿＿＿＿＿＿＿＿＿＿＿＿＿＿＿＿＿

③ 우리는 그가 언젠가 집에 다시 돌아오길 기대하고 있다.

→ ＿＿＿＿＿＿＿＿＿＿＿＿＿＿＿＿＿＿＿＿＿＿＿＿＿＿＿＿＿＿＿＿

④ 그 신문사 업무는 나를 날마다 같은 업무를 하게 한다.

→ ＿＿＿＿＿＿＿＿＿＿＿＿＿＿＿＿＿＿＿＿＿＿＿＿＿＿＿＿＿＿＿＿

⑤ 그는 연필 한 자루를 집어 들고는 한가하게 아무 일도 하지 않고 만지작거리고 있다.

→ _____

◎ 盼望 pànwàng 희망하다 | 报社 bàoshè 신문사 | 摆弄 bǎinòng 만지작거리다

② '(正 +) 동사₁ + 着 (+ 목적어) + 동사₂ (+ 목적어)'

'着'의 사용은 자유롭지 못하고, 대부분 여러 제한적인 조건이 부가된다. 이번 절에서는 '着'가 가장 많이 상용되는 문형 몇 가지에 대해 알아보자.

⊕ 생각해보기

■ 아래의 문장에는 두 개의 동작이 모두 포함되어 있는데, 이 두 개의 동작은 어떤 관계일까?

> 동사₁ + 着 (+ 목적어) + 동사₂ (+ 목적어)

❶ 孩子哭着找妈妈。 아이는 울면서 엄마를 찾고 있다.

❷ 他背着书包去了图书馆。 그는 책가방을 매고 도서관에 갔다.

❸ 他扶着老人过马路。 그는 노인을 부축하여 길을 건넌다.

❹ 孩子闹着让妈妈给他买玩具。 아이는 떼를 써서 엄마가 그에게 장난감을 사주게 했다.

이러한 문장들 안에서 동사₂는 주요한 술어동사이며, 동사₁은 단지 상태 또는 방식을 수반할 뿐이다. 예를 들어, 예문 ❶에서 '找妈妈(엄마를 찾는 것)'는 '孩子(아이)'의 가장 주요한 활동이며, '哭(우는 것)'는 아이가 엄마를 '찾을' 때에 아이의 상태인 것이다.

'동사₁ + 着 (+ 목적어) + 동사₂ (+ 목적어)'의 문장 구조 앞에 '正'을 더할 수 있다.

(正 +) 동사₁ + 着 (+ 목적어) + 동사₂ (+ 목적어)

❶ 我看见这个孩子的时候，他正哭着找妈妈。

내가 이 아이를 보았을 때, 그는 울면서 엄마를 찾고 있었다.

❷ 发生车祸的时候，他正扶着老人过马路。

교통사고가 발생했을 때, 그는 노인을 부축해서 길을 건너고 있었다.

❸ 孩子正闹着让妈妈买玩具，妈妈很烦。

아이가 떼를 쓰며 엄마에게 장난감을 사달라고 해서, 엄마는 짜증이 났다.

❹ 我回家的时候，妈妈正唱着歌儿做饭。

내가 집에 갔을 때, 엄마는 노래를 부르며, 밥을 하고 계셨다.

◎ 车祸 chēhuò 교통사고

☑ 연습 문제 2

1. 중국어로 번역해 보세요.

① 그는 말을 마치고 나를 똑바로 쳐다보면서 일어섰다.

→ _____

② 그녀는 카메라를 손에 든 채로 물었다. "우리 어디부터 갈까요?"

→ _____

③ 그는 거기에 앉아 괘종시계의 똑딱똑딱 소리를 듣고 있다.

→ _____

④ "나를 환영하나요?" 그는 문에 기대어 희망을 가득 품고 웃으며 말했다.

→ _____

◎ 老爷钟 lǎoyezhōng 괘종시계 | 嘀嗒 dīdā 똑딱똑딱

3 '(正 +) 急着 + 동사'와 '(正/在 +) 忙着 + 동사'

'着'를 사용한 두 개의 특별한 문형이 있는데, 이 두 문형은 실질적으로 '동사₁ + 着 (+ 목적어) + 동사₂ (+ 목적어)'를 활용한 용법이다.

❶ 我(正)急着赶火车，不能和你多说了，改天聊。
나는 급하게 기차를 타야 해서, 너와 더 이야기할 수 없어. 다음에 이야기하자.

❷ 玛丽来了，她急着要见你。你快去吧。
마리가 왔는데, 그녀가 급히 너를 보려고 해. 어서 가보렴.

❸ 他(正)忙着准备考试，没有时间陪我玩儿。
그는 바쁘게 시험 준비를 하느라, 나와 함께 놀 시간이 없다.

❹ 这两个星期来，我一直(在)忙着找工作，忘了给妈妈打电话。
이번 2주 동안 나는 줄곧 일을 찾느라 바빠서, 엄마에게 전화하는 것을 잊었다.

✓ 연습 문제 3

1. 중국어로 번역해 보세요.

(1) ① 종업원이 급하게 우리에게 음식을 주문하게 하는 것 같았다.

→ _____

② 급히 가지 마. 나는 아직 다하지 못했어.

→ _____

③ 아이들 모두 급히 그들에게 준 선물을 보았다.

→ _____

④ 나는 급히 돌아가지 않을 거야.

→ _____

⑤ 내가 아직 아이를 좀 보기도 전에, 그녀는 급히 아이를 의사에게로 데리고 갔다.

→ _____

(2) ① 그녀는 서둘러 손님에게 음식을 바쳐 내왔다.

→ _____

② 노부인은 서둘러 아이들에게 옷을 만들어 주었다.

→ _____

③ 나는 너와 같이 갈 수 없어. 나는 보고를 듣느라 바빠.

→ _____

④ 그는 방 안을 왔다 갔다 하면서 바쁘게 자신의 물건을 한 곳에 모아 놓았다.

→ _____

⑤ 그는 장사하느라 늘 바쁘다.

→ _____

4 '(正)在 + 장소 + 동사₁ + 着 (+ 목적어) + 동사₂ (+ 목적어)'와 '(正 +) 동사₁ + 在 + 장소 + 동사₂ (+ 목적어)'

활동하는 장소와 활동 시 상태를 문장에 함께 나타내야 할 때는 아래 두 가지 문형을 활용할 수 있다.

❶ (正)在 + 장소 + 동사₁ + 着 (+ 목적어) + 동사₂ (+ 목적어)

❶ 爷爷<u>在地板上坐着看</u>电视。 할아버지가 바닥에 앉아 텔레비전을 보고 계신다.

❷ 我回家的时候，爷爷<u>正在地板上坐着看</u>电视。
내가 집에 돌아갔을 때, 할아버지는 마침 바닥에 앉아 텔레비전을 보고 계셨다.

---

❷ (正 +) 동사₁ + 在 + 장소 + 동사₂ (+ 목적어)

---

❶ 爷爷<u>坐在地板上看</u>电视。 할아버지는 바닥에 앉아 텔레비전을 보신다.

❷ 我回家的时候，爷爷<u>正坐在地板上看</u>电视。
내가 집에 돌아갔을 때, 할아버지는 마침 바닥에 앉아 텔레비전을 보고 계셨다.

☑ 연습 문제 4

1. 중국어로 번역해 보세요.

① 우리는 거실 소파에 앉아 TV를 보고 있어요.

→ _____

② 몇 사람이 문 앞에 서서 이야기하고 있다.

→ _____

③ 아빠는 소파에 기댄 채 사과를 드시고 계신다.

→ _____

④ 백사장에서 나른하게 누워 잠잘 수 있어서 나는 몹시 기뻐요.

→ _____

◎ 沙滩 shātān 백사장 | 懒洋洋 lǎnyángyáng 나른하다

5 '장소 + 동사 + 着 + 목적어'

⊕ 생각해보기

■ 두 그룹의 문장의 의미는 무엇이 다를까?

그룹1	그룹2
❶ 墙上贴着一张画。	❶ 墙上有一张画。
❷ 桌子上写着一些字。	❷ 桌子上有一些字。
❸ 他的脸上带着愉快的微笑。	❸ 他的脸上有愉快的微笑。
❹ 他身上穿着一件红色的上衣。	❹ 他身上有一件红色的上衣。

그룹1과 그룹2의 예문을 보면, 공통적으로 '어떤 장소에 어떤 물건이 있는지'를 알 수 있다. 그러나 그룹1에서는 '이 물건이 어떤 상태인지'까지도 알 수 있다. 예문 ❶을 보면, '벽에 그림 한 장'이 있다는 정보는 그룹1과 그룹2에서 모두 알 수 있다. 하지만 그룹1에서는 '그림'이 '걸려있거나', '그려져 있는 것'이 아닌 '벽에 붙어 있다는 것'을 구체적으로 알 수 있다.

예문 ❹ '他身上穿着一件红色的上衣。(그는 빨간색 상의를 입고 있다.)'에서는 당연히 '옷이 몸 위에 있는 것'을 알고 있기 때문에 '몸에(身上)'라는 말은 생략해도 된다. 즉, 他穿着一件红色的上衣。(그는 빨간색 상의를 입고 있다.)라고 하면 된다.

❶ 他(脸上)戴着一副眼镜。 그는 (얼굴에) 안경을 쓰고 있다.

❷ 他(手上)戴着一只手表。 그는 (손에) 시계를 차고 있다.

❸ 他(头上)戴着一顶白帽子。 그는 (머리에) 하얀 모자를 쓰고 있다.

이러한 문형 안에서 사용할 수 있는 동사는 많지 않은데, 주로 아래와 같은 동사들이 있다.

• 站, 坐, 躺, 睡, 蹲, 跪, 挂, 放, 装, 摆, 插, 写, 画, 贴, 栽, 种, 养, 盛(chéng), 抱, 带, 端, 拿, 刻, 穿, 戴, 涂, 披, 系(jì), ……

◎ 蹲 dūn 웅크려 앉다 | 盛 chéng 담다 | 刻 kè 새기다 | 涂 tú 바르다 | 披 pī 걸치다

✓ 연습 문제 5

1. 중국어로 번역해 보세요.

① 그들은 명함 한 장도 남겼는데, 위쪽에 Bob이라는 이름이 인쇄되어 있었다.

→ _____

② 그녀는 수줍어하는 예쁜 여자아이인데, 커다랗고 푸른 두 눈을 가지고 있다.

→ _____

③ 거실 곳곳에 장난감, 책, 간식 등이 던져져 있다.

→ _____

④ 내가 그의 그 점퍼를 찾아냈는데, 바로 현관에 걸려 있었다.

→ _____

⑤ 이 간호사는 머리에 하얀색 모자를 쓰고 있었다.

→ _____

◎ **夹克衫** jiākèshān 점퍼

'동사₁ + 着 + 동사₁ + 着 + 동사₂'

⊕ 생각해보기

■ 아래의 문장에서 밑줄 친 부분은 두 가지 동작을 포함하고 있는데, 이 두 동작들 사이에는 어떤 관계가 있을까?

❶ 这孩子想到再也见不到妈妈，他呜呜地哭了。哭着哭着他睡着了。
　이 아이는 다시는 엄마를 볼 수 없을 것이라 생각하자 그는 엉엉하고 울었다. 울다 울다 그는 잠이 들었다.

❷ 他拿起一本书打发时间，读着读着，他觉得非常有意思。于是开始动手把它翻译成英文。

그는 시간을 때우려고 책 한 권을 들었지만, 읽고 읽으면서 매우 재미있다고 생각했다. 그래서 그 책을 영어로 번역하기 시작했다.

❸ 我跟妈妈包饺子，包着包着，就走神了。

나와 엄마는 만두를 빚었는데, 만두를 빚고 빚다가 기운이 빠졌다.

❹ 就这样，走着走着，前面出现了一块水塘。水塘上面有非常多的蝴蝶在飞舞。

이렇게 걷고 걸으니 앞에 연못 하나가 나타났는데, 연못 위에는 많은 나비들이 춤을 추고 있었다.

◎ 呜呜 wūwū 엉엉, 흑흑 | 走神(儿) zǒushén(r) 주의력이 분산되다, 기운이 쇠퇴하다 | 水塘 shuǐtáng 연못

이 구문에서 뒤에 나오는 동사는 주요한 활동을 나타내며, 문장의 의미는 '동사₁ 동작이 진행되는 과정에서 동사₂ 동작이 발생한다'이다.

❶ 走着走着，就散了，回忆都淡了。　걷고 걷다가 흩어졌고, 기억도 흐려졌다.
　看着看着，就累了，星光也暗了。　보고 보다 피곤해졌고, 별빛도 어두워졌다.
　听着听着，就醒了，开始埋怨了。　듣다 듣다 깨어, 원망하기 시작했다.
　回头发现，你不见了，突然我乱。　고개를 돌리니 네가 보이지 않았고, 갑자기 나는 혼란스러워졌다.
　(徐志摩)

◎ 星光 xīngguāng 별빛 | 暗 àn 어둡다, 어두워지다 | 埋怨 mányuàn 원망하다 | 乱 luàn 혼란스럽다

»》 Check point

»》 동사₂는 종종 새로운 상황, 새로운 상태의 출현을 표현하는데, 이러한 새로운 상황 또는 새로운 상태는 주로 예상 밖의 것이다. 따라서 많은 경우 동사₂ 앞에 '突然', '忽然', '竟然', '不知不觉', '不由得', '忍不住', '不由自主' 등을 함께 쓸 수 있다.

☑ 연습 문제 6

1. 아래 문장을 자유롭게 완성해 보세요.

① 他得了一种病，不但坐着坐着就睡着了，而且＿＿＿＿＿＿＿＿＿＿＿＿＿也能睡着。

② 这个小城虽然很老，却也有很多时尚的东西，如果你在古老的小巷中散步，
_____。

③ 老太太又戴上老花镜，仔细地看丈夫的照片，_____。

④ 当晚我在宿舍看电视，心里却想着白天的事，_____。

◎ **巷** xiàng 골목 | **花镜** huājìng 돋보기 안경

2. 중국어로 번역해 보세요.

① 아이가 울고 울다 잠들었다.

→ _____

② 그 아이는 달리고 달리다 어떤 것에 발이 걸려 넘어졌다.

→ _____

③ 이름을 모르는 어떤 사람이 우리 집 근처를 걷고 또 걷다가 넘어졌다.

→ _____

◎ **绊** bàn (발에) 걸리다

7 '동사 + 着'

⊕ 생각해보기

■ 아래의 영어 문장들을 중국어로 어떻게 표현할까?

❶ "Wait there!" she rose. "No, on second thought, follow me."

❷ Listen here, young lady. Don't you call me that!

❸ Stop shouting and listen!

위의 문장들은 중국어로 다음과 같이 표현할 수 있다.

❶-1 "在那儿等着！"她站起来，说："不，我改主意了。跟我来。"

❷-1 你给我听着，小姐。别那样叫我！

❸-1 别嚷了，听着！

◎ 嚷 rǎng 큰 소리로 부르다, 고함치다

'동사 + 着'는 명령문에서 사용할 수 있으며, '청자가 어떤 상태를 유지할 것을 요구함'을 나타낸다.

☑ 연습 문제 7

1. 중국어로 번역해 보세요.

① 실컷 울어. 참지 마.

→ _____

② 네가 그걸 가져. 그것으로 너의 첫 주 임금의 일부로 하자.

→ _____

③ 잘 들어. 만약 너와 그가 이야기하거나 또는 다른 것이라도 반드시 우리가 알도록 해 줘. 알았지?

→ _____

④ 대통령은 비행기를 차로 20분 거리의 장소에서 기다리고 있도록 했다.

→ _____

⑤ 네가 가지고 있는 것이 좋겠어. 우리는 다른 물건을 더 사려고 해.

→ _____

8 '着'와 '呢'

'着' 또한 '呢'와 함께 쓸 수 있다. 이는 '명확히 청자에게 어떤 사실에 대해 주의를 환기시키는' 의미를 지닌다.

❶ 外面下着雨呢，你别走了。 밖에는 비가 내리고 있으니, 나가지 마렴.

❷ 快走吧，老师等着我们呢。 어서 가자. 선생님께서 우리를 기다리고 계시잖아.

❸ 这些规定都在后面印着呢，你应该知道。
이러한 규정들은 모두 뒷면에 인쇄되어 있잖아요. 당신은 알고 있을 거예요.

❹ 东西在我手里握着呢。—— 让他们来吧！ 물건이 내 손 안에 있잖아. 그들을 오라고 해!

◎ 规定 guīdìng 규정

» **Check point**

» '형용사 + 着呢'의 의미는 '매우 (형용사)하다'는 것이다. 화자는 '청자에게 어떤 사실에 대해 주의할 것을 명확히 환기시키는' 상황에서 이 구문을 사용할 수 있는데, '내가 너에게 알려주겠는데……, 매우 (형용사)하다'라는 의미이다.

❶ 烦着呢，烦着呢，别理我。 귀찮아, 귀찮아. 날 좀 내버려둬.

❷ 人家心里难受着呢，你还说笑话，你应该安慰我！
내 마음이 몹시 아픈데 너는 농담을 하다니. 나를 위로해야지!

❸ 我睁开眼，说"困着呢。" 나는 눈을 뜨고 "몹시 졸려."라고 했다.

❹ "我当然是"，他白了我一眼，说："我兴趣广泛着呢！"
"나는 당연하지" 그는 나를 흘겨보며 "내 취미는 광범위하잖아!"라고 말했다.

◎ 广泛 guǎngfàn 넓다

✓ 연습 문제 8

1. 질문 속 상황을 상상해 보며, 지유롭게 대답해 보세요.

① 你的同屋怎么样？听说你不喜欢他。

→ _____

② 他们两个人吵架了吗?

→ _____

③ 在中国学习很轻松吧?

→ _____

2. 중국어로 번역해 보세요.

① 네 청바지는 아직 세탁하고 있어.

→ _____

② 앞으로 빨리 이동해 주세요. 뒤에도 기다리고 있는 사람이 있어요.

→ _____

③ 계속 말씀하세요. 저희는 여전히 듣고 있어요.

→ _____

④ 8월까지는 아직 이릅니다.

→ _____

⑤ 저야말로 비가 내리든 말든 상관없어요. 저는 몹시 기쁩니다.

→ _____

⑥ 주방에 커피가 아직 매우 많아요.

→ _____

⑦ 비켜, 애들아. 내가 몹시 바쁘단다.

→ _____

⑧ 차는 정오는 돼야 출발하기 때문에 리메이팅(**李梅亭**)은 지금 침대에서 게으름 피우고 있다.

→ _____

1. 주어진 문형을 참고하여 문장을 고쳐 보세요.

① 我们一边喝咖啡，一边聊天。 [동사₁ + 着 (+ 목적어) + 동사₂ (+ 목적어)]

→ _____

② 你知道吗？ 我现在非常开心。 [형용사 + 着呢]

→ _____

③ 外面下雪，你别走了。 [着 + 呢]

→ _____

④ 他现在在睡觉，别打扰他。 [呢]

→ _____

⑤ 墙上有一张画儿。 [장소 + 동사 + 着 + 목적어]

→ _____

⑥ 他看电视的时候哭了。 [동사₁ + 着 + 동사₁ + 着 + 동사₂]

→ _____

2. 보기 중 알맞은 단어를 골라 빈칸을 채워 보세요.

①

在　　正　　着

我认识王眉的时候，她十三岁，我二十岁。那时，我_____海军服役；她来姥姥家过暑假。那年夏天，我们载_____海军指挥学校的学员进行了一次远航。到达北方的一个港口我用望远镜看岸边那些愉快的男男女女，看见一个穿_____红色裙子的女孩。她笑

_____ 跳 _____ 叫 _____ 向我们招手。这个女孩子给我留下的印象非常深刻，第二天她出现在码头，我一眼就认出了她。

我当时 _____ 背 _____ 枪站岗。她一边沿 _____ 码头走来，一边看飞翔的海鸥。然后，她看见了我。

"叔叔，昨天我看见过这条军舰。"女孩歪 _____ 头骄傲地说。

"我知道。"我笑 _____ 看 _____ 她。

那个夏天真是非常美好。女孩天天来码头上玩儿。

◎ **服役** fúyì 복무하다 | **载** zài 싣다 | **港口** gǎngkǒu 항구 | **码头** mǎtóu 부두 | **站岗** zhàngǎng 보초를 서다 |

翔 xiáng 빙빙 돌며 날다 | **海鸥** hǎi'ōu 갈매기 | **军舰** jūnjiàn 군함

② 在 着 是

_____ 火车站的候车室里，右边 _____ 一扇通往站台的玻璃大门，左边 _____ 一扇通往站长办公室的小门。候车室的椅子上坐 _____ 一些旅客，一张桌子的周围也坐 _____ 一些旅客。他们有的正 _____ 等从上海开来的快车。旅客中有戴 _____ 头巾打盹儿的人，也有穿 _____ 大衣的小商贩，另外，还有一些从大城市来的人。

◎ **打盹儿** dǎ dǔnr 졸다 | **商贩** shāngfàn 행상인

3. 문장이 올바른지 판단하고 잘못된 부분을 고쳐 보세요.

① 沿着窗户对面的墙还放在一张床。　　　　　　　　◯ ✕

_____

② 我爬着爬着很长时间，才到山顶的时候，我高兴极了。　◯ ✕

_____

③ 一天我在一家饭馆坐看外面的风景。 〇 ✕

___

④ 椅子也一起放在。 〇 ✕

___

⑤ 房间地上铺一个地毯，窗户关着。 〇 ✕

___

⑥ 两个女孩儿在秋千坐聊着天儿。 〇 ✕

___

⑦ 有的人在坐着沙发上聊天。 〇 ✕

___

⑧ 你正在说得太快了，我听不懂。 〇 ✕

___

⑨ 我一直在房间等着等着朋友来接我。 〇 ✕

___

⑩ 你打着电话开车！太危险了。你急着停车吧。 〇 ✕

___

⑪ 小孩子们在操场上在踢着足球。 〇 ✕

___

◎ **地毯** dìtǎn 카펫

제 **16** 강

'了'

'了'를 학습할 때는 문장에서의 '了'의 위치를 주의해야 한다. 아래 예문을 살펴보자.

❶ 我也看了一部电影。 나도 영화 한 편을 봤다.

❷ 见面后，我们就聊了起来。 만나고 나서 우리는 이야기하기 시작했다.

❸ 我们去看电影了。 우리는 영화를 보러 갔다.

❹ 孩子见到妈妈就哭了。 아이는 엄마를 보고는 울었다.

예문 ❶의 '了'는 동사 뒤, 목적어 앞에 위치하고, 예문 ❷의 '了'는 동사 뒤, 방향보어 앞에 위치한다. 이 두 개의 '了'는 모두 문장 중간에 위치하고 있으며, '了₁'이라고 한다. 예문 ❸, ❹의 '了'는 문장 끝에 위치하고 있으며 '了₂'라고 한다.

'了₁'과 '了₂'는 의미와 용법이 다르기 때문에 특히 담화(discourse)에서 언제 '了₁'을 쓰고 언제 '了₂'를 쓰는지 주의해야 한다.

1 '了₁'과 '了₂'의 의미

 생각해보기

▶ 아래 네 문장의 의미는 어떻게 다를까?

❶ 他的朋友来了，等了很久，还不见牛顿出来，于是就自己先吃了饭，还把吃剩的东西放在牛顿的盘子里，然后悄悄走了。
그의 친구는 와서 오래 기다렸는데, 뉴턴이 나오지 않자 혼자 먼저 밥을 먹고, 남은 음식을 뉴턴의 접시에 놓고는 조용히 가버렸다.

❷ 他们给了我很多种不同的食物：鸡翅、三明治、饼干、炸薯条等等。这些都很好，但是我喜欢吃的东西不多，因此我吃了很多鸡翅。

그들은 나에게 닭날개, 샌드위치, 과자, 감자튀김 등 다양한 음식을 주었다. 음식이 다 좋았지만, 내가 좋아하는 음식은 많지 않아서, 나는 닭날개를 많이 먹었다.

❸ 到了中午，他们去吃饭了，我们也去吃午饭，当然不会跟他们一起。

정오가 되어 그들은 밥을 먹으러 갔고, 우리도 점심을 먹으러 가는데, 당연히 그들과 함께 하지는 않을 것이다.

❹ 我向爸爸妈妈打了个招呼，爸爸抬头看我一眼，什么也没说，仍然低头吃饭。妈妈看我一眼，笑了笑，说："你快来吃饭吧。"也低下头吃饭了。

나는 아빠, 엄마에게 인사를 드렸는데, 아빠는 고개를 들고 나를 한 번 쳐다보시더니 아무 말씀도 하지 않으시고는 여전히 고개를 숙이고 식사를 하셨다. 엄마는 나를 한 번 쳐다보고 웃으시면서 "빨리 와서 밥 먹으렴."이라고 하시고는 역시 고개를 숙이고 식사를 하셨다.

◎ 炸薯条 zhàshǔtiáo 감자튀김

예문 ❶, ❷에 '吃了饭'과 '吃了很多鸡翅'가 있는데, 화자는 모두 '了₁'을 사용했다. 예문 ❸, ❹에는 '吃饭了'가 있는데 이때 화자가 사용한 것은 모두 '了₂'이다. '吃饭了', '吃了饭', '吃了很多鸡翅'는 모두 과거에 이미 발생한 일이지만, 그 의미는 조금씩 차이가 있다.

예문 ❶, ❷에서 '了₁'의 의미는 '吃饭'과 '吃很多鸡翅' 이 두 동작이 이미 완료되었음을 나타낸다. 그러나 예문 ❸, ❹에서는 '了₂'를 사용하여 '吃饭'이라는 새로운 상황을 알리고 있으며, 강조하는 것은 '吃饭'이라는 사건과 기타 사건 사이의 진전 관계이며, 이 사건의 완료 여부를 강조하는 것이 아니다.

그러므로 '了'를 문장 중간에 놓을 것인지 문장 끝에 놓을 것인지를 결정할 때는 전후 문맥상 동작이 이미 완료되었음을 강조하려는 것인지 아니면 사건이 새로 발생된 상황임을 강조하는 것인지를 고려해야 한다. 만일, 동작이 이미 완료되었음을 강조하려면, '了'를 문장 중간에 놓아야 한다. 즉, '了₁'을 사용한다. 새로운 상황 또는 사건의 진전 관계를 알리고자 한다면, '了'를 문장 끝에 놓는다. 즉, '了₂'를 사용한다.

Check point

» 때로는 동작의 완료도 강조해야 하고, 새로운 상황도 강조해야 하는 경우가 있는데, 이때는 '了₁'과 '了₂'를 모두 사용하면 된다.

❶ 我学了三年中文了。 나는 중국어를 3년 째 배우고 있다.

❷ 其实，我们活得也很累，在饭店工作，每天中午却只吃一份3.50元的盒饭，我吃了两年多了。

사실 우리가 살아가는 것 역시 매우 힘들다. 식당에서 일하는데, 매일 점심은 3.5위안하는 도시락만 2년 여째 먹고 있다.

❸ 等了这么多年，终于有了一个自己的家了，当然要好好装修一下。

이렇게 여러 해를 기다려서야 내 집이 생겼는데, 당연히 제대로 인테리어할 거야.

❹ 小李喜欢邻居家的一个女孩子。这个女孩子在小李的眼里很漂亮，他就喜欢上了她了。

샤오리는 이웃집의 한 여자아이를 좋아한다. 샤오리의 눈에는 이 여자아이가 예뻐서 그녀를 좋아하게 되었다.

✔ **연습 문제 1**

1. 빈칸에 알맞은 '了'를 사용해 보세요.

孩子　妈妈，今天我要吃六个香蕉。

妈妈　好。吃吧。(过了一会儿) 你吃____几个香蕉____?

孩子　吃____两个____。

(再过一会儿，孩子说吃完了)

妈妈　你吃____几个____?

孩子　吃____四个____。

» **Check point**

» '了'를 학습할 때 반드시 주의해야 할 것은 '了'는 과거시제 표지가 아니라는 것이다. 왜냐하면, '了'는 과거에 이미 발생한 일에도 사용되지만, 미래의 일과 평소의 일에도 쓸 수 있기 때문이다. 다음 예문을 살펴보자.

❶ 我吃了饭就去图书馆了。나는 밥을 먹고 바로 도서관에 갔다. [과거의 일]

❷ 你先走吧，我吃了饭再去。너 먼저 가. 나는 밥을 먹고 갈 거야. [미래의 일]

❸ 你再不走，我就走了。 당신 계속 안 가면, 내가 갈 거예요. [미래의 일]

❹ 他常常吃了饭去散步。 그는 늘 밥을 먹고 나서 산책하러 간다. [평상시의 일]

» 과거의 일이라도 동작이 이미 완료되었음을 강조할 필요가 없거나, 어떤 사건이 새로운 상황임을 강조할 필요가 없을 때, 그리고 사건과 사건 사이의 진전 관계를 강조할 필요가 없는 경우에는 '了'를 쓸 수 없다.

❶ 星期天的上午，我骑着自行车去外婆家，天气很热，……
일요일 오전, 나는 자전거를 타고 외갓집에 가는데, 날씨가 더웠다. ……

❷ 今天下午，我骑自行车从奶奶家回来，路上经过一个果园。我看到一棵树下面放着几个筐，我觉得有点儿好奇，就走过去看，……
오늘 오후, 나는 자전거를 타고 할머니 댁에서 돌아오는 길에 한 과수원을 지나게 되었다. 어떤 나무 아래 광주리 몇 개가 놓여져 있는 것을 보았고, 나는 호기심이 생겨서 그쪽으로 가서 보았다. ……

◎ **外婆家** wàipójiā 외갓집 | **果园** guǒyuán 과수원 | **筐** kuāng 광주리

이 두 예문에서 '我去外婆家'와 '我从奶奶家回来'는 모두 과거에 발생된 일이지만, 이야기의 도입 부분이다. 주요한 역할은 사건 발생의 시간, 장소, 인물 등에 대한 정보를 설명해주는 것이다. 그러므로 동작의 완료를 특별히 강조할 필요가 없기 때문에, '了₁'을 쓸 수 없다. 또한, 이 두 사건이 기타 사건 후 발생한 새로운 상황임을 강조하고 있는 것도 아니기 때문에 '了₂'를 사용할 필요가 없다.

2 '了₂'의 의미와 용법

❶ 특정구문에서 사용되는 '了₂'

'了₂'는 몇 가지 형식으로 사용되는데, 이 경우에는 반드시 '了₂'를 사용해야 한다. 또한, 전체 구조의 의미를 반드시 기억해야 한다.

(1) 要是……就好了

❶ 要是我每天都能见到她就好了。 내가 매일 그녀를 볼 수 있다면 좋겠다.

❷ 要是我们也有这么好的乒乓球运动员就好了。
우리에게도 이렇게 훌륭한 탁구 선수가 있다면 좋겠다.

(2) **真是 + 형용사 + 得 + 不能再 + 형용사 + 了** [= **非常** + 형용사]

❶ 你这样想，真是傻得不能再傻了。
당신이 이렇게 생각하다니, 정말 더 이상 바보 같을 수는 없을 거예요.

❷ 苏州太漂亮了，真是美得不能再美了。
쑤저우는 너무 아름다워요. 정말 더 이상 아름다울 수는 없을 거예요.

(3) **형용사 + 极了 / 형용사 + 透了 / 형용사 + 死了**

太 + 형용사 + 了 / 可 + 형용사 + 了 / A + 比 + B + 형용사 + 多了

❶ 那里的风景可漂亮了。 그곳의 풍경은 너무 아름다워요.

❷ 今天比昨天暖和多了。 오늘은 어제보다 훨씬 따뜻해요.

(4) **要/该 + 동사 (+ 목적어) + 了**

❶ 我要结婚了，你以后别来找我。 저는 곧 결혼해요. 앞으로 저를 찾아오지 마세요.

❷ 九点了，我该回去了。 9시가 되었어요. 저 돌아가 봐야 해요.

(5) **시량사 + 没/不 + 동사 (+ 목적어) + 了**
[일정 기간 안에 못 했거나 하지 않은 일, 과거와는 다른 새로운 상황]

❶ 他三个月不抽烟了。 그는 3개월간 담배를 피우지 않았다.

❷ 我有大半年没吃西餐了。 나는 반 년 남짓 서양 음식을 먹지 않았다.

✓ 연습 문제 2

1. 제시된 구문을 활용하여 질문에 자유롭게 답해 보세요.

① 你有什么梦想? [**要是……就好了**]

→ _____

② 你觉得北京留学生活怎么样?
[**真是 + 형용사 + 得 + 不能再 + 형용사 + 了 / 형용사 + 极了, 透了, 死了 / 太 + 형용사 + 了 /
可 + 형용사 + 了 / A + 比 + B + 형용사 + 多了**]

→ _____

③ 早上七点的时候，你会说什么？[(要/该 +) 동사 (+ 목적어) + 了]

→ _____

④ 今天你看电影，怎么看得这么高兴啊？[시량사 + 没/不 + 동사 (+ 목적어) + 了]

→ _____

❷ 변화를 표현하는 문장에 사용되는 '了₂'

아래 예문은 '了₂'를 사용하여 일종의 변화를 나타낸다. 표현하는 의미는 어떤 상태에서 또 다른 상태로의 진입이며, 게다가 이러한 변화의 의미는 어떠한 문맥의 제시도 필요하지 않다.

(1) 형용사 + 了

❶ 花红了，草绿了，春天来了。[不红 → 红, 不绿 → 绿]
꽃은 빨개지고, 풀은 파래지고, 봄이 왔다.

❷ 没关系，你累了的话，我们可以休息一下。[不累 → 累]
괜찮아. 네가 힘들면 우리는 잠시 쉬어도 돼.

(2) 동사 + 형용사 + 了

❶ 我在北京玩腻了，所以，今年暑假我要去上海。[不腻 → 腻]
나는 베이징에서 질리게 놀아서 올 여름방학에는 상하이에 갈 거야.

❷ 谢谢，这些菜很好吃，我吃饱了。[不饱 → 饱]
고맙습니다. 이 음식들이 맛있어서 제가 배불리 먹었어요.

❸ 我现在不去，我要等头发长长了再去。[不长 → 长]
나는 지금 안 가고 머리카락이 더 긴 다음에 가야 한다.

(3) 不 + 동사 (+ 목적어) + 了

❶ 明天要考试，我不去酒吧了，我要准备考试。[去 → 不去]
내일 시험 봐야 해서 술집에 안 가. 나는 시험 준비를 해야 해.

❷ 这种电影太无聊了，我以后再也不看了。[看 → 不看]
이런 영화는 너무 재미없어. 앞으로 다시 안 볼 거야.

(4) 조동사 (+ 동사) + 了

❶ 今天可以舒舒服服地睡了。[不可以舒舒服服地睡 → 可以舒舒服服地睡]
오늘은 아주 편하게 잘 수 있겠다.

❷ 医生说我的身体很不好，所以，我不能继续抽烟了。[能抽烟 → 不能抽烟]
의사 선생님이 내 건강이 매우 좋지 않다고 해서, 계속 흡연할 수는 없게 되었다.

❸ 他生气不肯走了，我只好下车等他。[肯走 → 不肯走]
그는 화가 나서 가기를 원하지 않았다. 나는 할 수 없이 차에서 내려 그를 기다렸다.

❹ 昨天不可以进去，今天可以了。[不可以 → 可以]
어제는 들어갈 수 없었는데, 오늘은 가능하게 되었다.

(5) 동사 + 가능보어 + 了

❶ 今天我的朋友突然来了，我去不了你的生日聚会了，对不起。[去得了 → 去不了]
오늘 내 친구가 갑자기 와서, 네 생일 파티에 갈 수 없게 되었어. 미안해.

❷ 看了整整两个小时，结果，我头疼得厉害，什么都看不懂了。[看得懂 → 看不懂]
꼬박 두 시간을 봤더니 두통이 심해. 어떤 것도 이해할 수가 없어.

❸ 你只要努力学习，一个月以后就能听得懂了。[听不懂 → 听得懂]
열심히 공부한다면 한 달 후에 알아들을 수 있을 거야.

(6) 没(有) + 목적어 + 了 / 목적어 + 没(有) + 了 / 没(有) + 목적어 + 동사구 + 了

❶ 没水了，我去买吧。[有水 → 没水]
물이 다 떨어졌네. 내가 사러 갈게.

❷ 结婚以后，要借钱给朋友的自由都没有了。[有自由 → 没自由]
결혼 후에 친구에게 돈을 빌려주는 자유조차 없어졌다.

❸ 对不起，我没有时间跟你聊天了，再见。[有时间 → 没时间]
미안하지만, 당신과 얘기할 시간이 없어요. 다음에 봅시다.

(7) 别 + 동사 + 了 [화자는 청자가 어떤 동작이나 결정을 포기하기를 희망함]

❶ 别走了，今天就住这儿吧。[要走 → 不要走]
가지 말고 오늘은 여기에서 자고 가요.

❷ 别哭了，别哭了，我给你买。[在哭 → 停止哭]
울지 마, 울지 마. 내가 사줄게.

(8) 명사(구) + 了

❶ 第二天早晨他起来的时候，太阳很好，表上九点多了。
둘째 날 아침 그가 일어났을 때 햇볕이 좋았고 시계상으로 9시가 좀 넘었다.

❷ 你这人，三十多岁的人了，怎么还不工作！
너도 참, 서른 살이 넘는 사람이 어떻게 아직도 일을 안 하니!

» **Check point**

» '명사(구) + 了'에 쓰일 수 있는 어휘는 주로 세 종류가 있다.

(1) 계절을 나타내는 어휘	春天，夏天，秋天，冬天，……
(2) 시간을 나타내는 어휘	九点，中午，晚上，半夜，星期天，周末，……
(3) 신분을 나타내는 어휘	经理，大学生，做爸爸的人，……

연습 문제 3

1. 문장이 올바른지 판단하고 잘못된 부분을 고쳐 보세요.

① 昨天跟好朋友见面聊天，我觉得很开心了。　　　　　　○ ✕

_____

② 去年的夏天很热了，我们去海边度假了。　　　　　　○ ✕

_____

③ 妈妈给孩子买了一个玩具，孩子终于高兴了。　　　　　○ ✕

_____

❸ 과거에 발생한 일을 나타내는 '了₂'

'了₂'는 앞에서 설명한 용법 외에 단순히 과거 사건을 표현하는 문장에도 사용할 수 있다.

문장 형식	예문
(1) 자동사 + 了	• 他一看见我，笑了。 그는 나를 보자 웃었다. • 第二天，她又来了，而且是一个人。 둘째 날, 그녀가 또 왔는데, 게다가 혼자였다.
(2) 동사 + 결과보어 + 了	• 那个老人摔倒了，我们去帮帮他吧。 저 어르신이 넘어지셨는데, 우리 좀 도와드리러 가자. • 后来，我又睡着了。 후에 나는 또 잠이 들었다.
(3) 목적어 (+ 被) + 주어 + 동사 + 결과보어 + 了	• 妈妈，衣服我洗完了。 엄마, 옷 제가 다 빨았어요. • 票买好了，你放心。 표는 다 샀으니, 걱정 마세요.
(4) 목적어 (+ 被) + 주어 + 동사 +了	• 自然环境被破坏了。 자연 환경이 파괴되었다. • 那个文件你删了吗？ 그 파일 삭제했나요?
(5) 주어 + 把 + 목적어 + 동사 + 了	• 这些东西我不要了，他帮我把它们卖了。 이 물건들을 내가 필요로 하지 않아서, 그가 나 대신 그것들을 팔았다. • 那封信我当时看了，一生气，就把它烧了。 그 편지를 내가 당시에 봤는데, 화가 나서 다 태워 버렸다.
(6) 주어 + 把 + 목적어 + 동사 + 결과보어 + 了	• 我把这件事儿想清楚了。 나는 이 일을 잘 생각했다. • 我把他推倒了。 나는 그를 밀어 넘어지게 했다.
(7) 주어 + 동사 + 목적어 + 了	• 我改主意了，我要继续住在这里。 나는 생각을 바꿨어. 계속 여기에서 살 거야. • 小王不在，他去图书馆了。 샤오왕은 없어. 그는 도서관에 갔어.
(8) 동사 + 방향보어 + 了	• 太阳升起来了！ 태양이 떴다! • 他跳过来了。 그가 뛰어왔다.

264 현대 중국어 어법 강의

(1)~(6)번으로 과거에 발생한 사실을 표현할 때는 '了₂'만 사용할 수 있다. (7)~(8)번으로 과거에 발생한 일을 표현할 때 '了₂'를 사용한다면, 반드시 어떤 새로운 상황을 알리는 것이며 동작의 완료 여부에는 관심이 없다. 문맥상 시간적 요소가 있거나 상반되거나 상대적 혹은 차이 관계를 내포하는 대립적 사건이 있다면, '了₂' 문장이 표현하는 새로운 상황은 명확히 변화의 의미를 내포한다.

❶ 原先，他以为开出租车是他最理想的事，由开车他可以赚钱，可以成家立业。现在他暗暗摇头了。

원래, 그는 택시를 운전하는 것이 그의 가장 이상적인 일이고, 운전으로 돈을 벌 수 있고, 결혼하여 자립할 수 있을 줄 알았지만, 지금 그는 남몰래 고개를 저었다.

'他以为开出租车是他最理想的事'에서 시간적 요소를 내포하고 있는 '原先'은 '了₂' 문장의 시간적 요소 '现在'와 상대적이고, 동시에 '他以为开出租车是他最理想的事'와 '他暗暗摇头'는 의미상 상반된다. 따라서, 여기서 '了₂' 문장은 분명한 변화의 의미를 표현한다.

❹ '了₂'의 기타 용법

'了₂'는 다음과 같은 용법도 있으며, 이는 모두 과거에 발생한 일이 아니다. 이때의 '了₂'는 긍정 또는 틀림 없이 발생한다는 어투를 나타낸다.

(1) 곧 발생할 행위를 알림

❶ 那么，我带他走了。 그러면 내가 그를 데리고 갈게.

❷ 吃饭了，吃饭了，快来。 밥 먹어, 밥 먹어. 빨리 와라.

❸ 走了，走了，大家赶紧收拾一下。 가자, 가자. 모두들 빨리 정리해.

(2) 지금 발생하고 있는 새로운 상태를 알림

❶ 看你的船，它来了! 당신의 배를 봐요. 오고 있어요!

❷ 车来了，车来了。 차가 오고 있다. 차가 온다.

(3) 가설·조건에서 장차 일어날 행위

❶ 你再打我一下试试，非跟你拼了! 너 다시 한번만 나를 때려봐. 너랑 한판 붙을 거야!

❷ 如果把中国的消费者比喻成一座金字塔，那么这些消费者就属于金字塔的塔基了，因此绝不能轻视。

만약 중국의 소비자를 피라미드로 비유한다면, 이 소비자들은 피라미드의 토대가 되기 때문에 절대로 소홀히 해서는 안 된다.

(4) 대비 설명

❶ 你们听到这样的事情，只是叹息一下就罢了。可我们就不同了，别说是自己的同事出事了，就是外国的飞机失事了，我们也要难受好久。

당신들이야 이러한 일을 들었을 때 탄식하면 그만이지만, 우리는 다르다. 자신의 동료가 사고가 난 것은 말할 것도 없고, 외국 비행기 사고가 나도 우리는 한참을 괴로워한다.

❷ 那一年，我的年薪超过了百万，这在模特界虽算不上最高收入，但也属于不错的收入了。

그해 나의 연봉은 백만 위안이 넘었는데, 이는 모델 업계에서 최고의 수입이라고는 할 수 없지만 괜찮은 수입에 속했다.

◎ **金字塔** jīnzìtǎ 피라미드 | **叹息** tànxī 탄식하다

---

3 ‘了₁’의 의미와 용법

‘了₁’은 ‘완료 · 완성’의 의미를 나타내고, 문장 중간에 쓰인다.

---

❶ 동사 + 了 + 동사

❶ 我想了想，也没什么特别的理由，只好说 “那是我的幸运吧。”

나는 생각을 해 보았는데, 별 특별한 이유가 없어서, "그것은 저의 행운이지요."라고 말할 수밖에 없었다.

❷ 我们尝了尝他带来的白葡萄酒。 우리는 그가 가져온 화이트와인을 맛보았다.

◎ **理由** lǐyóu 이유 | **幸运** xìngyùn 행운

---

❷ 동사 + 了 + 又 + 동사

❶ 回到家里，我把她看了又看，看得她不知出了什么事。

집에 돌아와서 나는 그녀를 보고 또 봤는데, 그녀는 무슨 일이 생겼는지 모르는 듯했다.

❷ 他们最喜欢的唱片是《孤独的路》，翻来覆去听了又听。

그들이 가장 좋아하는 앨범은《고독한 길》로, 몇 번이나 되풀이하며 듣고 또 들었다.

◎ **翻来覆去** fānlái fùqù [성어] 같은 일을 여러 번 되풀이하다

❸ 동사 + 在 + 了 + 목적어

❶ 格林太太把 "嗨, 起床" 也写在了纸上。 그린 부인은 "하이, 일어나"라고 종이에 썼다.

❷ 我把咖啡碰倒了, 洒在了她的衣服上。 나는 커피를 엎어서 그녀의 옷에 쏟았다.

❹ 동사 + 了 (+ 목적어) + 동사 [첫 번째 동작이 완성된 후 다음 동작이 발생함을 강조함]

❶ 他吃了早饭就走了, 一直没回来。 그는 아침을 먹고 바로 나가서는 줄곧 돌아오지 않았다.

❷ 等到了山顶我们再休息。 산 정상에 오르고 나서 우리 그때 쉬도록 하자.

❺ 동사 + 了 + 수량 (+ 명사)

❶ 我要了一盘饺子, 吃了一口就皱起了眉头。
나는 만두 한 판을 시켰는데, 한 입 먹고 바로 미간이 찌푸려졌다.

❷ 我们连续赢了五个冠军, 每场比赛都会赢对手至少二十分。
우리는 연속 다섯 번 우승을 했는데, 매 경기마다 적어도 20점 차이로 이겼다.

○ 皱 zhòu 찌푸리다 | 眉头 méitóu 미간

❻ 동사 + 결과보어 + 了 + 목적어

❶ 我买了最后一个盒饭, 在风中, 吃完了这份难吃的盒饭。
나는 맨 마지막 도시락을 샀는데, 바람이 부는 가운데 이 맛없는 도시락을 다 먹었다.

❷ 你知道吗, 从小学起我就喜欢上了你, 只是一直没敢说出口。
너 알고 있니? 내가 초등학교 때부터 너를 좋아했는데, 줄곧 말할 자신이 없었다는 거.

❼ 동사 + 了 + 복합방향보어

❶ 她只好把那碗面条吃了下去, 可是吃完后, 她再也不愿吃第二碗了。
그녀는 마지못해 그 국수 한 그릇을 먹었지만, 다 먹은 후에 다시는 먹고 싶어 하지 않았다.

❷ 我吓了一跳。见我害怕, 其中一个青年呵呵地笑了起来, 另一个则走了过来。
나는 놀랐다. 내가 무서워하는 걸 보고 그중 한 청년이 하하 웃기 시작했고, 또 다른 한 사람은 다가왔다.

❽ 동사 + 방향보어 + 了 + 목적어

❶ 2021年春天的3月，我们走进了老舍的家。 2021년 3월 봄, 우리는 라오서의 집에 들어갔다.

❷ 昨晚我们拉着东西搬回了这里。 어제 저녁 우리는 짐을 끌고 이곳으로 옮겨 돌아왔다.

❾ 동사 + 了 (+ 목적어)

❶ 经过3个月的长途旅行，11月初，他们终于到达了莫斯科。
3개월의 긴 여정을 통해, 11월 초 그들은 드디어 모스크바에 도착했다.

❷ 一天的工作结束了，吃了饭、洗了澡，然后搬来一张躺椅，休息休息，或者看一本书，感觉真好!
하루의 일이 끝나면 밥 먹고 샤워한 후, 침대식 의자를 옮겨 와서 좀 쉬거나 책 한 권을 읽는데, 기분이 정말 좋다!

◎ 莫斯科 Mòsīkē 모스크바

담화에서의 '了₁'과 '了₂'

❶ '了₁'과 '了₂'의 담화 기능

⊕ **생각해보기**

■ 아래 글의 '了₁'과 '了₂'가 담화에서 어떤 특징을 가지고 있을까?

　　我认识王眉的时候，她十三岁，我二十岁。那时我正在海军服役，……她呢，是个来姥姥家度假的中学生。那年夏初，我们……进行了一次远航。到达北方那个著名的海港，在港外和一条从南方来的……白色客轮并行了一段时间。进港时，我们的舰超越了客轮。兴奋的旅游者们纷纷从客舱出来，……一个穿红色连衣裙的女孩……她最热情……又笑又跳又叫又招手，向我们挥手呼喊……。

这个女孩子给我留下的印象非常深刻，第二天她……出现在码头，我一眼便认出了她。我当时正背着枪站岗……当她开始细细打量我们舰，并……高兴地叫起来时她看见了我。

"叔叔，昨天我看见过这条军舰。"女孩歪着头骄傲地说。

"我知道。"我向她微笑。

"你怎么知道？"

"我也看见了你，在望远镜里。"女孩很兴奋……她向我说了她的秘密：她做梦都想当一名解放军战士。

……女孩纯朴的理想深深感动了我。那个夏天真是美好的日子。女孩天天来码头上玩儿，舰长还批准她上舰……。

一天傍晚，女孩在我们舰吃过饭，回家经过堤上公路。……忽然刮起了大风……海水漫上了公路。女孩吓坏了……舰长对我说："嗨，你去帮帮她。"我跑到堤上……当踏上干燥的路面时，女孩……崇拜地看着我。我那时……恐怕那形象真有点叫人终生难忘呢……。

后来，暑假结束了，女孩哭着回了南方。不久寄来封信。我给她回了信，鼓励她好好学习……我们的通信曾经给了她很大的快乐。她告诉我……她在班级里还很受羡慕呢。

五年过去了，我们没再见面。那五年里……回到基地，我们舰进了船坞。不久，一批……毕业生接替了那些……年纪偏大的军官们的职务。我们这些老兵也被……新兵取代。我复员了。

回到北京家里，脱下……军装，换上……老百姓的衣服，我几乎手足无措了。走到街上，看到……我感到……我去看了几个同学……曾经和我好过的一个女同学已成了别人的妻子……当年我们是作为最优秀的青年被送入部队的，如今却成了生活的迟到者……我去……看了看国家提供的工作：……工人，商店营业员，公共汽车售票员。我们这些各种兵……都在新职业面前感到无所适从。一些人……便去……领了登记表。我的几个战友也干了武警，他们劝我也去，我没答应……我要选择好一个终身职业……我很彷徨，很茫然，没人可以商量。父母很关心我，我却不能像小时候那样……八年的风吹浪打，已经使我有了一副男子汉的硬心肠，得是个自己照顾自己的男子汉。

我实在受不了吃吃睡睡的无聊日子，就用……一笔钱去各地旅游。

我到处登山临水，不停地往南走。到了最南方的大都市，已经是疲惫不堪……尝够了孤独的滋味。

이 담화에서 '了₂'는 5개뿐으로 '了₁'보다 훨씬 적다. 이야기의 전개와 '了₁', '了₂'는 어떤 관계가 있는지 살펴보자.

이 이야기는 4개의 발전 단계로 구성된다.

(1) 처음 아메이를 알게 된다.	'这个女孩给我留下的印象非常深刻 이 여자아이가 나에게 남긴 인상은 매우 강했다'에서 '恐怕那形象真有点叫人终生难忘呢 어쩌면 그 이미지는 정말로 평생 잊지 못할 것이다'까지
(2) 편지로 연락한다.	'后来，暑假结束了 후에 여름방학이 끝났다'에서 '她在班级里还很受羡慕呢 그녀는 반에서 많은 부러움을 받았다'까지
(3) 다시 만나지 못했다.	'五年过去了 5년이 흘렀다'에서 '我复员了 나는 제대했다'까지

(4) 어찌할 바를 몰랐다.	'**回到北京家里,** ······**我几乎手足无措了** 베이징 집으로 돌아와서······ 나는 어떻게 해야 할지 몰랐다'에서 '**尝够了孤独的滋味** 고독한 기분을 충분히 느꼈다'까지

이야기의 전개 과정 중 다음과 같은 사실을 알 수 있다.

(1) '了₂'는 주로 시간과 공간 등의 기타 성분과 함께 이야기 전개의 큰 틀을 세우고, 이야기의 주요 흐름을 설명한다.

(2) '了₂'와 자동사의 조합이 가장 많다.

(3) 구체적 사건은 '了₁'을 써서 서술한다.

✓ 연습 문제 4

1. 아래 문장에서 부자연스러운 부분이 있다면 자연스럽게 고쳐 보세요.

① 昨天我先去西单了，在那儿吃饭了，买了一些东西，还去书店了，然后就去国贸大厦了。

→ _____

② 我们到了不久之后，学校的上午运动开始了。然后我们上了英语课。虽然那节课本身比较乏味，但我看到了一些特别的东西。

→ _____

_____

❷ '了₁'과 '了₂'의 분포

어떤 구문에서는 '了₁' 또는 '了₂'만 사용할 수 있다. 그리고 어떤 구문에서는 '了₁' 또는 '了₂'를 사용하는 데 있어 일정한 경향성이 있다. 대략 다음과 같다.

'了₁'만 사용	'了₁'과 '了₂' 모두 사용 가능	'了₂'만 사용

• 동사 + 了 + 又 + 동사
• 동사 + 了 + 동사
• 동사₁ + 了 (+ 목적어)
  + 동사구₂
	← • 동사 + 결과보어 + 목적어
	← • 동사 + 방향보어 + 목적어
	← • 동사 + 在 + 장소
	← • 동사 + 수량사 목적어
	← • 이중목적어 구조
	← • 동사 + 복합방향보어
	← • 형용사 + 복합방향보어
	← • 활동동사/종결동사 + 목적어
	← • 정태동사 + 목적어
		• 특정구문에서 사용되는 '了₂'
		• 변화를 표현하는 문장에 사용되는 '了₂'
		• 자동사(구) + 了
		• '把'자문 [단음절 동사 또는
		        동사 + 결과보어/来, 去]
		• 수사주어문 [단음절 동사 또는
		        동사 + 결과보어/来, 去]
		• 목적어가 생략된 동사구 + 了

표 안의 화살표는 경향성을 나타낸다. 다시 말해, 중간 열에 있는 구문들은 이론적으로는 '了₁'과 '了₂' 모두 쓸 수 있지만, 실제로는 '了₁'을 쓰는 경향이 있으며, 특히 상단의 4가지 구문은 그러한 경향이 더 강하다. 또한 '了₂' 문장의 목적어는 대부분 단일명사인 반면, '了₁' 문장의 목적어는 대부분 비교적 복잡한 구를 이루고 있다는 특징이 있다.

❶ 我走进屋，他们都已经开始吃晚饭了，不知怎么却没有叫我。我向爸爸妈妈打了个招呼，爸爸什么也没说，仍然低头吃饭。
내가 방으로 들어가니 그들은 이미 저녁 식사를 하고 있었는데, 어찌된 일인지 나를 부르지도 않았다. 내가 부모님께 인사를 건네니, 아빠는 아무 말씀도 안 하시고는 고개를 숙이고 식사하셨다.

❷ 1486年，葡萄牙人迪亚士沿非洲西海岸向南航行，到达了非洲最南端的好望角。
1486년 포르투갈인 디야스는 아프리카 서해안을 따라 남쪽으로 항해를 하다가 아프리카 최남단의 희망봉에 도착했다.

◎ 葡萄牙 Pútáoyá 포르투갈 | 非洲 Fēizhōu 아프리카 | 好望角 Hǎowàngjiǎo 희망봉

그러나 만일 '了₁' 문장에 전후 문장이 있다면, '了₁'은 생략할 수 있다.

❸ 王眉把我领到(了)旅馆，给我吃的，给我喝的，还让我洗了个舒服的热水澡。晚餐我吃掉(了)一大盘红烧肉，然后把香蕉直塞到(了)嗓子眼那儿才停。
왕메이는 나를 호텔로 데리고 가서, 나에게 먹을 것과 마실 것을 주었다. 또 내가 따뜻한 물에 목욕할 수 있게 해주었다. 저녁 식사로 나는 홍샤오러우를 먹고, 바나나를 목구멍까지 차도록 먹고는 그만 먹었다.

❹ 我跑到(了)岸上，一边冲入水里，一边大声喊"紧跟我！"
나는 언덕으로 뛰어 올라가서 물에 뛰어들면서 큰소리로 "나를 바짝 따라와!"라고 외쳤다.

◎ 嗓子眼 sǎngziyǎn 목구멍 | 岸 àn 언덕, (강)기슭

여기서 괄호 안의 '了₁'은 모두 생략할 수 있는데, '了₁' 앞의 형식이 '동사 + 결과보어'이기 때문이다. 그러나 만약 사건의 진행 과정 중 가장 중요한 사건일 경우에는 그 결과를 강조할 필요가 있으므로 결과보어가 있지만 '了₁'을 생략할 수 없는 경우도 있다.

❸ '了₁', '了₂' 문장과 그 뒤 문장의 수사 관계

담화에서 '了₁', '了₂' 문장과 뒤에 오는 문장 사이에는 보통 다음과 같은 수사 관계가 형성된다.

(1) **설명을 전개한다.** [뒤에 오는 어구는 '了' 문장을 상세히 설명함]

❶ 张红又哭了，用手捂住脸。 장훙은 또 울었고, 손으로 얼굴을 감쌌다.

❷ 我改主意了，住下去！ 나는 생각을 바꿨어. 계속 머물 거야!

❸ 那位小姐没再说下去，气哼哼地走了。我估计她不爱看我的样子。

그 아가씨는 더 이상 말하지 않고, 노기등등해서 갔어. 아마 그녀는 내 모습을 보고 싶지 않을 거야.

❹ 我去看了几个同学，他们有的正在念大学，有的已成为工作单位的骨干，曾经和我好过的一个女同学已成了别人的妻子。

나는 가서 동창 몇 명을 만났는데, 대학에 다니는 친구도 있고, 직장에서 주요 요직에 있는 친구도 있었다. 또 예전에 나와 잘 지내던 여자 동창은 이미 다른 사람의 아내가 되었다.

◎ 捂 wǔ 가리다 | 气哼哼 qìhēnghēng 화가 잔뜩 나다 | 骨干 gǔgàn 골간, 전체 중에서 주요 역할을 하는 사람

(2) **원인이나 목적을 설명한다.** [뒤에 오는 문장은 '了' 문장에 대한 원인을 설명함]

❶ 我不想再和她吵了，旁边很多人看我们。

나는 더 이상 그녀와 싸우고 싶지 않다. 옆에 많은 사람들이 우리를 쳐다보고 있다.

❷ 张红和刘为为骑着自行车来了，告诉我，飞机出事了，阿眉今晚回不来了。

장훙과 리우웨이웨이는 자전거를 타고 와서는 비행기 사고가 나서 아메이는 오늘 저녁에 돌아오지 못할 것이라고 나에게 알려주었다.

(3) **결과를 설명한다.** [뒤에 오는 문장은 '了' 문장에서 야기되는 결과를 이끔]

❶ 王眉来了，我很高兴——她是一个人。 왕메이가 오는데, 그녀가 혼자라는 사실이 기뻤다.

❷ 电影放完后，她不理我了。我哄了哄，哄不过来。

영화 상영이 끝나고 나서, 그녀는 나를 쳐다보지 않았다. 내가 달래보았지만, 달래지지 않았다.

❸ 有一次坐车转了向，差点到了郊区的海军码头，我掉头就慌慌张张往回跑。

언젠가 차를 타고 방향을 잃어서 하마터면 교외의 해군부두까지 갈 뻔했다. 나는 방향을 바꾸어 허둥지둥 다시 돌아왔다.

◎ 哄 hǒng 어르다, 달래다 | 慌张 huāngzhāng 당황하다

(4) 행위의 순서를 나타낸다. ['了' 문장 뒤에 오는 문장은 시간의 순서에 따라 사건의 진행을 서술함]

❶ 我笑了，离开窗子，又吃了几块糖，想起什么，问阿眉：“你老偷偷地哭啊？”

나는 웃었다. 창문 쪽에서 떨어져 사탕 몇 개를 먹고 무언가 생각이 떠올라, 아메이에게 물었다. "당신은 늘 몰래 우나요?"

❷ ……女孩哭着回了南方。不久寄来了一封信。

……여자는 울면서 남방으로 돌아갔다. 얼마 지나지 않아 편지 한 통이 왔다.

❸ 我被安排去了个工厂，试用期还没到，就被炒了鱿鱼。

나는 공장에 파견되었는데, 인턴 기간이 끝나지도 않았는데 해고되었다.

(5) 병렬을 나타낸다. ['了' 문장 뒤에 오는 문장은 '了' 문장과 의미상의 병렬 관계를 이룸]

❶ 我去医院找她。在路上碰见个卖冰糕的，就买了一大把，一边走一边吃，进她的房间时嘴巴都冻木了。她一见我，笑了。

나는 병원으로 그녀를 찾아 갔다. 도중에 아이스크림 파는 사람을 보고는 크게 한 웅큼 사서 걸으면서 먹었다. 그녀의 방에 들어갈 때는 입이 얼어서 감각이 없었다. 그녀는 나를 보자 웃었다.

❷ 阿眉也被批评了一顿，还被查出一些不去餐厅吃饭，客人没下完自己先跑掉等违反制度的事情。

아메이도 한바탕 혼이 났다. 그리고 식당에 가서 밥을 먹지 않고, 손님이 다 내리지도 않았는데 먼저 도망가는 등 제도를 위반한 일도 조사되었다.

◎ 制度 zhìdù 제도, 규정

(6) 대비를 나타낸다. ['了' 문장과 뒤에 오는 문장 사이에는 전환 관계를 나타내는 접속사가 자주 등장하며, 접속사가 없더라도 보충할 수 있다.]

❶ 我真动心了，可我还是对他说：“我年龄大了，让那些单身小伙去吧。”

나는 정말 마음이 흔들렸지만, 그에게 "나는 나이가 많으니, 솔로 젊은이들에게 가 봐요."라고 했다.

❷ 我笑了，忽然感到一阵不舒服，真是无聊。

나는 웃었지만, 갑자기 불편함을 느꼈고, 정말 따분했다.

❸ 我从上海买回了她要的瓜子儿，她却一去没回头。

나는 상하이에서 그녀가 원하던 해바라기씨를 사왔는데, 그녀는 돌아보지도 않고 갔다.

❹ 我突然想了起来，可我不能在那么多人面前说呀。

나는 갑자기 생각이 났지만, 그렇게 많은 사람들 앞에서 말할 수는 없었어.

5 '了₁' 용법의 주의사항

'了₁'을 쓸 때 특별히 주의해야 할 점이 있다.

❶ 문장에 두 개의 동사가 있지만 두 사건이 발생한 시간의 선후 관계를 강조할 필요가 없고, 첫 번째 동작이 완료되고 나서 두 번째 동작이 시작되는 것을 강조할 필요가 없다면, 첫 번째 동사 뒤에 '了₁'을 쓸 수 없다.

❶ 昨天晚上，我去图书馆看了两个小时书。 ['去图书馆'의 목적은 '看书'이다.]
어제 저녁, 나는 도서관에 가서 두 시간 동안 책을 봤다.

❷ 那天他用筷子吃饭。 ['用筷子'는 '吃饭'의 방식이다.]
그날 그는 젓가락으로 밥을 먹었다.

❸ 我给旅馆打电话订了一个房间。 ['打电话'는 '订房间'의 방식이다.]
나는 호텔에 전화를 걸어 방을 하나 예약했다.

❹ 我让他去美国了。 ['让'은 문장의 주요 동작이 아니다.]
나는 그를 미국에 가게 했다.

❷ '说', '喊', '回答', '问', '讲' 등의 언어동사 뒤에 직접 인용문이 온다면 '了'를 쓸 수 없다.

❶ 他看着我，说："不行！" 그는 나를 보면서 "안 돼!"라고 말했다.

하지만 또 다음과 같이 말할 수도 있다.

❷ 他看着我，说了一句："不行！" 그는 나를 보면서 "안 돼!"라고 한 마디 했다.

❸ 과거에 자주 발생했거나 규칙성이 있는 사건이라면 일반적으로 '了'를 쓰지 않는다.

❶ 那时候每个星期，我都看一本小说。 그때는 매주 소설 한 권을 읽었다.

❷ 我上大学的时候，常常去爬山。 내가 대학을 다닐 때는 자주 등산하러 갔다.

❹ 문장에서 목적어가 동사구 또는 절이라면 술어동사는 보통 '了'를 쓰지 않는다. 하지만 문장 끝에는 '了'를 쓸 수 있다.

❶ 我决定去上海(了)。 나는 상하이로 가기로 결정했다.

❷ 从昨天起，我开始学习日语(了)。 어제부터 나는 일본어를 배우기 시작했다.

❸ 一会儿，他们看见一条狗跑进来(了)。 잠시 후 그들은 강아지 한 마리가 뛰어 들어오는 것을 보았다.

목적어로 동사구나 절을 취하는 동사는 다음과 같다.

- 决定，喜欢，同意，发现，感到，答应，以为，希望，……
  要，能，会，想，愿意，可以，……

❺ '동사 + 了 + 목적어'의 부정형식은 '没 + 동사 + 목적어'이고 뒤에 '了'를 붙이지 않는다.

❶ 他没喝酒。그는 술을 마시지 않았다.

❻ '了₁'은 '在'와 함께 쓸 수 없다.

❶ 我们一直在学习了中文。 ✖

✔ **연습 문제 5**

1. 문장이 올바른지 판단하고 잘못된 부분을 고쳐 보세요.

① 读大学的时候，每个月都看了一场电影。 ○ ✕

_____

② 我是孩子的时候，常常和爸爸一起去钓鱼了。 ○ ✕

_____

③ 我是孩子的时候，常常和爸爸一起去钓了鱼。 ○ ✕

_____

④ 昨天我们一个上午都在聊天了。 ○ ✕

_____

⑤ 我们没有偷看你的日记了。 ○ ✕

_____

⑥ 妈妈走进来，问了："你怎么还没睡觉了？" ○ ✕

___

2. '了'를 알맞은 위치에 넣어 보세요.

> 　我决定＿＿坐＿＿阿眉服务的航班回＿＿北京。我在广播登机之前进＿＿客舱。阿眉给我看＿＿她们的厨房设备＿＿。我喜欢那些东西，可不喜欢阿眉对我说话的口气。
>
> 　"别这样对我说话。"我说＿＿。
>
> 　"才没有呢。"阿眉有点委屈，"过一会儿我还要亲手端茶给你＿＿。"
>
> 　我笑＿＿，说＿＿："那好，现在带我去我的座位。"
>
> 　"请坐，先生。手提包我来帮您放上面。"
>
> 　我坐下，感到很舒服＿＿。阿眉又对我说＿＿："你还没说那个字呢。"我糊涂＿＿，猜不出来。
>
> 　上＿＿客＿＿，很多人走进＿＿客舱，阿眉只好走过去迎接他们。我突然想＿＿起来，可那个字不能在客舱里喊呀。

◎ **设备** shèbèi 갖추다, 설비하다 | **口气** kǒuqì 어조, 말씨 | **委屈** wěiqu 억울하다 | **糊涂** hútú 어리석다, 어리둥절하다

종합 연습

1. 문장이 올바른지 판단하고 잘못된 부분을 고쳐 보세요.

① 上个星期天在希尔顿饭店，我们留学生参加一场毕业晚会。 ○ ✕

_____

② 我们在我弟弟的家休息三天了。 ○ ✕

_____

③ 到了东京以后，我们去很多地方。 ○ ✕

_____

④ 回家的时候，去了商店买几斤苹果。 ○ ✕

_____

⑤ 今天我去了看一个公寓。 ○ ✕

_____

⑥ 我昨天早上十点起床，然后看半个小时电视了。 ○ ✕

_____

⑦ 上海给我留下很深刻的印象。 ○ ✕

_____

⑧ 今天早上我的朋友给了我打电话。 ○ ✕

_____

⑨ 她让了我知道北京大学的学生真聪明。 ○ ✕

_____

⑩ 每个晚上我们四五个小时吃了晚饭。 ○ ✕

_____

⑪ 在中国的时候，我每天跟中国人说了话。　　　　　　　　◯✕

⑫ 我从来没有吃了那么长时间的饭。　　　　　　　　　　　◯✕

⑬ 突然一个朋友给他打了电话，问："你在哪里？"
　他回答了："我正在饭店里呢。"　　　　　　　　　　　◯✕

⑭ 那时候他给我一束玫瑰花。"纪念今天的日子吧。"他说了。　◯✕

⑮ 我弟弟问了我他为什么不能喝酒。　　　　　　　　　　　◯✕

⑯ 我非常高兴我决定了来中国。　　　　　　　　　　　　　◯✕

⑰ 我高中毕业的时候，打算了学习中文。　　　　　　　　　◯✕

⑱ 我让弟弟离开，因为今天的生日晚会只请成人了。　　　　◯✕

⑲ 在四天内，我们没有空儿去游览，真遗憾了。　　　　　　◯✕

⑳ 我看到漂亮的花儿，非常感动了。　　　　　　　　　　　◯✕

2. 잘못된 부분을 바르게 고쳐 보세요.

①

　　一天在我的农村我骑着我的自行车，突然在道路上的旁边看三筐梨了。筐梨的旁边有一个男人把梨摘了。他没看到我，所以我把一筐梨放在我的自行车的筐里而跑得很快。

　　回家的时候我见面一个很漂亮的姑娘了。她经过我的旁边，我回头而把帽子丢了。后来，我的自行车把石头打了，而我摔倒了，而且把梨掉了在地上。

　　马上三个男孩子来帮我了。他们也帮我把梨捡了，而且把我的帽子找到了而还给我。我很感谢得把三个梨给他们而快快得走了。我不知道他们发现了我把筐梨偷了。

②

　　一个人在村摘梨了。我骑着我的自行车，突然看了两筐梨，没有人。我停了我的自行车，摘了一筐梨，放在自行车，出去了。

　　骑自行车的时候，我看一个女孩子了，回头看了她。突然我的帽子吹了，那时候，我撞上了一个小石头，摔倒。三个小孩子来了帮助我，一个在打了乒乓球。捡了梨以后，他们把筐梨给了我。我走了。

　　一个小孩子捡了我的帽子，吹口哨着，来了给我的帽子，他也拿起来了三个梨，给了他的朋友。他们一边走，一边吃了梨。

　　农民从树下去了，看了没有一筐梨了，突然看了三个孩子吃了梨，他想一想他们可以是小偷。

'过', '来着', '是……的', '没', '不'

1 '过'

 생각해보기

■ 아래 문장들을 중국어로 어떻게 말해야 할까?

❶ Mary had only been to Manchester once before.

❷ She had never been to Italy before.

❸ I have never been abroad, neither have I ever wished to go.

위 예문은 모두 과거의 경험을 나타낸다. 중국어로 과거의 경험을 나타낼 때는 '동사 + 过'의 형식을 사용한다.

❶-1 玛丽以前只去<u>过</u>一次曼彻斯特。 마리는 예전에 맨체스터에 단 한 번 가 봤다.

❷-1 她以前从来没有去<u>过</u>意大利。 / 她以前从来未曾去<u>过</u>意大利。
　　　그녀는 이전에 이탈리아에 간 적이 없다.

❸-1 我从来不曾去<u>过</u>国外，我也从未想过要去。
　　　나는 이전에 해외에 가 본 적도 없고, 가고 싶어 한 적도 없다.

'동사 + **过**'의 긍정형식은 '주어 + 동사 + **过** + 목적어'이며, 부정형식은 '**没(有)** + 동사 + **过** + 목적어', '**不曾** + 동사 + **过** + 목적어', '**未曾** + 동사 + **过** + 목적어' 등이 있다.

❹ 我曾经看过你演的电影，都挺好的，其实我是你的粉丝呢。

전에 당신이 출연한 영화를 본 적 있는데, 모두 매우 훌륭했습니다. 사실 나는 당신 팬이에요.

❺ 这部电影我早就听说过，却一直不曾看过，今天有这个机会，我怎么能放弃？ 马上决定花一个晚上去欣赏。

이 영화는 일찍이 들었지만, 지금까지 본 적이 없다. 오늘 기회가 있는데 내가 어떻게 포기할 수 있겠는가? 오늘 밤 (영화를) 보러 가기로 바로 결정했다.

❻ 走出门外，他习惯地看了一下天空，忽然发现仙后座出现了一颗未曾见过的新星。

밖에 나가서 그는 습관처럼 하늘을 봤는데, 카시오페아자리에 이전에 본 적 없는 새로운 별이 나타난 것을 갑자기 발견했다.

❼ 在遇到她以前，我从未想过结婚的事儿。和她在一起这么多年，我从未后悔过娶她做妻子，也从未想过娶别的女人。

그녀를 만나기 전에 나는 결혼에 대해 생각을 해본 적이 없다. 그녀와 이렇게 오래 함께 했지만, 나는 그녀를 아내로 맞이한 것을 후회한 적도 없고, 다른 여자한테 장가드는 것을 생각해본 적도 없다.

◎ **粉丝** fěnsī 팬 | **仙后座** xiānhòuzuò 카시오페아자리 | **娶** qǔ 아내를 맞이하다, 장가가다

때때로 '**过**'는 형용사와 같이 쓰일 수도 있다.

❽ 我们的青春总是那样不安分，我们爱过，唱过，疯过，喝醉过，干过坏事，受过伤……我也曾经年轻过！我也曾经漂亮过！我也曾经帅过！

우리들의 청춘은 항상 그렇게 불안했다. 우리는 사랑을 해봤고, 노래를 해봤고, 미쳐봤고, 취해봤으며, 나쁜 일도 하고 상처도 받아보았다. …… 나도 젊었을 때가 있었다! 나도 아름다웠던 적이 있었다! 나도 멋있던 적이 있었다!

◎ **安分** ānfèn 본분을 지키다 | **疯** fēng 미치다

》 Check point

》 만약 문장에 동사가 두 개 있으면, '**过**'는 일반적으로 주요 동사 뒤에 위치한다.

❶ 我坐船去过中国。 나는 배를 타고 중국에 간 적이 있다.

❷ 你用筷子吃过西餐吗? 너 젓가락으로 양식 먹어본 적 있어?

》 '**过**'와 '**了**'

'**过**'는 동작이 과거에 발생 및 종료되었고, 현재에는 이미 다른 상태로 변화하여 원래의 동작행위가 더 이상 존재하지 않음을 강조한다. 이와 달리 '**了**'는 동작이 과거에 발생 또는 종료되었고, 게다가 현재까지도 영향을 미치고 있음을 강조한다.

❶ ……他向老王请教：“唉！没想到碰上了这种事，你说怎么办？”老王一边安慰他，一边说：“别着急，小张碰上过这种事，咱们去问问他。”
…… 그는 라오왕에게 조언을 구했다. "아휴! 이런 일이 생길 줄 몰랐는데, 어떡하면 좋을까?" 라오왕은 그를 위로하며 말했다. "초조해하지 마. 샤오장한테 이런 일이 생긴 적이 있었는데, 우리 그한테 물어보러 가 보자."

❷ 他是单身，可是以前结过婚，你竟然不知道？ 그는 싱글이지만 이전에 결혼했었는데, 몰랐어?

他上个月结了婚，结束了单身生活。 그는 지난달에 결혼을 해서 싱글 생활을 끝냈다.

❸ 别看她现在这么瘦，实际上她也曾经胖过。 그녀는 지금 말랐어도 실은 전에 뚱뚱했었다.

她最近胖了，必须得减肥。 그녀는 최근에 살이 쪄서 살을 빼야 한다.

◎ **请教** qǐngjiào 지도를 부탁하다 | **安慰** ānwèi 위로하다

연습 문제 1

1. 중국어로 번역해 보세요.

① A 나 거기 가 본 적이 없는 것 같아.

B 당연하지. 나도 간 적이 없는데.

→ _____

② 이것은 내가 본 가장 훌륭한 영화 중 하나이다.

→ _____

③ 몹시 우연하게도 나는 이전에 비슷한 상황에 처한 적이 있었다.

→ _____

④ 확실히 우리는 자신이 가진 적이 없었던 것을 항상 원한다.

→ _____

2. 주어진 단어를 참고하여 예시와 같이 문제에 답해 보세요.

> 예시   你怎么会认识他啊?
>
> → 他曾到我们学校做过报告, 我作为主持人, 陪他吃过一顿饭。

① 你怎么知道兔肉很好吃? [吃]

→ _____

② 他是中国人, 怎么会喜欢吃西餐呢? [去, 住]

→ _____

③ 她为什么一直一个人生活, 不结婚呢? [离婚]

→ _____

④ 你爸爸妈妈关系很好吗? [吵架]

→ _____

3. 보기 중 알맞은 단어를 골라 빈칸을 채워 보세요.

了　　过

① A 他们都想去长城看看, 你不去吗?

　 B 我以前去____, 不想再去了。

② 他当____大学校长, 现在是市长。

　 他当____校长, 不敢再跟我们开玩笑了。

③ 他没喝____茅台酒, 当然不知道茅台酒的厉害。

　 昨天他没喝____茅台酒, 只喝____两瓶啤酒。

④ 我买____一本英汉辞典, 可是现在不知道丢到哪儿去了。

　 我买____一本英汉辞典, 打算好好儿地学学英语。

○ **茅台酒** máotáijiǔ 마오타이 주 [중국의 유명한 술]

2 '来着'

이 단어는 문장의 끝에 쓰여서 어떤 일이 최근에 발생했음을 나타내며, 청자의 주의를 환기시킨다.

❶ Ⓐ 我敲门敲了半天，你怎么才来开门？
　　내가 문을 한참동안 두드렸는데, 넌 왜 이제야 문을 열어?

　 Ⓑ 抱歉，我刚才打电话来着，没听见你敲门。
　　미안해. 나 방금 전화하고 있어서 문 두드리는 소리를 못 들었어.

❷ Ⓐ 我让你告诉他，让他今天来上课。你没去找他吗？
　　오늘 수업하러 오라고 그에게 전해달라고 했는데, 너는 그를 찾아가지 않았니?

　 Ⓑ 昨天我去他家找他来着，可是他不在。
　　어제 그의 집으로 찾아갔는데, 집에 없었어.

'来着'는 보통 의문문에 쓰이고, 전에는 알았으나 지금은 생각나지 않는 일을 묻는다.

❸ 你刚才说什么来着？ 너 방금 뭐라고 했더라?

❹ 昨天谁找我来着？ 어제 누가 날 찾으러 왔었더라?

❺ 你的生日是什么时候来着？ 네 생일이 언제였지?

❻ 他住哪儿来着？ 그가 어디에 살더라?

☑ 연습 문제 2

1. 중국어로 번역해 보세요.

① 생각 좀 해보자. 방금 내가 뭐라고 말했더라?

→ _____

② 그는 작년 겨울에도 집에 왔었어.

→ _____

③ 내가 방금 뭐라고 말하려 했지? 아, 맞다. 우리 드디어 두 번째 컴퓨터가 생겼어.

→ _____

④ 오늘 오전에 어떤 사람이 너에 대해 물어봤어.

→ _____

⑤ 밸런타인데이(情人节)에 그녀가 일했기 때문에 오늘 밤에 기념할 거야.

→ _____

3 '是……的'

⊕ 생각해보기

■ 아래 대화에서 '샤오훙'과 '샤오펑'은 어제 일어난 일에 대해서 이야기를 하고 있는데, 왜
그들은 때로는 '了'를 쓰고 때로는 '是……的'를 쓸까?

小红 小朋，你的新衣服很漂亮啊！你(是)在哪里买的啊?
　　　샤오펑, 네 새 옷 이쁘다! 너 어디서 샀어?

小朋 (是)在百货大楼买的。백화점에서 샀어.

小红 哦，你去西单(Xīdān)了啊? 아, 너 시단 간 거야?

小朋 嗯，是啊，(是)昨天去的。응, 맞아. 어제 갔었어.

小红 你(是)自己去的? 혼자 갔어?

小朋 不是，我(是)跟一个中国朋友一起去的。아니, 나 중국 친구랑 같이 갔었어.

小红 你们怎么去的? (是)打车去的吗? 어떻게 갔어? 택시 잡아서 간 거야?

小朋 不是，我们(是)坐地铁去的。很方便。아니, 우리는 지하철 타고 갔는데, 정말 편해.

이 대화에서 '샤오훙'과 '샤오펑'은 어제 일어난 일에 대해 이야기하고 있는데, 샤오훙이 '옷을 산 것'과 '시단에 간 것'을 알고 있는 상황에서 어디에서 옷을 샀는지, 시단에 간 시간과 어떻게 시단에 갔는지에 대해 말할 때, 두 사람은 '是……的' 형식을 사용하고 있다. 이처럼 과거에 발생한 일을 이야기할 때, 그 일이 이미 발생한 것을 알고 있는 상태에서 발생한 시간, 장소, 방식, 목적, 행위자 등을 서술할 때는 '是……的' 형식을 사용한다. 여기서 '是'는 생략할 수 있다.

---

❶ 주어 + 是 + [시간사] + 동사 + 的 + 목적어

❶ **A** 你是什么时候学的中文? 너 중국어 언제 배웠어?

   B 我(是)两年前学的中文。 2년 전에 배웠어.

---

❷ 주어 + 是 + [在 + 장소] + 동사 + 的 + 목적어

❶ **A** 你的中文真好。你是在哪儿学的中文? 너 중국어 정말 잘한다. 중국어 어디서 배웠어?

   B 我(是)在北京大学学的中文。 베이징대학에서 배웠어.

---

❸ 주어 + 是 + [방식] + 동사 + 的 + 목적어

❶ **A** 你是怎么学的中文?　　/　　你是和谁一起学的中文?
   너는 중국어를 어떻게 배웠어?　　　너는 중국어를 누구와 함께 배웠어?

   B 我(是)和他一起学的中文。 나는 그와 함께 중국어를 배웠어.

---

❹ 주어 + 是 + [来/去] + 동사 + 목적어 + 的

❶ **A** 你是为什么来北大的? 당신은 왜 베이징대학에 왔나요?

   B 我(是)来北大学中文的。 [목적을 나타냄]
   저는 베이징대학에 중국어를 배우러 왔어요.

❺ 是 + [주어] + 동사 + 的 + 목적어

❶ 是他讲的故事，不是我讲的。 그가 한 이야기지, 내가 한 이야기가 아냐.

❷ 是老师让我们来的，我们其实不想来。
선생님께서 우리보고 오라고 하셨어. 우리는 사실 오고 싶지 않았어.

✓ 연습 문제 3

1. '是……的' 구문을 활용한 문장으로 바꿔 보세요.

① 他今天早上到了北京。　　　→ _____

② 他给朋友带了一些礼物。　　→ _____

③ 他和家人一起去旅行了。　　→ _____

④ 他去北京参加会议了。　　　→ _____

⑤ 他今天做报告了，我没做。　→ _____

2. '是……的' 구문을 활용하여 대화를 완성해 보세요.

A 啊，小王，是你啊。你怎么来的？坐飞机还是坐火车？

B _____。

A 挺累的吧？一个人来的吗？

B 不是，_____。她怕坐飞机，不是吗？

A 对对对，我知道，我知道。她从来不坐飞机。

'没'와 '不'

⊕ **생각해보기**

■ 두 그룹의 차이점은 무엇일까?

그룹1	그룹2
• 他太忙了，昨天的世界杯都没看。 그는 너무 바빠서 어제 월드컵도 볼 수 없었다.	• 他不太喜欢足球，昨天那么精彩的比赛他都不看。 그는 축구를 싫어해서 어제 그렇게 멋진 경기도 보지 않았다.
• 那个时候，家里没钱，所以我没上学。 그 당시 집이 어려워서 난 학교를 다닐 수 없었다.	• 那个时候讨厌学校，我每天都不去上学。 당시 나는 학교를 싫어해서 매일 학교에 가지 않았다.
• 奇怪，他最近几天没喝酒。 이상해. 그가 요즘 며칠 술을 안 마셨어.	• 他从来不喝酒、不抽烟，没有不良习惯。 그는 여태 술도 안 마시고, 담배도 안 피웠다. 안 좋은 습관이 없다.

두 그룹의 문장들은 모두 부정문이다. 그룹1은 '没'를 사용했고, 과거의 객관적 사실을 부정하고 있다. 그룹2는 '不'를 사용했고, 주어의 주관적 바람, 주기적이거나 습관적인 동작 혹은 상태를 부정한다.

⊕ **생각해보기**

■ 그렇다면, 아래 두 그룹의 의미는 어떤 차이가 있을까?

그룹3	그룹4
• 苹果还没红，不能摘。 사과가 아직 익지 않아서 딸 수 없다.	• 这个苹果不红，不好吃，你吃那个吧。 이 사과는 빨갛지 않아서 (익지 않아서) 맛이 없으니, 저것을 먹어라.
• 衣服没干，你先别收回来。 옷이 마르지 않았으니 아직 걷어오지 마라.	• 衣服不干，你先别收回来。 옷이 축축하니 아직 걷어오지 마라.

이 두 그룹의 문장에서 '没'와 '不' 뒤에는 모두 형용사가 놓였다. 하지만 그룹3에서 '没'가 부정하는 것은 '변화'이고, 그룹4에서 '不'가 부정하는 것은 '성질'이라는 점이 다르다.

» 만약, 문장 안에 조동사 '会', '应该', '可以', '可能' 등이 오면, 일반적으로 '不'를 사용해야 한다. 하지만 만약 조동사가 '能'이고 객관적 사실을 표현한다면, '没'를 사용할 수 있다.

❶ 我有事儿，我不能去。你让别人去吧。
나 일이 있어서 못 가. 다른 사람보고 가라고 해.

❷ 那天正好我有事儿，所以，我没能去。
그날 마침 일이 있어서 나는 갈 수 없었어.

✓ 연습 문제 4

1. 보기 중 알맞은 단어를 골라 빈칸을 채워 보세요.

> 不　　没

① 你是怎么了？澡也＿＿＿洗，饭也＿＿＿吃，打算干什么呢？

② 我们都忘了，谁都＿＿＿送他礼物。

③ 我做梦也＿＿＿想到他竟然来了。

④ 他从＿＿＿说谎，我们都相信他，你也相信他好了。

⑤ 我是故意＿＿＿告诉他的。

⑥ 书还＿＿＿看完，还要借一个月。

⑦ 这几天心情＿＿＿太好，我学＿＿＿下去。

⑧ 谁也＿＿＿知道他去了哪里。

1. 문장이 올바른지 판단하고 잘못된 부분을 고쳐 보세요.

① 我们走路时，下着雨了。所以，我们撑开了伞。

　○ ✕ _____

② 我不经常喝啤酒，其实到今天为止我从来没喝了一瓶。

　○ ✕ _____

③ 父亲得在一个星期以内回韩国，所以，我的妈妈、弟弟和我还去过别的东北的大城市。

　○ ✕ _____

④ 有的人去过美国留学。

　○ ✕ _____

⑤ 我曾经没看过北京的春天。

　○ ✕ _____

⑥ 我们是坐公共汽车去了人民大学。

　○ ✕ _____

⑦ 他们之间很和气，所以从来没有吵架。

　○ ✕ _____

⑧ 从留学以来一封信也没给你写，真对不起。

　○ ✕ _____

⑨ 教育家也曾经说："孩子是父母的镜子。" 如果父母爱看书，孩子也会喜欢看书；
　 如果父母爱玩儿电脑，孩子也会这样。

　○ ✕ _____

⑩ 自从那次爸爸听完我说的话以后，就在家人旁边没有抽烟过。

〇 ✕ _____

2. 보기 중 알맞은 단어를 골라 빈칸을 채워 보세요.

> 了　过　着　(是……)的　来着　在　正在

① Ⓐ 我去____一次新疆，是坐火车去____。

　 Ⓑ 你是什么时候去____？

　 Ⓐ 2009年，那时候我还是学生。背____一个旅行包就去了。

　 Ⓑ 是啊。我第一次去新疆也是学生。

　 Ⓐ 你去____几次新疆____？

　 Ⓑ 八次。

② 我去看____几个同学，他们有的____读大学，有的已成为工作单位的领导，曾经和我好____的一个女同学已成____别人的妻子。换句话说，他们都有自己正确的生活轨道，并都____努力地向前。

◎ **轨道** guǐdào 궤도, 선로

③ 我去疗养院找她。在路上碰见一个卖冰糕的，买____一大把。她一见我，笑____。
"给我找点热水喝。"我把剩下的两只冰糕递给她。阿眉舔____融化的冰糕，拿起一只暖瓶摇____摇："没水____，我给你打去。"她一阵风似的跑出去。这时，她同房间的空中小姐进来，拿____一本书。我没见____这个人。我弯____弯腰，表示尊敬，她却拿挺大的眼睛瞪____我："你就是阿眉的男朋友？"

◎ **疗养院** liáoyǎngyuàn 요양원 | **舔** tiǎn 핥다 | **融化** rónghuà 녹다 | **暖瓶** nuǎnpíng 보온병

了₁ 동작의 완료	• 동사 + 了 (+ 又) + 동사 • 동사 + 在 + 了 + 목적어 • 동사 + 了 + 수량 • 동사 + 了 + 목적어 (+ 동사구) • 동사 + 결과/방향보어 + 了 + 목적어 • 동사 + 了 + 복합방향보어
了₂ 새로운 상황이나 변화를 알림	• 형용사 + 了　　　　• 동사 + 형용사 + 了 • 不 + 동사 + 了　　　• 조동사 (+ 동사) + 了 • 동사 + 가능보어 + 了　• 목적어 + 没(有) + 了 • 没(有) + 목적어 (+ 동사구) + 了 • 别 + 동사 + 了　　　• 명사구 + 了 • 要……了　　　　　• 형용사 + 得 + 不能再 + 형용사 + 了
过 과거의 경험	• 주어 (+ 曾经) + 동사 + 过 + 목적어 • 주어 + 没(有) + 동사 + 过 + 목적어 • 주어 + 不曾 + 동사 + 过 + 목적어 • 주어 + 未曾 + 동사 + 过 + 목적어
来着 최근에 발생한 일에 대한 주의 환기	• 주어 + 동사 + 목적어 + 来着
是……的 과거에 일어난 일의 시간, 장소, 방식, 목적, 행위자 등을 강조	• 주어 + 是 + [시간/장소/방식] + 동사 + 的 + 목적어
在 동작의 진행	• 주어 + 在 + 동사 (+ 목적어)
着 상태의 지속	• 동사₁ + 着 + 동사₂ • 동사₁ + 着 + 동사₁ + 着 + 동사₂ • 장소 + 동사 + 着 + 목적어

제**18**강

'동사 + 起来'와 '동사 +下去'

1 '동사 + 起来'

 생각해보기

▶ 아래 두 그룹 문장들의 의미는 무엇이 다를까?

그룹1

❶ 这个小丑知道什么时候观众<u>开始笑</u>，什么时候停止笑。因此他的逗乐总是恰到好处。

이 광대는 관중이 언제 웃기 시작하고 언제 멈추는지를 안다. 그래서 그의 개그는 언제나 적절하다.

❷ 他也跟着往前走，刚走了第一步，就<u>开始笑了</u>，大笑，笑得几乎连眼泪都流了出来。

그도 따라서 앞으로 갔다. 막 첫 걸음 갔을 때 웃기 시작했다. 크게 웃었고, 거의 눈물까지 흘릴 정도로 웃었다.

❸ 每当我感到人们不对我微笑时，我就<u>开始笑</u>，然后，非常神奇地，似乎我周围突然多出了许多微笑的人。

매번 사람들이 날 보고 미소 짓지 않는다고 느낄 때마다 나는 웃기 시작한다. 그러면 매우 신기하게도 내 주변에 미소 짓는 사람들이 많이 나타난다.

◎ **小丑** xiǎochǒu 광대 | **逗乐** dòulè 개그, 우스갯짓

그룹2

❶ "酱紫的啊！"我学着她的口音说，把她逗得<u>笑起来</u>，边笑边握着拳打我。

"그런 거였구나!" 내가 그녀의 발음을 따라 말하여 그녀를 웃게 하자, 웃으면서 주먹을 쥐어 날 때렸다.

❷ 她这么一说，倒说得我怪舒服的，不禁笑起来，说："当着他们的面，我哪好意思跟你多说话啊！"
그녀가 이렇게 말하자 나는 오히려 매우 편안해져서 웃음을 참지 못하고 "그들을 마주하고, 내가 어떻게 태연하게 너랑 더 이야기를 할 수 있겠어!"라고 말했다.

❸ 听了她的话，他们自然而然地笑起来了。 그녀의 말을 듣고 그들은 저절로 웃기 시작했다.

❹ 看见他的狼狈样子，我忍不住哈哈大笑起来。
그가 궁지에 빠진 모습을 보고 나는 참지 못하고 하하 소리 내서 크게 웃었다.

◎ 酱紫 jiàngzǐ 이렇게, 이러한 모습 [남방 지역의 사투리를 인용하여 '这样子(이러한 모습)'이라는 의미로 자주 사용하는 신조어] | 口音 kǒuyīn 발음, 말투 | 拳 quán 주먹 | 狼狈 lángbèi 궁지에 빠지다, 매우 난처하다

'开始 + 동사'는 주로 의도적으로 하거나 혹은 이미 계획해 놓은 일을 나타낸다. 반면, '동사 + 起来'는 의도적인 것이 아니며, 자연스럽게 어떤 상태로 들어간 것을 나타낸다. 그래서 '不禁(자기도 모르게)', '不由得(저절로, 저도 모르게)', '忍不住(참을 수 없다)', '自然而然地(당연히)' 등의 단어를 함께 사용한다.

❶ 他吓了一跳，不由得叫了起来。 그는 깜짝 놀라 자기도 모르게 소리를 질렀다.

❷ "啊，这是什么？" 他吃惊地喊起来。 "아, 이게 뭐야?" 그는 놀라서 소리를 질렀다.

'동사 + 起来'가 강조하는 것은 '어떤 상태로의 진입' 혹은 '상태의 지속'이다.

❸ 见面以后，他们开始聊天，但是话不投机，没有聊起来。
그들은 만난 후에는 이야기를 나누기 시작했지만, 말이 잘 통하지 않자 이야기를 나누지 않았다.

❹ 会场气氛更加紧张，但总算没有打起来。
회의장 분위기가 더욱 긴장되었지만 끝내 싸우지 않았다.

◎ 话不投机 huà bù tóujī 말이 잘 통하지 않다, 서로의 견해가 상반되다 | 气氛 qìfēn 분위기

'동사 + 起来'는 상태보어로도 쓸 수 있다. 하지만 '开始 + 동사'는 쓸 수 없다.

❺ 屋子里烟很大，他呛得咳嗽起来了。
방 안에 연기가 매우 심해서 그는 사레들려 기침하기 시작했다.

❻ 她哭了两个小时，眼睛哭得都肿起来了。
그녀는 두 시간 동안 울어서 눈이 부어오르기 시작했다.

◎ 呛 qiàng 사레들리다

때로는 '开始 + 동사 + 起来'로 말할 수 있다.

❼ 十一号晚上八点，我的肚子开始疼起来。 11일 저녁 8시, 나는 배가 아프기 시작했다.

❽ 飞机起飞后不久，我的儿子忽然开始吐了起来。
비행기가 이륙한 지 얼마 되지 않아 내 아들이 갑자기 토하기 시작했다.

❾ 高寒站在钢琴边，弹了一段，他就开始唱起来了，完全没有不好意思，他显然非常习惯于表演。
까오한이 피아노 옆에 서서 한 단락을 연주하자 그는 노래하기 시작했다. 그는 전혀 쑥스러워하지 않았다. 그는 확실히 공연이 습관화되었다.

이러한 문장들은 대부분 예상 밖의 일 혹은 자연스럽게 발생하는 일을 나타내고, 주어의 주관적 의지를 강조하지 않는다. 또한, '어떤 일을 시작하다'라는 뜻과 함께 상태가 지속됨을 나타낸다.

✓ 연습 문제 1

1. 보기 중 알맞은 단어를 골라 빈칸을 채워 보세요.

(1)
| 开始聊天   聊起天来 |

① 每次玩累了，两个人就手捧茶杯＿＿＿＿＿＿，靠着椅子。

② 玛丽走过去挽着哥哥的手，把他领到摆满沙发的休息室，二人＿＿＿＿＿＿了。

③ 这两位老同学，一见面就互相拥抱，＿＿＿＿＿＿。

④ 小王一边给我们读她刚写的信，一边和我们热情地＿＿＿＿＿＿。

(2)
| 下起雨来   开始下雨 |

① 没想到，达到目的地还不到十分钟，天竟＿＿＿＿＿＿了，而且越来越大……。

② 天气仍然不好，时不时地还＿＿＿＿＿＿。

③ 他喜欢在雨里走。有人说，有一次天空阴云密布，他就带着伞出门了，走了不久，果然＿＿＿＿＿＿，而且越下越大，衣服被淋湿了。

◎ 淋湿 línshī (비에) 흠뻑 젖다

2. 중국어로 번역해 보세요.

① 나는 참지 못하고 큰 소리로 울기 시작했다.

→ _____

② 이것은 푸짐한 식사였고, 우리 모두 맘껏 먹기 시작했다.

→ _____

③ 그는 노래를 부르기 시작했고, 그 후에 나도 따라서 부르기 시작했다.

→ _____

2 '동사 + 下去'

⊕ 생각해보기

■ 아래 문장들을 중국어로 어떻게 말해야 할까?

❶ I don't want to leave, but I can't go on.

❷ It's outrageous, and we won't stand for it any more.

❸ I hoped to gain time by keeping him talking.

❹ Hang in there and you never know what you might achieve.

위 문장 속 'go on doing'의 의미, 즉 '~을 계속하다'라는 표현은 중국어로 '동사 + **下去**'로 나타낼 수 있다.

❶-1 我不想离开，但是我不能<u>继续下去</u>了。 나는 떠나고 싶지는 않지만 계속할 수는 없다.

❷-1 太不像话了，我们再也不能<u>容忍下去</u>了。 너무 말이 안 된다. 우리는 더는 참고 견딜 수 없다.

❸-1 我希望让他一直<u>说下去</u>，争取时间。 나는 그에게 계속 말하게 해서 시간을 벌기를 바란다.

❹-1 坚持下去，你永远都无法预料会有什么样的收获。

参고 버텨. 너는 어떤 소득이 있을지 영원히 예측할 수 없어.

◎ **容忍** róngrěn 참고 견디다 | **争取** zhēngqǔ 얻다, 쟁취하다 | **预料** yùliào 예상하다, 예측하다

» **Check point**

» '继续 + 동사'는 '중단되었다가 다시 이어서 하다'라는 의미도 나타낼 수 있다.

❶ 就这样儿吧，你回去想想办法。我们要继续排练。

이렇게 하자. 네가 돌아가서 방법을 좀 생각해 봐. 우리는 계속해서 리허설을 해야 해.

❷ 我们正在考虑继续去找校长。 우리는 계속 교장 선생님을 찾아갈 것을 고민하고 있다.

❸ 接完电话，他继续写信。 전화를 끊고, 그는 계속해서 편지를 썼다.

❹ 请继续说，我不是有意打断你的。 계속 말해요. 내가 고의로 당신 말을 끊은 것이 아니에요.

◎ **排练** páiliàn 리허설

그러므로 같은 동작이 지속되는 것을 표현할 때만 '**继续** + 동사 + **下去**'로 말할 수 있다.

❺ 我不能继续做下去了，剩下的工作你来负责吧。

나는 계속해서 할 수 없어. 남은 일은 네가 책임져.

❻ 他已经想办法安排好了，我们要在这里继续住下去。

그가 이미 방법을 생각해서 배치를 마쳤으니 우리는 여기서 계속 머물러야 해.

» 만약 문장에 목적어가 있다면 '**继续** + 동사 + 목적어' 혹은 '**把** + 목적어 + 동사 + **下去**' 문형을 사용한다.

❶ 他们最终选择了继续做自己熟悉的事。

그들은 결국 자신이 익숙한 일을 계속하는 것을 선택했다.

❷ 他的信心支持着他把研究工作坚持下去。

그의 자신감이 그가 연구 작업을 계속해 나갈 수 있게 지탱한다.

» '**下去**'와 함께 사용하는 동사는 지속이 가능하거나 반복이 가능한 동사여야 한다. 따라서 '**毕业**', '**回家**', '**来**', '**去**', '**出生**' 등의 동사는 '**下去**'와 함께 사용할 수 없다.

1. 보기 중 알맞은 단어를 골라 빈칸을 채워 보세요.

继续　　下去

① 听众朋友，这期节目播送完了，请您＿＿＿＿＿收听本台的其他节目。

② 恭喜你答对了，我们＿＿＿＿＿看下一题。

③ 看到这种情况，他实在不能＿＿＿＿＿忍＿＿＿＿＿了。

④ 照这样＿＿＿＿＿学＿＿＿＿＿，四年之后你一定会成为一名出色的翻译。

⑤ 你儿子朝这个方向＿＿＿＿＿发展＿＿＿＿＿，看你将来怎么办吧。

⑥ 要是你认为确实能＿＿＿＿＿过＿＿＿＿＿，那就过一辈子吧。

⑦ 虽然困难很多，但也没有办法，还要＿＿＿＿＿学＿＿＿＿＿。

◎ 恭喜 gōngxǐ 축하하다

2. 다음 문장에 '继续 + 동사'와 '동사 + 下去' 중 어떤 것을 사용해야 하는지 생각하면서 중국어로 번역해 보세요.

① **A** 이제 다음 의제를 계속 논의해 봅시다.

　　B 이 일을 계속 토론하는 것이 무슨 의미가 있죠?

→ ＿＿

＿＿

② 결국 시간이 늦었고 더 이상 찾을 수 없을 때서야 Tom(汤姆)은 속상해 하며 집으로 돌아갔다. 그가 아이를 학교에 바래다 준 후, 또 계속해서 일자리를 찾으러 갔다.

→ ＿＿

＿＿

3. 중국어로 번역해 보세요.

① 우리는 일이 끝날 때까지 계속 했다.

→ _____

② 힘내. 계속해. 너희는 이미 거의 다 끝나가.

→ _____

③ 일이 나날이 진행되었다.

→ _____

④ 나는 이미 여러 번 실패했지만, 여전히 계속하고 있다.

→ _____

⑤ 잠시 침묵한 후에 그는 계속 이야기를 했다.

→ _____

⑥ 만약 나라면 나는 계속해 나갈 것이다.

→ _____

⑦ 우리는 반드시 노력해서 일을 계속 해나가야 한다.

→ _____

⑧ 만약 네가 계속 이런 식으로 하다가는 언젠가 큰 실수를 할 것이다.

→ _____

⑨ 그는 아무 일도 일어나지 않았다는 듯이 계속 말을 이어나갔다.

→ _____

1. 빈칸에 '起来', '开始', '下去', '继续'를 넣어 보세요.

① 我们下个星期＿＿＿学习＿＿＿形容词的用法。

② 妈妈不给孩子买玩具，孩子＿＿＿哭＿＿＿了。

③ 春天来了，天气＿＿＿暖和＿＿＿了。

④ 那位小姐没再＿＿＿说＿＿＿，气哼哼地走了。

⑤ 阿眉的身体越来越糟，再这么＿＿＿干＿＿＿，非生病不可。

⑥ 你们别管我，＿＿＿干＿＿＿你们的。

2. 보기 중 알맞은 단어를 골라 빈칸을 채워 보세요.

起来　　下去

① 你走吧。再待＿＿＿，也没意思了。

② 他太伤心了，忍不住哭＿＿＿。

③ 她不知道自己哭了多久，哭到最后，她没有力量再哭＿＿＿，也不再有眼泪了。

④ 不但要让他了解你为什么哭，还要让他相信你不会一直哭＿＿＿，相信你有能力笑
＿＿＿。

⑤ 吃过药之后，头疼消失了，可胃却开始疼＿＿＿。

⑥ "大夫，这个疼能过去吗？"病人问，"要是老这么疼＿＿＿，我可不活了。"

⑦ 王师傅，你不能瞎练。你要照这样练习＿＿＿你的身体会练坏的。

⑧ 当时，导演只给她五天时间练习，于是她在家里一脚一脚地练习＿＿＿，一天下来，
小腿都踢肿了。

◎ 瞎 xiā 되는대로, 마구

3. 문장이 올바른지 판단하고 잘못된 부분을 고쳐 보세요.

① 你怎么了？现在睡觉起来？　　　　　　　　　　　　　O X

_____

② 时间还早，我们继续喝起来吧。　　　　　　　　　　　O X

_____

③ 已经做成这样了，你也别放弃，做吧。　　　　　　　　O X

_____

④ 她一听到音乐便跳舞起来。　　　　　　　　　　　　　O X

_____

⑤ 我要学中文学下去。　　　　　　　　　　　　　　　　O X

_____

⑥ 那时候我们的村子里很缺老师，所以，父亲一回国，就当了老师。　O X

_____

⑦ 随着人口的增长，以前忽略的问题一天一天地严重了。　O X

_____

⑧ 那时候，他们的生活有很多难处，但是最重要的是他们还要活，他们想办法　O X
　面对困难。

_____

⑨ 如果我自己得了一种不治之症的话，当然我想还要生活。　O X

_____

제19강

동사 중첩

1 동사 중첩의 형식

중국어의 일부 동사는 중첩이 가능하다. 중첩의 형식은 아래의 세 가지로 분류할 수 있다.

(1) 단음절 동사	A (一) A	看 → 看(一)看, 看了看
(2) 이음절 동사	ABAB	学习 → 学习学习, 学习了学习
(3) 이합사	AAB	帮忙 → 帮帮忙, 帮了帮忙

 Check point

» 동사가 단음절인 경우에만, 중간에 '一'를 추가할 수 있다.

✓ 연습 문제 1

1. 동사의 중첩 형식을 알맞게 써 보세요.

① 聊天 → _____　　② 练习 → _____

③ 跳舞 → _____   ④ 见面 → _____

⑤ 锻炼 → _____   ⑥ 休息 → _____

⑦ 收拾 → _____   ⑧ 吵架 → _____

② 동사 중첩의 의미

➕ 생각해보기

■ 두 그룹 문장의 의미는 무엇이 다를까?

그룹1

❶ 今天给大家放一个假，让大家休息休息。
오늘 모두에게 휴일을 주고, 잠시 쉴 수 있게 하겠습니다.

❷ 出去活动活动吧。 나가서 잠시 움직이자.

❸ 我只要听听音乐，就不着急了。 나는 음악을 좀 들으면, 초조하지 않게 된다.

그룹2

❶ 你闻闻，有酒味没有？ 네가 좀 맡아 봐. 술 냄새 나?

❷ 你问问他，听听他怎么说。 네가 걔한테 좀 물어 봐. 어떻게 말하는지 좀 들어보자.

❸ 他点点头，同意了。 그가 고개를 끄덕이더니, 동의했다.

그룹1의 동사 중첩은 동작의 지속 시간이 짧음을 나타내며, 그룹2의 동사 중첩은 동작이 한 번, 혹은 여러 번 일어나지만 매번 발생하는 동작의 시간이 길지 않음을 나타낸다. 따라서 동사 중첩 형식은 '只是(다만, 단지)', '随便(마음대로)', '稍微(조금, 약간)' 등의 단어와 함께 쓰이기도 한다.

❶ 那本书，我只是翻了翻，没仔细看。

그 책을 나는 그저 좀 뒤적거려 보기만 했지, 자세히 보지 않았다.

❷ 我随便看看，你忙你的，不用管我。

나는 편한 대로 좀 보고 있을 테니, 너는 네 일을 하면 돼. 나한테 신경 쓸 필요 없어.

✓ 연습 문제 2

1. 중국어로 번역해 보세요.

① 이 방법은 안 되니 우리 다른 것으로 한번 시도해 보자.

→ _____

② 나는 그냥 그의 이름을 한번 물어보는 거예요.

→ _____

③ 너는 친구와 운동장에서 공을 차도 좋아. 이렇게 신체 단련을 좀 해.

→ _____

3 동사 중첩의 용법

동사 중첩은 주로 비사실문(비현실적 서법)에 사용된다. 일부 동사는 사실문(현실적 서법)에서는 중첩하여 사용할 수 없고, 비사실문에만 사용 가능한 경우가 많다.

❶ 你说什么话啊？你也死死看啊。 지금 무슨 말을 하는 거야? 너도 죽어볼래?

• 他昨天死了死。 ❌

❷ 我们去去就来，你在这里等一下。 우리 잠시 갔다가 바로 올 테니, 너는 여기서 잠시 기다려.

• 他今天上午去了去。 ❌

❸ 让他丢丢东西也好，要不他总是不知道小心。

그가 물건을 잠시 잃어버리게 해도 괜찮아. 그렇지 않으면, 그는 조심하는 법을 계속 모를 거야.

· 他总是丢了丢东西。❎

❹ 姓姓毛也可以嘛，不就是暂时改一个姓吗?

잠시 마오 씨 성으로 해도 괜찮잖아. 잠시 성을 바꾸는 것뿐이잖아?

· 他姓姓毛。❎

각 예문의 첫 번째 문장들은 모두 비사실문이며, '死死', '去去', '丢丢', '姓姓' 모두 가능하다. 그러나 각 예문 아래의 문장들은 모두 사실문으로, 위 동사들을 중첩하여 사용할 수 없다.

» **Check point** ⋯⋯

» 아래 동사들은 비사실문에서만 중첩이 가능하다.

· 丢，断，得，撞，完，病，死，到，出生，出现，发现，拒绝，开始，⋯⋯
· 是，姓，像，叫，有，⋯⋯
· 来，过，起来，⋯⋯
· 爱，恨，怕，怪，同意，承认，⋯⋯

❶ 동사 중첩과 명령문

동사 중첩은 부탁이나 건의 등을 나타내는 문장에서 가장 자주 사용되며, 부드럽고 겸손하며 예의 바른 어투이다.

❶ 咱们一起坐坐，多聊聊天儿吧。 우리 같이 좀 앉아서, 이야기 좀 많이 해 보자.

❷ 还是去散散步吧。 그래도 산책 좀 하러 가자.

❸ 我看看你的书，可以吗? 내가 네 책을 좀 봐도 되니?

❹ 你帮她教育教育他! 네가 그녀를 도와서 그를 좀 가르쳐!

❺ 你应该让他知道知道你的厉害! 너는 그가 너의 대단함을 좀 알게 해야 해!

» 동사 중첩은 명령문의 부정형에서는 쓸 수 없다. 예를 들어, '**不要哭哭!**'나 '**别聊聊!**'는 틀린 문장이다.

» '동사 중첩 + **看**'이나 '동사 중첩 + **试试**'의 형식을 사용하여 제안을 나타낼 수 있다.

❶ 你也浪漫浪漫试试嘛! 너도 좀 로맨틱해 봐!

✓ 연습 문제 3

1. 중국어로 번역해 보세요.

① 우리가 그것을 좀 더 쉽게 바꾸도록 방법을 한번 생각해 보자.

→ _____

② 우리는 자신에게 시간을 주어 잘 생각해 볼 수 있도록 해야 한다.

→ _____

③ 나가서 좀 걷고, 즐겁게 좀 놀고, 새 친구도 좀 사귀어라.

→ _____

④ 나는 네가 그와 한번 이야기를 해 봐야 한다고 생각해.

→ _____

⑤ 이 일들을 다시 의논 좀 할 수 있나요?

→ _____

❷ 목적 및 미래 행위를 나타내는 문장 속 동사 중첩

동사 중첩 형식은 목적을 나타내는 문장이나 미래에 일어나게 될 행위를 나타내는 문장에서도 사용할 수 있다.

❶ 你上这儿来住几天，<u>散散心</u>。 너 여기 며칠 묵으러 와서 기분 전환 좀 해.

❷ 你说个笑话，<u>给我们解解闷</u>。 네가 농담 좀 해서 우리 기분 좀 풀어 줘.

❸ 他现在正希望有一个人来给他解决难题，帮助他<u>思考思考</u>。
그는 지금 난제를 해결해 줄 사람이 와서, 그를 도와 생각 좀 해주길 바라고 있다.

❹ 我没有拒绝他，答应<u>考虑考虑</u>再给他回答。
나는 그를 거절하지 않았어. 생각 좀 해보고 다시 그에게 답변을 주기로 했어.

✓ 연습 문제 4

1. 중국어로 번역해 보세요.

① 저는 세계박람회에 대한 당신의 의견을 좀 듣고 싶습니다.

→ _____

② "나는 거리로 가서 좀 걷고 싶어." 저녁을 다 먹고 그녀가 말했다.

→ _____

③ 내일 만나서 우리의 일을 의논 좀 하자.

→ _____

④ 담배 끊어. 자신에게 더 많이 관심을 갖도록 해.

→ _____

⑤ 나는 너희가 이 계획을 가지고 돌아가서, 주말에 연구해보길 부탁하고 싶어.

→ _____

❸ 동사 중첩과 나열

동사 중첩은 예시를 나열하는 언어 환경 속에서도 사용한다. 이때는 가볍고 자유로운 어투이다.

❶ 洗洗衣服，看看电视，买买东西、周末就是这样。
옷도 빨고, TV도 보고, 물건도 사고, 주말은 보통 이렇다.

❷ 我每天早上都来这里跑跑步，做做操，很舒服。
나는 매일 아침 이곳에 와서 러닝도 하고 체조도 하는데, 매우 상쾌하다.

❸ 连散散步、聊聊天也不让，整天让我们在教室里看书。
산책하고 수다 떠는 것도 못 하게 하고, 하루 종일 우리한테 교실에서 책을 보라고 한다.

❹ 他退休以后，过着看看电视、下下棋、养养花、溜溜鸟的生活。
그는 퇴직 후에 TV 보고, 바둑 두고, 꽃 가꾸고, 새장 들고 산책하는 생활을 하며 시간을 보낸다.

✓ 연습 문제 5

1. 중국어로 번역해 보세요.

① 나는 그저 파리(巴黎)도 구경하고, Sidney Bechet(悉尼·贝谢)의 음악도 듣고 싶다.

→ _____

② 저녁 식사 후 그녀는 음악도 듣고, 설거지도 한다.

→ _____

③ 그는 내가 머리를 좀 비우고, 배운 지식을 좀 복습해야 한다고 말했다.

→ _____

④ 나는 매일 집안일을 해야 하고, 내 남편은 어쩌다 설거지만 좀 한다.

→ _____

✿ 换脑筋 huàn nǎojīn 머리를 비우다, 머리를 식히다

❹ 동사 중첩과 가정 조건문

동사 중첩은 가정을 뜻하는 조건문에서도 쓸 수 있다.

❶ 你说说还可以原谅，他说就不行。

네가 말해보면 그래도 용서할 수 있지만, 그가 말하면 안 돼.

❷ 对他这种人，不教训教训他不行。

그와 같은 부류의 사람은 좀 타이르지 않으면 안 돼.

❸ 你不亲口尝尝，怎么知道这个菜不好吃呢？

네가 직접 맛보지 않으면, 이 요리가 맛이 없는지 어떻게 알겠어?

✓ 연습 문제 6

1. 중국어로 번역해 보세요.

① 얘기하고 싶으면, 나에게 꼭 전화해.

→ _____

② 나는 좀 움직이고 싶으면, 산으로 가서 좀 걷는다.

→ _____

③ 아마도 나는 너를 좀 도울 수 있을 거야.

→ _____

2. 문장의 의미에 따라 빈칸을 채워 보세요.

① 如果你_____(试)，你怎么知道你不行啊？

② 如果你_____(出去玩儿)，你就给我打电话，我来接你一起去。

❺ 동사 중첩과 이미 발생한 동작

짧은 시간 동안 이미 발생한 동작을 표현하려면, '동사 + 了 + 동사'의 형식을 사용한다.

❶ 他伸了伸舌头，不好意思地笑了。 그는 혀를 한번 내밀더니, 멋쩍게 웃었다.

❷ 他看了看我，又闭上了眼睛。 그는 잠시 나를 보고는 또 눈을 감았다.

연습 문제 7

1. 중국어로 번역해 보세요.

① 그는 고개를 한번 끄덕이며 몸을 돌렸고, 나는 그가 가는 것을 보고 있었다.

→ _____

② 두 가지 방법을 모두 해 보았지만 성공하지 못했다.

→ _____

③ 우리는 그가 가져온 화이트와인을 한번 맛보았다.

→ _____

④ "나는 아무 일 없을 거야." 그는 말했다. "그건 단지 한번 생각해 본 것에 불과해."

→ _____

⑤ 그녀는 나를 데리고 여러 곳을 한번 보여 주고, 나를 모든 사람에게 소개했다.

→ _____

❻ 동사 중첩 용법의 유의사항

동사 중첩을 사용할 때에는 앞서 말한 내용 이외에도 아래와 같은 유의사항이 있다.

(1) 동사 뒤에 보어나 수량 보어가 위치할 경우, 중첩할 수 없다.

- 我看看明白了。❎ / 我看看了一个小时。❎

(2) 단음절 동사 중첩 형식은 관형어나 부사어의 역할을 할 수 없다.

- 我看看的时候，他来了。❎ / 他笑笑地看我。❎

(3) 동시에 진행하거나 현재 진행 중인 동작인 경우, 중첩할 수 없다.

- 我一边看看书，一边听听音乐。❎ / 我在看看书。❎

(4) 동사 중첩 형식은 '着', '过'와 함께 사용할 수 없다.

- 我看看着书。❎ / 我看看过书。❎

(5) 동사 중첩 형식은 이미 일어난 일을 뜻하는 부사의 수식은 받을 수 없고, 일어나지 않은 일을 뜻하는 부사의 수식은 받을 수 있다.

- 他已经看了看。❎ / 他曾经看了看。❎ / 他早就看了看。❎

- ❶ 我今天就去看看。나는 오늘 바로 좀 보러 갈 거야.

- ❷ 你先看看。내가 먼저 좀 볼게.

- ❸ 我马上看看。내가 곧 좀 볼게.

- ❹ 我赶快看了看。내가 재빨리 좀 볼게.

(6) 중국어에서 중첩 가능한 단음절 동사의 수는 이음절 동사의 수보다 많다. 중첩 가능한 동사들은 주로 '지속 가능하거나 반복 가능한' 의미를 가진다.

중첩 가능한 동사	예
a. 단음절 동사	看，想，洗，等，说，讲，问，听，写，读，笑，敲，缝，数，跳，……
b. 이음절 동사	点头，摇头，摆手，研究，商量，打听，比赛，参观，联系，关心，收拾，打扫，……

1. 문장이 올바른지 판단하고 잘못된 부분을 고쳐 보세요.

① 你最好想想清楚了再回答。 ○ ✕

_____

② 孩子一边哭哭，一边找妈妈。 ○ ✕

_____

③ 他看看了我，什么也没说就走了。 ○ ✕

_____

④ 大家正在商量商量这个问题。 ○ ✕

_____

⑤ 在北京大学的时候，我们一起学习学习过。 ○ ✕

_____

⑥ 这就是我要看看的书。 ○ ✕

_____

⑦ 我们在一起吃了吃饭，喝了喝酒，唱了唱歌，不到十点就回家了。 ○ ✕

_____

⑧ 我们去散心散心吧。 ○ ✕

_____

⑨ 你这样说，真让我高兴高兴。 ○ ✕

_____

⑩ 每天晚上很多人在湖边散散步。 ○ ✕

_____

⑪ 现在很多人都有去国外看看的想法。 ○ ✕

_____

제**20**강

어기조사

⌄⌄⌄⌄⌄

💡 **생각해보기**

🗨 아래 문장은 어떤 의미의 차이가 있을까?

❶ 好，你快唱！ 좋아, 너 빨리 노래 불러!

❷ 没关系，你快唱吧！ 我们一定不笑话你。
괜찮아. 어서 노래 불러! 우리는 절대 너를 비웃지 않을 거야.

❸ 你快唱啊！ 别磨蹭了，已经过去五分钟了。
너 빨리 노래 불러! 꾸물대지 말고, 이미 5분 지났어.

❹ 妈妈，你快唱嘛！ 我想听你唱。 엄마, 빨리 노래 불러요! 저 듣고 싶어요.

화자의 어투가 **❶**은 비교적 강하고, **❷**는 정중하며, **❸**의 화자는 청자가 노래하기를 재촉하고 있으며, **❹**는 엄마가 노래하기를 간청하면서 애교가 섞여 있다.

'吧', '啊', '嘛' 등을 '어기조사'라고 하며, 구어체 위주로 쓰여 화자의 어투와 태도를 표현한다. 그래서 중국어로 대화할 때 자신과 상대의 친밀도, 사회적 지위의 차이, 자신이 상대방에게 어떤 반응을 원하는지 판단하여 적합한 어기조사를 선택해야 한다. 어기조사의 사용이 부적절하면 예의 없는 말투가 될 수 있다.

의문문과 '吗', '吧', '啊', '呢'

❶ 의문문의 유형과 어기조사

⊕ 생각해보기

■ 두 그룹의 의문문은 어떤 차이가 있을까?

그룹1	그룹2
• 你是中国人吗? 중국인이세요? • 你是中国人吧? 중국인이시죠? • 你是中国人啊? 중국인이세요?	• 谁是中国人呢/啊? 누가 중국인이세요? • 你是哪国人呢/啊? 국적이 어떻게 되세요? • 你什么时候去旅游呢/啊? 언제 여행 가세요? • 你为什么来中国呢/啊? 왜 중국에 오세요?

그룹1의 의문문은 '시비의문문'이라고 하고, 시비의문문은 '是', '对' 또는 '不'로 대답한다. 그룹2의 의문문은 '의문사의문문'이라 하며, '是', '对' 또는 '不'로 대답할 수 없다. 그래서 시비의문문에서는 어기조사 '吗', '吧', '啊'를, 의문사의문문에서는 '呢', '啊'를 사용할 수 있다.

» **Check point**

» 반어문에서는 '吧'를 사용할 수 없다.

❶ 你难道不去了吗/啊? 너 설마 안 갈 거니?

❷ 谁不知道这件事呢/啊? 你还隐瞒什么呀? 누가 이 일을 모른다고? 너 뭘 더 숨기니?

❸ 你不是已经告诉过我了吗? 我早知道了。 내게 이미 알려주지 않았니? 난 일찍부터 알고 있었어.

◎ 隐瞒 yǐnmán 숨기다, 속이다

» '啊'를 사용할 때에는 다음의 표와 같이 말할 수 있으며, '啊' 앞 글자의 음에 따라 음의 변화가 생기고 글자도 다음과 같이 표기한다.

발음	조건	예
(1) 呀	'啊'의 앞 글자의 운모가 'i', 'ü', 'e'로 끝난다.	• 你也来呀? • 你也去呀? • 他是你爷爷呀?
(2) 哇	'啊'의 앞 글자의 운모가 'u', 'ao'로 끝난다.	• 你们好哇?
(3) 哪	'啊'의 앞 글자의 운모가 'n'으로 끝난다.	• 有很多人哪?
(4) 啦	'啊'의 앞 글자가 '了'이다. [了 + 啊]	• 你好啦?

▽ 연습 문제 1

1. 보기 중 알맞은 단어를 골라 빈칸을 채워 보세요.

(1)
> 吗　　呢　　吧　　啊

① 他是学生____?　　　　　② 你去过长城____?

③ 谁愿意去____?　　　　　④ 你去不去____?

⑤ 你还像个学生____?　　　⑥ 你不是吃过了____?

⑦ 你难道不知道____?　　　⑧ 客人来了，怎么不倒茶____?

(2)
> 啊　　呀　　哇　　哪　　啦

① 好(了)____，好(了)____，别哭了。

② 怎么，你还不知道____?

③ 快看____，那是什么____?

④ 你先走____，别等我。

⑤ 好累____，休息一下吧。

❷ 시비의문문과 어기조사

⊕ 생각해보기

🔖 두 그룹의 문장은 어떤 차이가 있을까?

그룹1

Ⓐ 你还不知道吧？他昨天已经订婚了。 아직 모르시죠? 그는 어제 이미 약혼했어요.

Ⓑ 是吗？祝贺他！ 그래요? 축하해야겠네요!

그룹2

Ⓐ 什么？你还不知道啊？我们都知道了，他是昨天订的婚。
뭐라고요? 아직 모르세요? 우리 모두 그가 어제 약혼했다는 것을 알았어요.

Ⓑ 真不知道。那么祝贺他吧。 정말 몰랐어요. 그럼 축하해야지요.

시비의문문에서 '吧'를 사용했다면 화자가 이미 판단을 내렸지만 청자로부터도 확인을 받고자 할 때 사용하며, 보통 '不可能', '不会', '该', '也算是', '总', '大概' 등과 함께 쓰인다.

❶ 你是老何吧？诶，正好我有事儿找你，想问问你。
당신이 라오허이지요? 아, 마침 제가 일이 있어서 당신을 찾았어요. 좀 물어볼게요.

❷ 夏 这太阳比地球大，您知道吧？ 태양이 지구보다 크다는 것을 알지요?

 李 知道。 알아요.

 夏 可是，满天的小星星都比太阳大，这您就不知道了吧？就因为它们离咱们太远了。
그런데 하늘을 가득 채우는 작은 별들이 태양보다 크다는 것은 모르시죠? 단지 별들이 우리와 너무나 멀리 떨어져 있어서 그래요.

'啊'를 사용한다면 화자는 한 가지 정보를 알고 난 후 놀라움을 느끼며, 다시 그 정보를 확인하는 것이다.

❸ 啊，你们说的就是这事啊？ 아, 당신들이 말한 것이 바로 이 일이에요?

❹ 怎么回事？不是说好了不去了吗？怎么，又要去了啊？
어떻게 된 일이에요? 가지 않기로 말하지 않았나요? 왜요, 가려고요?

❺ 这个辣椒这么大啊？哎！辣吗？ 이 고추 어쩜 이렇게 커요? 저기요! 매워요?

1. 문맥에 맞게 '吧' 또는 '啊'를 사용하여 빈칸을 채워 보세요.

① 我们大概要迟到了____？

② 女 你们就是《人间指南》编辑部的____？

  李 对。

  女 太好了，我们就找你们。

③ 李 孩子们就喜欢看恐怖电影，越害怕越爱看。

  牛 会吓着孩子____？

  李 没事儿。我小时候儿就爱看这个。

④ 何 江导是我国著名的导演，导过很多很好的电影。

  王 是吗？ 都导过什么呀？

  何 大型舞蹈史诗《东方红》等等。

  王 啊，知道知道。我们小的时候就看过。哎哟，原来是您的作品____？

  江 不好意思，那都是过去的事儿了。

❸ 의문사의문문과 어기조사

(1) 의문사의문문과 '呢'

> #### ⊕ 생각해보기
>
> ▪ 화자는 어떤 상황에서 어기조사 '呢'를 사용할까?
>
> Ⓐ 这是谁的书？ 是你的吗？ 이것은 누구의 책이에요? 당신 것인가요?
>
> Ⓑ 不是。 아니요.
>
> Ⓐ 是他的吗？ 그의 것인가요?
>
> Ⓑ 也不是。 역시 아니에요.
>
> Ⓐ 奇怪，这是谁的书呢？ 이상하네요. 이게 누구 책일까요?

의문사의문문에서 '呢'를 사용할 때 화자가 표현하려는 것은 '문제의 답을 매우 알고 싶다.'이다.

❶ 诶，大家倒是说话啊。该怎么办呢？ 事儿都这样了，现在该怎么办？

  이보세요! 모두들 말을 해 보세요. 어떻게 해야 하나요? 일이 이렇게 되었는데, 지금 어떻게 해야 하나요?

❷ 李 诶，也真是的啊，这也不可能啊。咱怎么没想到呢？

  아, 이런. 그럴 리는 없는데! 우리가 왜 생각하지 못했을까?

  刘 你呀，还是年轻，想不到的事儿啊，那多了。

  너는 말이야. 아직 젊어서 생각할 수 없는 일이고, 그러한 일은 많아.

» Check point

» 구어체에서 'A……, B呢?'와 같은 의문형식이 있다.

❶ 你觉得那个不好，那这个呢？ 당신은 저게 좋지 않다고 생각하시는데, 그럼 이건요?

❷ 我们今天下午要去逛街，你呢？ 우리는 오늘 오후에 쇼핑하러 가려고 하는데, 당신은요?

❸ 他的女朋友是北京大学的学生，你的呢？

  그의 여자 친구는 베이징대학 학생이에요. 당신의 여자 친구요?

» 이 문장에서 'B呢?' 부분은 의문사의문문의 생략 형식으로 다음과 같이 쓸 수 있다.

❶ 你觉得那个不好，那这个好不好？ / 那这个怎么样？
당신은 저게 좋지 않다고 생각하시는데, 그럼 이건 좋아요? / 그럼 이건 어때요?

❷ 我们今天下午要去逛街，你去不去？ / 你有什么打算？
우리는 오늘 오후에 쇼핑하러 가려고 하는데, 당신은 가나요? / 당신은 어떤 계획이 있어요?

❸ 他的女朋友是北大的学生，你的女朋友是哪个大学的？ / 你的女朋友是不是北大的？
그의 여자 친구는 베이징대 학생이에요. 당신의 여자 친구는 어느 대학 학생이에요? / 당신 여자 친구는 베이징대 학생인가요?

(2) 의문사의문문과 '啊'

🔔 생각해보기

■ 화자는 '啊'를 사용하여 어떤 어투를 표현할까?

❶ 牛 这下儿我心里有底了。哎，王红啊，你说那天我穿什么好啊？ 裙子？
이번에 나는 생각이 있어. 이봐 왕홍, 그날 나 무엇을 입으면 좋을까? 치마?

王 不太好吧。你穿那件西装，一定端庄大方。
별로잖아. 그 정장 입어. 분명 단정하고 대범해 보일 거야.

牛 夏天穿西装，热不热啊？ 体育馆有空调吗？ 那……。
여름에 정장을 입으면 덥지 않을까? 체육관에 에어컨 있어? 그럼…….

❷ 余 不能跟他们一起干，肯定有问题。
그들과 함께 할 수는 없어. 분명 문제가 있을 거야.

江 你们这个人是谁啊？ 有毛病啊！ 너희들은 누군데? 문제 있네!

余 不知道我是谁，是不是啊？ 睁大眼瞧瞧，去外头打听打听……。
내가 누군지 모른다고? 눈 크게 뜨고 봐. 밖에 나가 물어봐…….

◎ 端庄 duānzhuāng 단정하고 장중하다 | 瞧 qiáo 보다

화자가 의문사의문문에서 '啊'를 사용할 때는 두 가지 상황이 있다.

하나, 화자와 청자가 비교적 친밀한 관계이다. 예문 ❶처럼 '啊'를 사용한다면 부드럽고 친밀한 태도를 표현할 수 있다.

둘, 화자가 비교적 화가 난 상황이다. 예문 ❷처럼 청자와 말다툼할 때, '啊'를 사용한다면 비교적 강경한 태도를 표현할 수 있다.

1. 보기 중 알맞은 단어를 골라 빈칸을 채워 보세요.

啊　　呢

① 何 (生气地) 你是谁？你叫什么名字？

　余 我是《人间指南》的编辑，我叫余德利。

　何 小王，把他的名字记下来。

　余 嗬菏，可笑。你还打算把我怎么样_____？

　何 我现在不跟你说。

　余 你凭什么不跟我说_____？我是当事人之一。你必须回答我提出来的问题。

　何 请你马上出去。我不要和你讲话。诶，还有你，你也出去。你们来这么多人干什么_____？都出去！

　戈 诶诶诶，我说您客气点儿，行吗？您那么大人了，怎么不懂礼貌_____？

　何 我说话就这个样子。对你们就不能客气。

② 牛 别哭，快别哭！赶快进去喝点儿水。慢慢儿说。坐下。待会儿再说啊。啊，东宝儿，怎么回事儿_____？

③ 刘 诶，萝卜这么大啊。诶，辣不辣_____？

　戈 诶，不辣。您尝尝。特脆。

④ 余 我又一次深深地体会到，你说，咱们这些用这种态度对待自己错误的人，咱们怎么能不进步_____？

　李 就是啊。进步得怎么能不快_____？

감탄문과 '啊'

감탄문에서 자주 쓰이는 어기조사는 '**啊**'이며, 다음과 같은 몇 가지 감탄의 방법이 있다.

❶ 好 + 형용사 + 啊 / 真 + 형용사 + 啊

이 두 가지 형식은 화자의 주관적인 느낌을 표현한다.

❶ 他感到很委屈，自己为学校努力，却有不少人不理解，做成一件事情真难啊。

그는 억울함을 느꼈다. 자신이 학교를 위해 노력했지만 많은 사람이 이해하지 못하다니, 한 가지 일을 이룬다는 것이 정말 어렵구나.

❷ 许云继续向前走，自言自语似地说 "真好啊，天气真好啊。" 他深深地吸了一口外面的空气。

쉬윈은 계속 앞으로 걸으며 혼잣말처럼 "정말 좋구나, 날씨 정말 좋구나."라고 말하고, 바깥 공기를 깊게 한 숨 들이마셨다.

❸ 书睛盯着那个婴儿，惊呼着说 "他好漂亮啊！他的头发好黑啊⋯⋯他睁开眼睛了⋯⋯他笑了⋯⋯啊！娘！他长得好像爷爷啊！"

슈징은 그 아기를 보며 깜짝 놀라 "아주 예쁘네요! 머리카락은 아주 검고요⋯⋯ 눈을 떴어요⋯⋯ 웃어요⋯⋯ 아! 어머니! 아기가 할아버지를 닮은 것 같아요!"라고 말했다.

☺ 惊呼 jīnghū 깜짝 놀라 소리치다

❷ 太 + 형용사 + 啦

이 형식은 화자가 몹시 놀라며 감탄할 때 주로 사용한다. 화자는 어떤 상황이나 성질이 예상을 벗어났다고 느낀다.

❶ 他也太霸道啦！有什么事大家可以商量嘛，干什么不让人家出门呢？

그도 너무 독단적이야! 무슨 일이 있으면 모두가 의논할 수 있는 거잖아요. 왜 외출을 못 하게 해요?

❷ 苏州天气太热啦！这几天持续高温，夫人身体要紧，还是请回上海休息吧。

쑤저우 날씨는 너무 더워요! 이 며칠 계속 고온이네요. 부인 건강이 중요하니 상하이로 돌아가서서 쉬도록 하세요.

❸ 他急忙跑到外面找到王元，把他拉到一边小声说："你也太不懂事啦，把咱们一家人的脸都丢尽了！还不快回家去！"

그는 급히 밖으로 달려 나가 왕위앤을 찾아내어, 그를 잡아당기며 작은 소리로 말했다. "너도 너무 철이 없다. 우리 집 안 사람들 얼굴에 먹칠을 했어! 빨리 집에 안 가!"

☺ 霸道 bàdào 횡포를 부리다 | 懂事 dǒngshì 철들다

❸ 多(么) + 형용사 + 啊

생각해보기

■ 화자는 어떤 상황에서 '多(么) + 형용사 + 啊' 형식을 사용할까?

❶ 你以后得注意点儿。这社会多复杂啊。
당신 다음부터는 주의해야 해요. 이 사회가 얼마나 복잡한데요.

❷ 这个菜多好吃啊，你怎么不吃呢？ 이 음식 얼마나 맛있는데, 당신 왜 안 드세요?

❸ 你听，他说得多精彩啊！快来听。
들어 보세요. 그의 말이 얼마나 훌륭한지 몰라요! 빨리 와서 들어 보세요.

❹ 如果你也在，那该多好啊！ 당신도 있었다면 얼마나 좋았을까요!

화자가 이 감탄 형식을 사용하여 표현하려는 의미는 청자가 이렇게 생각하지 않거나 또는 화자는 청자가 이렇게 생각하지 않을 줄 알아서, 화자가 청자에게 권유하거나 청자의 인정을 요구하는 것이다.

❶ 你的病治好了，你该回到爸爸妈妈身边去了，在你们家生活多好啊！
당신의 병은 다 치료되었어요. 부모님 곁으로 가셔야겠네요. 집에서 생활하게 되었으니 얼마나 좋아요!

❷ 你不看一看，这个骗局设计得多棒啊！都赶得上福尔摩斯的水平了。
당신 좀 봐요. 이 속임수 구상이 얼마나 훌륭한가요! 거의 셜록홈스 수준이에요.

◎ 骗局 piànjú 속임수 | 福尔摩斯 Fú'ěrmósī 셜록홈스

❹ 可 + 형용사 + 啦

이 감탄문은 청자가 어떤 정보를 알지 못한다고 생각하는 경우에 사용한다.

❶ 来到韩国以后，她非常想家、想奶奶。因为奶奶一到冬天就犯病，可难受啦！
한국에 온 이후 그녀는 집이 몹시 그립고 할머니가 생각났다. 할머니는 겨울만 되면 병이 재발하시는데, 정말 힘드시다!

❷ 在这里连说话的人都没有，好孤独。妈妈，同学们都去看过了长江大桥，说可好看啦，可没有人带我去。
여기는 말하는 사람도 없어서 몹시 외로워요. 엄마, 친구들이 모두 창장 대교를 가보고 정말 보기 좋다고 해요. 그런데 나를 데리고 가는 사람은 없어요.

❺ 기타

때로는 명사(구)를 사용하여 감탄을 표현할 수 있다.

감탄 표현 형식	예
(1) 多么 + 형용사 + 명사(구) (+ 啊)	• 得出一个数字就需要上万次的计算，这需要花费多少时间、付出多 么巨大的劳动啊！由此可见，他是多么努力，多么令人佩服啊！ 하나의 숫자를 얻기 위해서는 수없이 많은 계산이 필요하고, 이는 얼마의 시간을 들여 야 하고, 얼마나 많은 노동을 지불해야 하는가! 이로써 그가 얼마나 노력했고, 얼마나 사람을 감탄하게 하는지 알 수 있다.
(2) 好一 + 양사 + 명사(구) (+ 啊)	• 抬头一望，青山绿水，波光无限。好一个富饶的鱼米之乡啊！ 머리를 들어 바라보니 푸른 산 맑은 물 반짝이는 물결이 끝이 없다. 비옥하고 풍성한 지역이로구나!
(3) (你)这(个) + 형용사 + 명사(구) (+ 啊)	• 你这无耻的人(啊)！ 너 이 염치없는 인간! • 你这聪明的小家伙！ 너 이 영리한 녀석!
(4) 这/那 + 양사 + 명사(구) (+ 啊)	• 这场雨(啊)！ 이 비! • 那个人(啊)！ 저 사람!

◎ 佩服 pèifú 감탄하다 | 富饶 fùráo 풍요롭다 | 无耻 wúchǐ 염치없다

✓ 연습 문제 4

1. 중국어로 번역해 보세요.

① 제게 당신의 시계를 좀 보게 해 주세요. 이 시계 정말 예쁘네요!

→ _____

② 만일 네가 좀 일찍 내게 알려줬으면 얼마나 좋았을까!

→ _____

③ 당신의 곱슬머리가 얼마나 예쁜데요! 왜 잘라버리려고 해요?

→ _____

④ 얼마나 보기 안 좋은 물건이에요! 버려요, 버려요!

→ _____

⑤ 오, 맞아요! 때로는 비가 정말 많이 내려요. 베이징 여기는 어때요?

→ _____

⑥ 당신은 걱정을 너무 많이 하네요! 문제가 이렇게 심각하지는 않아요.

→ _____

2. 보기 중 알맞은 단어를 골라 빈칸을 채워 보세요.

多好啊   可好啦   太好啦   真好啊

① 我们感到教师的工资太低了。如果能给教师提一提工资，那就_____。

② 那时候很多人不爱学习，但是他说："以后我考大学。考上大学_____，到时候会有好
的出路。"

③ 老师   小丽，你来谈谈对大学的感受。

    小丽   大学生活_____！有很多的自由，爱干什么干什么！

④ 年轻_____！有那么多选择，犯了错也没关系，有的是机会和时间。

3 명령문과 '吧', '啊', '嘛', '呗'

어기조사 '吧', '啊', '嘛', '呗'는 명령, 건의, 부탁의 문장에서 사용할 수 있다. 이 어기조사들이 표현하는 화자의 태도는 각기 다르기 때문에 사용할 때 많은 주의가 필요하다.

❶ 명령문과 '吧'

'吧'의 어투는 비교적 부드럽고 예의 바르며, 명령문에 쓰이는 어기조사 중에 사용 빈도가 가장 높다. 주로 부탁, 의논, 건의 등의 문맥에서 사용된다.

❶ 行，你看着办吧。 좋아요. 당신이 알아서 해요.

❷ 没不让你睡，你去睡你的吧，瞧你困得那样儿。
자지 못하게 한 게 아니에요. 가서 자요. 당신 졸린 모습 좀 봐요.

❸ 你想去就去吧，别有太多顾虑。 당신 가고 싶으면 가세요. 너무 많이 걱정하지 마세요.

❷ 명령문과 '啊'

명령문에서 '啊'는 화자가 청자에게 자신의 부탁, 바람, 명령 등에 따라 행동하기를 분명하게 요구하며, 이때 화자의 태도는 비교적 강경하다. 주로 경고, 위협, 재촉, 명령 등의 문맥에서 사용하며, 비교적 친밀한 사이에서 쓰인다.

❶ 他瞪大眼睛说：“你不要胡说啊！” 그는 눈을 크게 뜨고 말했다. "너 헛소리하지 마!"

❷ 我走了几步又掉头回来，对她说：“保密啊。”
나는 몇 걸음 가다 다시 돌아와 그녀에게 말했다. "비밀 지켜."

❸ 你小子以后给我注意着点儿啊。 이 녀석, 다음부터는 주의해.

❹ 我不在，你好好的啊！ 내가 없어도 잘 지내야 해!

❸ 명령문과 '嘛'

명령문에서 '嘛'가 표현하는 화자의 태도는 '啊'보다 약하다. '嘛'는 화자가 청자에게 자신의 부탁 또는 명령대로 실행하기를 바라는 표현이므로 주로 권고, 부탁의 문맥에서 사용하고, 주로 이유를 설명하거나 상황을 진술할 때 사용한다.

❶ 别那么傲慢嘛，对人亲切一些多好啊。
그렇게 거드름 피우지 말아요. 사람에게 좀 친절하면 얼마나 좋아요.

❷ 你不要那么自卑嘛，很明显，她对你有好感的。
그렇게 자신을 비하하지 말아요. 분명히 그녀는 당신에게 호감이 있어요.

❸ 过节了，可以喝一点嘛。 명절인데, 좀 마셔도 되잖아요.

◎ 傲慢 àomàn 오만하다

또한 친밀한 관계, 화자의 지위가 청자보다 낮을 때 또는 권위가 없을 때, 예를 들어 아이와 부모, 연인관계 등에 '嘛'를 사용하면 애교가 섞인 어감을 나타낸다.

❹ 妈妈，我想吃雪糕，你给我买嘛，给我买嘛。
엄마, 저 아이스크림 먹고 싶어요. 사주세요, 사주세요.

❺ 去看电影嘛，去看电影嘛。我想去看嘛。
영화 보러 가요, 영화 보러 가요. 저 보러 가고 싶어요.

반대로 화자의 지위가 청자보다 높다면, 사무적인 어조로 사용하기도 한다.

❻ 不要这样嘛，有什么意见可以提嘛。 이렇게 하지 마시죠. 의견 있으면 제기하세요.

❹ 명령문과 '呗'

명령문에서 '呗'를 사용하면, 깊이 생각하지 않고 다소 무심한 어투로 청자에게 건의나 제안을 하는 것이며, 화자의 생각으로는 이 의견이 유일한 선택임을 표현한다. 화자의 태도는 비교적 정중하지 못하다.

❶ Ⓐ 让我干什么去？ 나더러 왜 가라고 해요?

Ⓑ 这你还不明白啊？这种事哪有坐在家里等着的，过去活动活动呗。
아직 몰라? 이런 일을 집에 앉아 기다리는 경우가 어디 있어. 가서 부탁해야지.

❷ "我问你，如果我们将这些东西分了，你打算怎么处理。"小胡不假思索地说，"这还用说？把它卖了呗。"
"당신에게 물을게요. 이 물건들을 나눈다면 당신 어떻게 처리할 건가요." 샤오후는 생각할 것도 없이 말했다. "말할 필요 있어? 팔아."

❸ Ⓐ 他正在那边等着我呢！ 그가 지금 저쪽에서 나를 기다리고 있어!

Ⓑ 那就叫他一块儿吃呗！ 你先进屋，我去叫他。
그럼 그를 불러 함께 먹으면 되겠네! 당신 먼저 방에 들어가요. 내가 가서 그를 부를게요.

❹ Ⓐ 你喝啤酒吗？ 맥주 마실래?

Ⓑ 想喝你就喝呗，还用我批准吗？ 마시고 싶으면 마셔. 내 허락이 필요해?

❺ 有不少大商场的衣服都要换季打折了。这个周日咱俩上街去看看呗。
많은 대형 상점들의 옷이 환절기 할인을 할 거야. 이번 일요일에 우리 가 보자.

'呗'를 사용하는 문장에는 보통 '就行了', '就得了', '就可以' 등의 어구가 함께 쓰인다.

❻ 你怎么说这么难听的话呀？你要是不愿意，以后你不去跳舞就是了呗。
너 어떻게 이렇게 안 좋은 말을 해? 원하지 않으면 다음에 춤추러 가지 않으면 되지.

❼ 这事没那么复杂，你直接告诉他就得了呗。
이 일은 그렇게 복잡하지 않아. 네가 직접 그에게 알려 주면 돼.

이 밖에 화자와 청자가 별로 친밀하지 않은 관계에서 화자가 '呗'를 사용했다면 다소 냉랭하거나 크게 신경 쓰지 않는 듯한 태도를 나타낸다.

❽ 我工作上有事要跟他商量，他总是那一句冷冰冰的话："你看着办呗！你不是总经理吗？"
업무상 그와 의논할 일이 있으면, 그는 늘 냉담한 말 한 마디이다. "알아서 하시면 되지요! 사장 아니신가요?"

✓ 연습 문제 5

1. 보기 중 알맞은 단어를 골라 빈칸을 채워 보세요.

> 吧　啊　嘛　呗

① 我爱你，嫁给我＿＿＿。

② Ⓐ 这是什么东西呀？

Ⓑ 这叫矿泉壶，你看看＿＿＿。

③ 不管怎么说，我觉得没那么严重。出了事儿，咱们就想办法解决＿＿＿。

④ A 大家倒是说话____。该怎么办呢？事儿都这样了，现在该怎么办？

B 咳，是呀。老陈回来了，我们跟他说啊？咳！

C 老陈回来也没有办法，承认了____。

⑤ A 你说，到那儿我们应该怎么说啊。

B 到那儿再说____。见机行事。现在担心也没用。

평서문과 '啊', '呢', '吧', '嘛', '呗'

'吗'를 제외한 그 밖의 어기조사는 모두 평서문에 사용할 수 있다. 문장 끝에 사용할 수 있을 뿐 아니라 문장 중간에도 사용할 수 있다. 어기조사가 표현하는 의미는 섬세하기 때문에 자세히 이해할 필요가 있다. 어기조사의 사용은 구어체에서 더욱 자유로운데, 특히 비공식적인 한담을 나눌 때 빈번하게 사용된다.

❶ 要说起房子吧，在北京来说呀，过去这房子，很不像样儿。
집을 말할 것 같으면, 베이징을 예를 들어서, 과거에는 집이 변변하지 못했어요.

❷ 一般像穷人哪，这个，劳动人民哪，住的房子都是小房子儿，又脏又乱。
보통 가난한 사람들 같은 경우, 이 노동자들은, 사는 집이 모두 작은 집이고 더럽고 어수선해요.

❸ 历史博物馆哪，就在那时候儿建的。建了这个馆以后呢，我们单位啊，有一些人哪，就选一些当讲解员的。条件啊，比较高一点儿，一个是口才得好，一个是长得要好，身体得强。所以我的大女儿呢，就被选中啦。
역사박물관은요, 바로 그 당시 지어졌어요. 이 건물이 세워진 이후에, 우리 기관의, 일부 사람들을 선출해 해설자를 맡겼어요. 조건은요, 비교적 높았어요. 하나는 말재주가 좋아야 하고, 하나는 생김새가 좋아야 하며, 체력이 좋아야 해요. 그래서 바로 제 큰딸이요, 뽑혔어요.

❹ 所以不感到啊，这个北京和外地呀，有多大的差别了。
그래서 여기 베이징과 타 지역이 얼마나 큰 차이가 있는지, 느끼지 못해요.

❺ 第一次呀，这个父母哇，就让我呀，给她介绍一个男朋友。
처음에는 말이야, 부모님이 나더러 그녀에게 남자 친구를 소개해 주라고 하셨어.

위 예문처럼 어기조사는 문장의 그 어떠한 의미 단위 뒤에도 쓰일 수 있음을 알 수 있다. 대체로 두 가지 상황이 있다. 첫째는, 화자가 생각 중이거나 주저하며 결정을 내리지 못하는 상황에서 어기조사를 사용하여 휴지를 두고 청자에게 이야기가 계속 이어질 것임을 환기시킨다. 둘째는, 화자가 의도적으로 어기조사를 사용하여 청자의 주의를 끌고, 그들이 경청하도록 흥미를 유발한다.

평서문에서 자주 쓰이는 어기조사는 '**啊**', '**呢**', '**吧**'이며, 다음과 같은 위치에 쓰인다.

(1) 주어 뒤에 쓰인다.

❶ 我这个年纪的人呢，就是这样儿。比我还老一点的人呢，经历还得复杂些。

내 나이대 사람은요, 이래요. 나보다 더 나이든 사람들은요, 경험이 더 복잡해요.

❷ 现在房子基本也够住的，住处改善了。人的生活呢，也改善了。人的身体呢，也比过去好了。

지금 집은 기본적으로 살기 충분해요. 거주지는 개선되었어요. 사람의 생활은요, 역시 개선되었지요. 사람의 신체는요, 역시 과거보다 좋아졌어요.

❸ 我吧，是个厨师，我热爱我的工作，可我从小就有个理想，一直没实现，而且现在越来越不可能实现了。

저는요, 요리사입니다. 제 일을 아주 사랑해요. 그러나 저는 어려서부터 꿈이 하나 있었는데 계속 실현하지 못했어요. 게다가 지금은 점점 더 실현 불가능하게 되었어요.

❹ 像我们这种工作吧，就是和人打交道的工作，每天都得和几千人说话，我就观察这几千人的特点。

우리가 하는 이런 일은요, 사람들을 상대하는 일이에요. 매일 수천 명과 말을 해야 하기 때문에 저는 이 수천 명의 특징을 관찰합니다.

❺ 我买了个年票，去公园，每天去。这年票啊，五十块钱。

저는 1년 이용권을 사서 공원에 매일 갑니다. 이 1년 이용권은요, 50위안입니다.

❻ "您说这王大妈啊，"冯小刚走过来说，"每次见她，每次我都纳闷儿，身子骨儿怎么就这么硬朗？"

"왕 아주머니 말이야", 펑샤오강이 다가와 말했다. "매번 그 아주머니를 볼 때마다 나는 항상 궁금해. 몸이 어쩌면 그렇게 정정하시지?"

◎ **纳闷** nàmèn 궁금해하다 | **硬朗** yìnglang 정정하다, 건강하다

» **Check point**

» 예문 ❸, ❹와 같이 예를 드는 표현에서 상용되는 어기조사는 '**吧**'이다.

(2) 시간사 뒤에 쓰인다.

❶ 以前，一个月150块钱，不够花。现在呢，1000块，我很满意。

예전에 한 달에 150위안은 쓰기에 부족했어요. 지금은, 1000위안인데 나는 매우 만족해요.

❷ 那时候考大学考了两年。第一年呢，忘了因为什么来看，没考上；第二年呢，又考一次，结果考上了，上的是北京师范大学。大学生活呢，还是挺好玩儿的。

그때 대학시험을 2년 보았어요. 첫해는요, 왜 그랬는지 잊었지만 합격하지 못했어요. 그 다음 해 또 한 번 시험을 보았고 합격했어요. 합격한 곳은 베이징사범대학이에요. 대학생활은요, 꽤 재미있었어요.

❸ 近几年啊，大家喜欢吃风味儿小吃。但是，现在这风味儿小吃儿啊，简直是有名无实，一点儿风味儿都没有了。

최근 몇 년 동안은, 모두가 향토 먹거리를 좋아했어요. 그런데 지금 이 향토 먹거리는요, 정말이지 이름뿐이에요. 지역 특색이 하나도 없어졌어요.

❹ 过去，像五几年那时候儿吧，"五一"的时候儿就挺暖和了。像今年这"五一"的时候儿呢，还挺冷的呢。

과거 50년대 같은 경우는요, 5·1절 때 꽤 따뜻했는데, 올해 5·1절 같은 경우는요, 여전히 꽤 춥네요.

(3) 장소·범위를 나타내는 어휘 뒤에 쓰인다.

❶ 现在青年人，很喜欢骑摩托车，都去广州买。在广州，咱们国产的车、日本产的车都有。北京呢，买不着，广州那儿到处都有……。

요즘 청년들은 오토바이 타기를 좋아해서 광저우로 가서 사요. 광저우에는 국산, 일본산 모두 있어요. 베이징에서는요, 살 수가 없어요. 광저우는 어디든 다 있는데…….

❷ 这些补贴在中学和小学里就没有了，所以，从总的收入来讲呢，我们就比别人低。

이러한 수당은 중고등학교와 초등학교에는 없어서, 전체 수입으로 말하면요, 우리가 다른 사람들보다 낮아요.

❸ 在社会上啊，时常发生各种各样的事儿。

사회에서는요, 항상 별의별 일이 다 일어나요.

❹ 我呢，有房子住，有床睡，就行了，是不是？在生活上啊，没问题了就行了，是不是啊？我就这样儿考虑。

저는요, 살 집이 있고, 잘 침대가 있으면 돼요. 그렇지 않아요? 생활면에서는요, 문제가 없으면 돼요. 그렇지 않아요? 저는 이렇게 생각해요.

(4) 비교 대상 뒤에 쓰인다.

❶ 当然我岁数大了，跟年轻的时候儿感觉也不一样了。可是实际上好像也是具有变化，总的来看呢，气候是比从前呢变暖和了。

당연히 내가 나이들었으니 젊었을 때의 느낌과는 다르죠. 하지만 실제로는 변화가 있는 것 같아요. 종합해서 보면 기후가 예전보다는 따뜻해졌어요.

❷ 我认为新演员里啊，他是差了一些。您比如，四大名旦，他哪里比得过啊？要再比王瑶卿那一代呢，四大名旦他们又差了。

제 생각으로는 새 배우들 가운데에서, 그는 좀 부족해요. 예를 들면 그를 어떻게 4대 '旦'과 비교할 수 있겠어요! 또 왕야오칭 시대와 비교한다면 4대 '旦'들은 또 부족하지요.

❸ 反正生活上还是比以前吧，不敢说有天地之别吧，反正还是都挺好的。

어쨌든 생활면에서는 역시 예전보다, 천양지차라고는 말할 수 없지만, 어쨌든 꽤 좋아요.

❹ 过去嘛，只有一个国营商店啊，现在呢，满街上都是卖东西的，反正，市场比过去啊活跃，买东西稍微方便一点。

과거에는, 국영상점이 단 하나였지요. 지금은요, 온 거리가 모두 상인들이에요. 어쨌든 시장은 과거보다 활기차서 물건 사기가 조금 편리해요.

(5) 원인 · 목적성 성분 뒤에 쓰인다.

❶ 需要做手术的人呢，得不到及时手术。所以好多病人呢，因为这样儿呢，没了命啊。

수술이 필요한 사람은, 제때에 수술을 받지 못해요. 그래서 많은 환자는, 이렇기 때문에 생명을 잃어요.

❷ 反正是没知识，没文化不行。所以，为了弥补自己的这个不足呢，就尽量地培养孩子。

어쨌든 지식이 없고 교양이 없으면 안 돼요. 그래서 자신의 이 부족함을 보충하기 위해, 최대한 자식을 잘 키워요.

❸ 我每天呢，反正因为是岁数儿大了啊，不能睡八小时啦。我差不多看完电视啊，十点来钟就要睡。

나는 매일, 아무튼 나이가 많기 때문에 여덟 시간을 잘 수 없게 되었어요. 내가 TV를 어느 정도 다 보면, 10시쯤에 잡니다.

(6) 가정 · 조건절 뒤에 쓰인다.

❶ 过去，有时候儿你到家具店，你买不着要买的东西。现在呢，自由市场，你要是去了呢，就可以买着，当然是贵一些，可是你能够买了就用啊。

과거에는 가구점에 갔을 때 사려고 하는 것을 살 수 없을 때가 있었지만, 지금은 프리마켓에 가면 살 수 있어요. 당연히 좀 비싸기는 하지만 살 수만 있으면 바로 사용할 수가 있어요.

❷ 好，您慢走。明天您要不来呢，我们给您送过去。

네, 살펴 가세요. 내일 오시지 않으면 저희가 가져다 드릴게요.

❸ 北京的车，再加上各地来的车，车比较多。以前那时候，就是说车多吧，也没发展到现在这样儿。现在这路上，车确实比较难开。

베이징의 차, 게다가 각 지역에서 온 차까지, 차가 비교적 많아요. 예전에는 차가 많다고 해도, 지금처럼 이렇게 발전하지는 않았어요. 지금은 정말 도로에서 운전하기 어려워요.

❹ 我们小时候儿那会儿吧，比这会儿冷得厉害。你要是出门儿吧，要出去倒水吧，一开门儿，手都黏上了。

우리가 어릴 때는요, 지금보다 훨씬 추웠어요. 나가면은요, 물을 버리러 나가면은요, 문을 열자마자 손이 붙어버렸어요.

❺ 孙子现在进幼儿园了。他爸爸要是上夜班儿啊，就是整托，要是上白班儿呢，就晚上接回来。

손자가 지금은 유치원에 들어갔어요. 아이 아빠가 밤 근무하면 종일 맡기고, 낮 근무를 하면 저녁에 데리고 와요.

» **Check point** ....

» 가정 · 조건문에 많이 사용하는 어기조사는 '**呢**', '**吧**'이며, 항상 '대구(짝을 이룬 구절)'로 사용한다.

❶ 孩子们要有良心呢，等你老得不能动了，能常来看看你，说几句闲话。他们要没良心呢，你就当没养过他。

자식들이 양심이 있다면, 당신이 늙어 움직일 수 없게 되었을 때 자주 당신을 찾아와 한담을 나눌 수 있을 것이고, 양심이 없다면, 그들을 키우지 않은 셈 치세요.

❷ 我也为难，让她老在梦里吧，她老长不大；叫醒她吧，又怕她伤心；等她慢慢自己醒呢，又怕她突然一睁眼吓坏了。

저도 난처해요. 그녀가 늘 꿈속에 있게 하자니 오래도록 성장할 수가 없고, 그녀를 깨우자니 그녀가 상심할까봐 걱정이에요. 그녀가 천천히 스스로 깬 후에는 또 그녀가 눈뜨자마자 너무 놀라게 될까봐 걱정입니다.

---

(7) 연결하는 말 뒤에 사용한다.

❶ 这人呢，就这样儿，老觉得人家那儿挺好的。其实呢，我看干什么工作都一样。反正干好了呢，都不错。

사람은 말이에요, 항상 이래요. 늘 남이 있는 그곳이 꽤 괜찮다고 생각해요. 사실, 제가 보기에는 어떤 일을 하든지 모두 같다고 봐요. 어쨌든 잘하면 모두 좋은 거예요.

❷ 这个问题大家都明白了，是吧？下面呢，我们一起做个游戏。

이 문제 모두 이해했죠? 다음은요, 우리 함께 게임을 해요.

❸ 让那些老同志呢，到这儿以后，能够心情愉快。使他们的身体呢，能够硬朗。所以说呢，我就千方百计地做好这方面的工作。

나이 드신 분들이 여기에 오신 이후 마음이 즐거울 수 있고, 몸이 건강해질 수 있도록, 그래서, 저는 여러 가지 방법을 동원해서 이 방면의 일을 합니다.

❹ 可是到旺季的时候儿呢，就比较便宜。一般来讲啊，一块多钱，从这个淡季的情况来看哪，就比较贵了。

그러나 성수기에는요, 비교적 쌉니다. 보통의 경우는 1위안 좀 넘고, 비수기 경우로 보면 비싼 편입니다.

❺ 我原来最爱看电影儿了。可是啊，后来就根本没时间了。

저는 원래 영화 보는 걸 가장 좋아했어요. 그런데요, 나중에는 시간이 전혀 없었어요.

» 어기조사 '啊', '吧', '呢'가 평서문에 사용될 때 화자의 태도는 매우 미묘한 차이가 있다. '啊'를 쓸 때에는 확신, 긍정을 나타내고, '吧'는 약간의 망설임, 주저하여 결정하지 못하는 어감을 나타낸다. '呢'를 사용할 때에는 비교적 객관적이고, 일의 서술에 집중하는 듯한 어감을 준다.

» 어기조사 '嘛'도 평서문에 사용할 수 있으나, 대다수는 주어 뒤에 사용한다.

❶ 我女儿结婚了。儿子嘛，有宿舍了。家里就我们老两口儿了。
제 딸은 결혼했어요. 아들은요, 기숙사에 있어요. 집에는 우리 두 노부부만 있어요.

❷ 这个嘛……，当爸爸的不都这样儿么？你也别生气了。
이건……, 아버지 되는 사람은 모두 이렇지 않나요? 화 내지 마세요.

❸ 钱嘛，就是为了花的。你现在舍不得花，老了以后就没有时间花了。
돈은, 쓰기 위한 것이에요. 당신 지금은 쓰기 아까워하는데, 나이 든 후에는 쓸 시간이 없어요.

» '嘛'는 '나의 말은 근거가 있다', '이치에 맞다', '당연히 이러하다'라는 태도를 나타낸다.

✓ 연습 문제 6

1. '啊', '呢', '吧', '嘛' 중 알맞은 어기조사를 골라 빈칸을 채워 보세요.

① 我认识王眉的时候，她十三岁，我二十岁。那时，我正在军队服役。她____，是个来姥姥家过暑假的初中学生。

② **A** 那时候，你是海军，她是干什么的？

   B 她____，是个来姥姥家度暑假的初中学生。

③ **A** 这里的房间都不太大，你就凑合着住一宿，好吗？

   B 房间大____，我住；房间小____，我不住。

④ A 你明天上课时把这本书带给王平。

   B 他要不来上课＿＿＿？

   A 他要不来上课＿＿＿，你就交给李三。

⑤ 小道消息＿＿＿，我是这个耳朵进那个耳朵出，根本没当回事的。

⑥ 王 李教练，我要减肥，你给我出出主意吧。

   李 你要想减肥＿＿＿，得先控制饮食。一天一两馒头不吃菜，行不行？

   王 行！

---

❷ 평서문에서 '啊'의 기타 용법

(1) 열거하는 상황에서 '啊'를 사용할 수 있다.

  ❶ 因为我在年轻的时候儿呢，我对音乐呀，戏剧呀，是比较喜好的。
     왜냐하면 제가 젊었을 때에는 음악, 연극을 좋아하는 편이었어요.

  ❷ 咱们还是拿牲口打比方吧，你可以把牛啊马啊那些大牲口放出去不管，但是你能把鸡也赶到山上去吗？
     우리 가축을 예를 들어 봅시다. 소, 말 그러한 큰 가축들을 풀어주고 관리하지 않을 수 있지만, 닭도 산으로 내몰수 있나요?

(2) 호칭 뒤에 '啊'를 쓰인다.

  ❶ "林生啊，" 老太太叹口气，"我看你这日子过得也挺难。"
     "린성아," 노부인이 한숨을 쉬었다. "내가 보기에 요즘 너도 생활이 꽤 어렵구나."

  ❷ "我也真是不敢再幻想了，没用了……。命运啊，你怎么这么残酷！"
     "나 역시 다시는 정말로 환상을 갖지 않겠어. 소용없어……. 운명아, 너는 어찌 이렇게 잔혹한가!"

(3) '동사 + 啊 + 동사 + 啊' 형식에 쓰인다.

  ❶ 她跑啊跑啊，直到脸色发青才停下来。 그녀는 달리고 또 달렸는데, 얼굴빛이 파래져서야 멈추었다.

  ❷ 我想啊想啊，想了三天也没想明白。 나는 생각하고 또 생각해서 사흘을 생각했는데도 모르겠어요.

1. 중국어로 번역해 보세요.

① 그녀는 먹는 것, 입는 것만 말한다.

→ _____

② 무슨 돼지고기며, 감자며, 채소며, 그녀는 모두 샀다.

→ _____

③ 그들은 걷고 또 걸어, 강가까지 계속 걸어갔다.

→ _____

---

❸ 평서문 끝에 쓰인 '呢'

(1) '呢'가 전달하는 의미

⊕ 생각해보기

● 문장 속 '呢'는 화자의 어떤 태도를 전달할까?

그룹1

❶ 跟你没关系，他们在骂我呢！ 너와는 상관없어. 그들은 나를 욕하고 있는 거야!

❷ "噢" 司马聪笑着说，"我跟你开玩笑呢，你别当真。"
"오" 스마총은 웃으면서 "나는 네게 농담하는 거야. 진담이라 생각하지 마."라고 말했다.

❸ 她们是故意笑话你呢，就是要让你不开心。
그녀들이 일부러 너를 비웃는 거야. 바로 너 기분 나쁘게 하려고.

❹ 我跟你说话呢，你听见没有？ 내가 네게 말하고 있는데, 너 들었어?

❺ 都是因为你，我还从没有挨过这么厉害的批评呢。
모두가 너 때문이야. 나는 여태껏 이렇게 심한 비난은 받아 본 적이 없어.

```
그룹2
```

❶ 我发觉自己不能跟他们一起混日子了，我还没有毕业呢。
　　나는 내가 그들과 함께 그럭저럭 나날을 보낼 수 없다는 것을 깨달았어. 나는 아직 졸업하지
　　않았거든.

❷ 哎哟！牛大姐，你还没走呢？ 아이고! 니우 누님 아직 안 가셨네요?

첫 번째 그룹에서 화자는 청자가 어떤 사실에 주의할 것을 명확히 일깨워 주고 있으며, 화자가 보기에 이 사실을 청자가 의식하지 못하고 있다고 생각한다. 예문 ❶에서 청자는 그들이 욕하는 대상이 화자(즉 '나')라는 것을 모르고 그들이 욕하는 대상이 자기라고 잘못 생각하고 있기 때문에, 청자에게 이 사실을 일깨워 주고 있다.

두 번째 그룹에서 화자 자신이 어떤 일에 주의하게 되었고, 게다가 이 사실은 그가 말하기 전에는 의식하지 못했던 것이다. 예문 ❶은 화자가 말하기 이전에는 친구들과 그럭저럭 나날을 보냈으며, 그는 자신이 아직 졸업하지 않은 것을 잊고 있었는데 지금 이 사실에 주의하게 되었다.

화자가 평서문에서 '呢'를 사용하여 전달하는 태도는 청자가 어떤 사실에 주의하도록 일깨워 주는 것이기 때문에, 그룹1의 예문 ❶, ❷, ❸처럼 반박 또는 청자를 바로 잡아주는 문맥에서 주로 쓰인다.

Ⓐ 为什么我觉得你好像是另一个人呢？ 왜 나는 네가 다른 사람 같다고 생각되지?

Ⓑ 这么说，还有一个长得和我很像的人了？
　　이렇게 말하는 것은 나와 매우 닮은 사람이 또 있다는 거네?

Ⓐ 别开玩笑！跟你说正经的呢。你跟过去大不一样。
　　농담하지 마! 나는 진지하게 네게 말하고 있어. 너는 과거와 크게 달라.

Ⓑ 过去我什么样？ 과거에 내가 어땠는데?

(2) '呢'가 쓰인 특수구문

① 才……呢	보통 상대방에게 반박하거나 반대할 경우에 사용한다.

Ⓐ 别急啊！ 초초해 하지 마!

Ⓑ 我才没急呢，我也没输 — 10:7！
　　나 전혀 초초해하지 않았어. 나는 역시 지지 않았어. 10대7이야!

② (A), 还 + B + 呢	보통 불만을 나타낼 때 사용한다. 일반적 이치에 따르면 'A는 B(명사구)이다'의 의미로, A는 명사구의 어떤 특징을 갖고 있어야 하지만 사실상 그러한 특징이 없다는 의미이다.

- 你还大学生呢，连这点事儿都不懂。너는 대학생이면서, 이런 작은 일도 모르는구나.

- 还丈夫呢，还说爱我呢，我生病了，也不给我做饭。
  남편이면서, 나를 사랑한다고 하더니, 내가 아픈데 밥도 안 해주네.
  ['그가 나를 사랑한다고 말하는 것은 거짓이며, 사실상 그는 나를 사랑하지 않는다'라는 의미]

③ 还 + 형용사 / 동사구 + 呢	어떤 특징에 대해 부정할 때 사용한다.

Ⓐ 房间布置得这么高雅啊？방을 어쩜 이렇게 고상하게 꾸몄어?

Ⓑ 你别笑话我了，还高雅呢，凑合住吧。날 놀리지 마. 고상하기는, 아쉬운 대로 사는 거지.
[A의 판단은 정확하지 않으며, 사실상 고상하지 않다는 것을 의미]

» **Check point**

» 구어체의 고정형식에도 어기조사 '**呢**'가 포함되어 있다.

(1) **还说呢**: 청자를 완곡하게 비난하여 청자가 더 이상 말을 하지 않기를 희망할 때 주로 사용한다.

Ⓐ 天啊，又要迟到了。맙소사! 또 지각하겠네.

Ⓑ 还说呢！要不是你，我们怎么会迟到？말이라고 해! 네가 아니면 우리가 왜 늦겠어?

(2) **我说呢**: 갑자기 깨닫거나 결국 어떤 사실의 진상을 알게 된 것을 표현한다.

Ⓐ 今天是礼拜六。오늘은 토요일이야.

Ⓑ 啊，我说呢，怎么你不着急。我都被你气糊涂了！
아, 그럼 그렇지. 어째 조급해 하지 않더라. 내가 너 때문에 화가 나서 앞뒤 구분을 못 했어!

(3) **你管呢**: 상대방의 걱정을 필요로 하지 않는다는 것을 표현한다.

Ⓐ 她根本不爱你，你为什么还不和她分手？
그녀는 전혀 너를 사랑하지 않는데, 너는 왜 그녀와 헤어지지 않니?

Ⓑ 你管呢，我乐意，怎么着？상관하지 마. 나는 좋아. 어때서?

(4) **管他呢**: 신경 쓸 필요 없다는 것을 표현한다.

　Ⓐ 他们来了，找不到我们，怎么办? 그들이 와서 우리를 찾지 못하면 어떻게 해?

　Ⓑ 管他呢，走吧。不等了。 상관없어. 가자. 기다리지 않을래.

☑ 연습 문제 8

1. 중국어로 번역해 보세요.

① 그가 네게 농담하는 거야. 정말이라고 생각하지 마.

→ _____

② 나는 네가 농담하는 것 신경 쓰지 않아. 나는 네게 이렇게 하는 것이 좋아.

→ _____

③ 자자. 나는 내일 할 일이 많아.

→ _____

④ 네가 내 친구라니! 네가 어떻게 나한테 이런 일을 할 수 있어?

→ _____

⑤　A 우리가 난로를 고장 낼 거야!

　　B 나는 전혀 개의치 않아!

→ _____

⑥　A 이번 주말에 누가 오는지 알아?

　　B 몰라. 하지만 상관없어.

→ _____

2. 보기 중 알맞은 어기조사를 골라 빈칸을 채워 보세요.

吧　　呢

① 摆出来就吃＿＿＿，吃完了大家还得谈正事＿＿＿。

② 你不知道，我收到你的信，哭了好几天＿＿＿。

③ 这鱼可新鲜＿＿＿！你就买一条＿＿＿。

④ 你别生我的气，我不是故意躲着你，我心里矛盾着＿＿＿。

---

❹ **평서문 끝에 쓰인 '啊'**

화자가 평서문 끝에 **'啊'**를 사용했다면, 화자는 자신의 말에 매우 확신이 있으며, 청자에게 어떤 정보를 명확히 알려주려는 것이다. 다음 예문을 읽고 화자의 태도를 이해해 보자.

(1) 대화 중 한 사람이 의혹을 제기하고, 다른 한 사람이 **'啊'**를 사용하여 의혹을 해명한다.

❶ Ⓐ 你这是干什么啊？买这么多东西，要做买卖啦？
　　너 뭐 하는 거니? 이렇게 많은 물건을 사다니. 장사하려고?

　Ⓑ 不是，换季大拍卖啊！你不知道啊？ 아니. 환절기 빅 바겐세일이야! 너 몰랐어?

(2) 대화 중 한 사람이 어떤 관점을 제시하거나 간청을 하면, 다른 한 사람이 **'啊'**를 사용하여 다른 의견을 제시한다.

❶ Ⓐ 你们把教育办成这个样子，简直让人心痛！
　　당신들이 교육을 이렇게 만들다니, 정말 마음이 아프군요!

　Ⓑ 是，不过，光靠学校教育也不行啊，也需要家长配合才行啊！
　　네, 그러나 학교 교육에만 의존해서도 안 됩니다. 학부모도 협력해야만 합니다.

❷ Ⓐ 男人结婚以后不变啊，那才叫奇迹呢！ 남자가 결혼한 후에 변하지 않는 것이야말로 이상한 거야!

　Ⓑ 可是你们家小王就没变啊！ 하지만 당신네 샤오왕은 변하지 않았어!

(3) 대화 중 한 사람이 어떤 관점을 제시하거나 건의를 하고, 다른 한 사람이 '啊'를 사용하여 동의를 나타낸다.

❶ Ⓐ 心情不好，不想回家。 기분이 좋지 않아서 집에 가고 싶지 않아.

Ⓑ 我也是<u>啊</u>！ 나도 그래!

❷ Ⓐ 哟，你变得这么大方啊？ 要花钱请我吃饭啊？
어머, 당신 이렇게 대범해졌어요? 내게 밥 사려고 돈을 낸다고?

Ⓑ 没问题<u>啊</u>！ 老婆的话，一言九鼎。 문제 없죠! 아내의 말은 일언 중천금이니까요.

◎ **一言九鼎** yìyán jiǔdǐng 한마디 말이 천금보다 무겁고 가치가 있다

✓ 연습 문제 9

1. 중국어로 번역해 보세요.

① Ⓐ 일요일 저녁에 우리 집에서 어때?

Ⓑ 좋아! 몇 시?

→ _____

② Ⓐ 어떤 사람이 전화해서 너를 찾았어.

Ⓑ 그런데 내가 여기 있는 것을 아는 사람이 없는데!

→ _____

③ 나는 몰라요. 나는 거기에 있지 않았어요.

→ _____

④ 너 그 총 다룰 때 조심해야 해. 그건 진짜 총이야!

→ _____

⑤ 그건 확실히 불행이야!

→ _____

화자는 평서문 끝에 '**嘛**'를 사용하여 '화자의 말은 근거가 있고 객관적 진리에 부합한다.'라는 태도를 나타낸다.

(1) 이유를 제공한다.

❶ 这么办吧。你叫他们来，当面谈谈。如果真像你说的那样儿，咱们就同意一起办这台晚会。毕竟也是好事儿嘛。

이렇게 하자. 네가 그들을 오라고 해서 얼굴을 보고 이야기를 해 봐. 만약 정말 네가 말한 것과 같다면 우리는 이 저녁 모임을 함께 하는 것에 동의할 거야. 어쨌든 좋은 일이잖아.

❷ 我说，咱们别老提我过去的事儿了。我这人呢，真不爱听人恭维，特别是过去的事儿。那只能说明过去，还是得看现在。时代在发展嘛。

자, 우리 내 과거의 일을 자꾸 언급하지 말자. 나라는 사람은 정말 치켜세우는 말을 듣기 좋아하지 않아. 특별히 과거의 일은 더 그래. 그건 단지 과거를 설명할 뿐이야. 현재를 봐야 해. 시대가 발전하고 있잖아.

❸ 你们为什么不找个人或打个电话问一下呢？我们是一个公司的，打个电话还是很方便的嘛。

당신들은 왜 사람을 찾거나 전화를 걸어 물어보지 않나요? 우리는 같은 회사 사람이고, 전화하기 매우 편리하잖아요.

(2) 일을 축소시켜 말한다.

❶ 我不过就是说你几句嘛，你爱听不听。

내가 네게 싫은 소리 몇 마디 한 것뿐이야. 네가 듣고 싶던 듣고 싶지 않던 지간에.

❷ Ⓐ 不要提我。提我干什么呀？ 나를 언급하지 마. 날 언급해서 뭐하게?

Ⓑ 又急，又急。随便儿提提怕什么呀？打个比方嘛。

또 안달이야. 그냥 말 좀 하는데 뭐가 걱정이야? 예를 드는 거야.

❸ Ⓐ 王玲啊，红烧肉多少钱一份儿？ 왕링, 훙샤오러우 1인분에 얼마야?

Ⓑ 也就十块多钱嘛。 10여 위안 밖에 안 해요.

(3) 어떤 확실한 사실을 설명하거나 발견한다.

❶ Ⓐ 诶，在旁边儿跟他聊天儿的那人是谁呀？ 이봐, 옆에서 그와 이야기하는 저 사람 누구야?

Ⓑ 那你也不认识！不就是那谁嘛！ 저 사람도 몰라? 바로 그 사람이잖아!

Ⓐ 谁？ 누구?

Ⓑ 就是那个何冰教授嘛！ 바로 그 허빙 교수잖아!

❷ Ⓐ 对不起，这件事儿我没办好。让你丢脸了。
　　죄송해요. 이 일을 제가 잘 하지 못해서 당신 체면을 잃게 했네요.

　 Ⓑ 丢什么脸呀？我看这很好嘛。接受一次教训。吃一堑，长一智嘛。
　　무슨 체면을 잃어요! 저는 좋다고 봐요. 교훈으로 받아들여요. 좌절을 한 번 당하고 나면 지혜가 늘잖아요.

❸ 何小刚走进屋里，笑着说："哦，人来得很齐嘛。"
　 허샤오강은 방으로 들어와서 웃으며 "오, 사람들이 모두 다 왔네."라고 말했다.

◎ 吃一堑，长一智 chī yí qiàn, zhǎng yí zhì 한 번 좌절을 당하면 그만큼 현명해진다

✔ 연습 문제 10

1. 중국어로 번역해 보세요.

① 그래 그거야. 너는 지금 아주 천천히 상황에 익숙해지기 시작했어.

→ _____

② 농담일 뿐이야. 곧이곧대로 받아들일 필요 있어?

→ _____

③ 이렇게 하는 것은 잘못이야.

→ _____

④ 우리는 곧 결혼할 건데, 서로 도와야지.

→ _____

⑤ 당연히 질투는 늘 부러움이 동반되는데, 이것이 인지상정이다.

→ _____

❻ 평서문 끝에 쓰인 '吧'

'吧'는 '不可能', '不会', '该', '也算是', '总', '大概' 등과 함께 쓰여 추측성 진술을 표현한다.

❶ 你昨天晚上来过啊？ 不可能吧，昨天晚上下那么大的雨，你怎么会来？

너 어제 저녁 왔어? 그럴 리가? 어제 저녁 그렇게 많은 비가 내렸는데 어떻게 올 수 있어?

❷ 这几年她一直在努力地工作，而且别无所求，这一点该是有目共睹的吧。

근래에 그녀는 줄곧 열심히 일했고 게다가 다른 요구사항도 없었어요. 이 점은 모두가 다 아실 거예요.

❸ 马梅挽着我的胳膊，我们在市场从头逛到尾，我看着阳光下来来往往的人群想："这大概就是幸福吧。"

마메이는 내 팔짱을 끼고, 우리는 시장 전체를 구경했다. 나는 햇볕 아래서 오고 가는 군중을 보면서, "이것이 바로 행복일 거야."라고 생각했다.

'吧'는 'A 就 A 吧'의 형식으로도 자주 쓰이며, '개의치 않는다', '관계없다'의 의미를 표현한다.

❹ 办不了就办不了吧。没关系。我再找别人。

할 수 없다면 할 수 없지요. 괜찮아요. 다른 사람을 찾아보면 됩니다.

❺ 约就约吧，什么地方好我也不知道，干脆去泰山怎么样？

약속하죠 뭐. 어디가 좋을지 저도 모르는데 차라리 타이산 가는 건 어때요?

❻ 是没什么了不起，分手就分手吧。好姑娘有的是。

별거 아니야. 헤어지면 헤어지는 거지. 좋은 아가씨는 얼마든지 있어.

◎ 干脆 gāncuì 차라리

✓ 연습 문제 11

1. 중국어로 번역해 보세요.

① 당신 분명 어떤 젊은이를 기다리고 있지요.

→ _____

② 내가 없을 때, 너 주방 청소 좀 하는 것 가능하지.

→ _____

③ 너 저녁모임에 참가하고 싶으면 가.

→ _____

④ 그가 나에게 알려 주었어요. 전화하고 싶으면 전화해요.

→ _____

⑤ 당신 노래하고 싶으면 노래해요. 많은 가수들이 여기 와서 라이브로 노래해요.

→ _____

❼ **평서문 끝에 쓰인 '呗'**

⊕ 생각해보기

📋 다음 문장에서 '呗'는 화자의 어떠한 태도를 표현할까?

❶ Ⓐ 谁来的电话？ 누가 전화했어?

　Ⓑ 还有谁，你老婆<u>呗</u>。看看你是不是在我这儿呢。
　누구겠어. 네 아내지. 네가 여기 있는지 확인하려는 거지.

❷ Ⓐ 为什么突然不想去了呢？ 왜 갑자기 가기 싫어졌어?

　Ⓑ 什么也不为，就是不想去了<u>呗</u>！ 무엇 때문도 아니고, 그냥 가고 싶지 않아졌어.

❸ 妈接过话筒对我说："你猜我是谁？" 我笑了，说："你是我妈<u>呗</u>。"
　我心想，这还用得着猜吗？
　엄마는 수화기를 받아 내게 "내가 누구게?"라고 말하셨다. 나는 웃으며 "우리 엄마지."라고 말하면서
　속으로 '이걸 알아맞힐 필요가 있는 건가?'하고 생각했다.

평서문 끝에 '**呗**'를 사용하면, 화자가 생각하기에 그것이 유일한 가능성의 하나이며, 게다가 청자 또는 모두가 당연히 알고 있는 것임을 나타낸다. 즉, 단지 이 가능성을 말한 것에 불과하며, 크게 신경 쓰지 않는다는 가벼운 어투이다.

'呗' 역시 'A 就 A 呗'의 형식에 쓰일 수 있으며, '관계없다, 중요하지 않다'의 의미를 나타낸다.

❶ 行啦行啦，陈涛，你还是听听我的劝吧！生这么大的气干什么呀？嘴长在她身上，她愿意怎么说就怎么说呗，难道她把你说成啥样，你就是啥样了吗？

됐어, 됐어, 천타오. 너는 내 충고를 듣는 게 좋아! 그렇게 크게 화내서 뭐 하니? 그녀가 자기 입 가지고 말하는데 말하고 싶은 대로 말하라고 해. 설마 그녀가 그렇게 말한다고 네가 그러겠니?

❷ 他一进门就叫道：“妈，我回来了。”“回来就回来呗，也不用我请你呀。”母亲没回头，漫不经心地说。

그는 문에 들어서자마자 소리 질렀다. "엄마, 저 돌아왔어요." "오면 온 거지, 내가 너한테 한턱낼 필요 없잖아." 어머니는 고개도 돌리지 않고 아랑곳하지 않고 말씀하셨다.

❸ “你还买菜啊？小媳妇似的。” 我在市场上见到她，笑着对她说。“小媳妇就小媳妇呗，不买菜吃什么呢？” 她一边仔细地挑着西红柿一边说。

"장도 봐요? 새댁 같네요." 나는 시장에서 그녀를 보고 웃으며 그녀에게 말했다. "새댁 같으면 같은 거죠. 장 보지 않으면 뭘 먹어요?" 그녀는 꼼꼼히 토마토를 고르면서 말했다.

✓ 연습 문제 12

1. 중국어로 번역해 보세요.

① 너 노래하고 싶으면 하면 그만이지, 뭘 그렇게 많이 신경 써!

→ _____

② 몰라? 그럼 열심히 배우면 그만이야.

→ _____

③ 우리는 친구야, 친구는 서로 돕는 거지. 뭘 더 말할 수 있겠어?

→ _____

④ 네가 보고 싶으면 가서 그녀를 만나면 그만이야. 누가 신경을 쓰니!

→ _____

어기조사 용법 총정리

어기조사의 주요 용법을 다시 정리해 보면 다음과 같다.

	주요 의미	관계의 친밀도	용법
啊	화자가 말의 내용에 대해 의심 없이 확신을 갖고 있다.	친밀한 관계에서 사용하여 친밀도를 강화할 수 있다. 관계가 소원한 경우 사용할 수 없다.	평서문 감탄문 의문문 명령문
呢	청자가 어떤 사실 또는 의문점에 주의하기를 요청한다.	관계의 친밀도와 관계없으나, 청자의 개인적 정보를 물을 때 사용하면 친밀한 관계를 성립하는 데 도움이 된다.	평서문 감탄문 의문문
吧	추측성으로 묻거나 서술한다.	관계의 친밀도와 관계없이 모두 사용 가능하다.	평서문 의문문 명령문
嘛	화자는 자신의 말이 객관적 진리에 부합한다고 생각한다.	관계가 먼 사람 사이에 쓰여 거리를 두거나, 가까운 사이에 쓰여 친밀감을 높일 수 있다.	평서문 명령문
呗	화자는 자신의 판단 또는 건의가 유일한 가능성이라고 생각한다.	친밀한 관계에서 주로 쓰인다.	평서문 명령문

1. 보기 중 알맞은 어기조사를 골라 빈칸을 채워 보세요.

(1)

啊　呢　吗　吧　嘛　呗

Ⓐ 最近忙不忙＿＿＿?

Ⓑ 可忙啦!

Ⓐ 忙什么＿＿＿?

Ⓑ 写论文＿＿＿, 考HSK＿＿＿, 上课＿＿＿, 忙死了。你挺悠闲的＿＿＿?

Ⓐ 才不是＿＿＿! 我也忙得很，天天做实验。

Ⓑ 是吗? 今天晚上我们去看场电影＿＿＿? 休息休息。

Ⓐ 看电影＿＿＿? 好看＿＿＿?

Ⓑ 听说可好看＿＿＿!

Ⓐ 我不太喜欢看电影，还是去跳舞＿＿＿!

Ⓑ 那好＿＿＿。这次就再听你一次。

Ⓐ 本来就应该听我的＿＿＿。我的主意多好＿＿＿!

Ⓑ 别自我感觉良好了。我们什么时候去＿＿＿?

Ⓐ 晚饭后7：30，行＿＿＿?

Ⓑ 行＿＿＿。要化化妆＿＿＿?

Ⓐ 当然，漂漂亮亮的跳舞才有意思＿＿＿!

(2)

吧　呢　嘛

……事情是这样，再有两个月就到六一儿童节了。孩子＿＿＿，祖国的花朵，民族的希望，一年＿＿＿，就这么一个节，咱们当大人的，平时可以不管，到节日了，总得为孩子们办点儿事儿，你说对＿＿＿?

참고답안

참고 답안

✓ 연습 문제 1 p.19

1. (1) ① 不怕辣　　　　② 怕不辣
　　(2) ① 吃什么有什么　② 有什么吃什么

✓ 연습 문제 2 p.21

1. ① ✕ 我不同意你的意见(/ 看法 / 想法)。
　　② ✕ 我为什么不可以只用勺子呢(/ 啊)?
　　③ ✕ 那次旅行对我产生了很大的影响。
　　④ ✕ 我已经学过很多次，但是一次一次地失败了。
　　⑤ ✕ 第二天晚上我们终于到了山海关。

✓ 연습 문제 3 p.25

1. ① 那个三岁的男孩子在一张大桌子上高兴地跳舞。
　　② 我们昨天晚上在公园里举行了一个精彩的生日晚会。
　　③ 他走得太远了，累得不能帮他妈妈拿他们的包。

2. ① 的　　　　　　② 地
　　③ 得　　　　　　④ 地，得

3. ① ✕ 我在一家大公司工作。
　　② ✕ 我今天晚上八点和我的朋友见面。
　　③ ✕ 我问他美国的情况。
　　④ ✕ 他看了三个小时电视。

◎ 종합 연습 p.26

1. ① 我们班的同学在讨论中文语法问题。

② 他明天来我家。
③ 迟到的学生急忙跑进教室。
④ 我每天晚上听半个小时录音。
⑤ 我跟朋友一起去图书馆借书。
⑥ 走在前面的人是我的同学。
⑦ 衣服被他洗得干干净净的。
⑧ 她生气地把杯子扔在地上。
⑨ 我们在歌厅唱了三个小时歌。
⑩ 我妹妹洗衣服洗得不干净。

2. ① 的，的　　　　② 的
　　③ 的　　　　　　④ 地
　　⑤ 得　　　　　　⑥ 得
　　⑦ 得，的，地

3. ① ✕ 1990年10月我的爸爸和我的妈妈结婚了。
　　② ✕ 我和朋友见面见了两次。
　　　　　/ 我和朋友见了两次面。
　　③ ✕ 我睡觉以前，常常要看看书。
　　④ ✕ 我把书放在桌子上。
　　⑤ ✕ 一看见他，我就很生气。
　　⑥ ✕ 我一共和祖父见了五次面。
　　　　　/ 我和祖父一共见了五次面。
　　⑦ ✕ 我希望在这门课上改善我的中文。
　　⑧ ✕ 2020年9月，我到巴黎旅行了。
　　⑨ ✕ 我也觉得它是一个舒适的小房间。
　　⑩ ✕ 我总去一块田里摘草莓。
　　⑪ ✕ 旅行是了解其他文化的很好的办法。
　　⑫ ✕ 我的三个朋友来看我。
　　⑬ ✕ 桌子都很脏。

✓ 연습 문제 1 p.32

1. ① ✕ 我1980年11月5号出生。
　　② ✕ 我下个学期要去中国。

③ ☒ 我2018年大学毕业。

2. ① 上个星期天八点我在家睡懒觉。
② 我今天晚上八点跟朋友见面。

☑ 연습 문제 2　　　　p.34

1. ① 我一分钟也没忘记她。
　/是啊，在这里很好玩儿，我一分钟也没想起他。
② 不喜欢，一分钟也不想听了。
③ 不好玩儿，我一会儿也没在那儿待。
④ 我一天也不想跟他一起住了。
⑤ 一会儿也不能等。

2. ① 我一分钟也不想离开他。
② 他们每天都努力工作，一天也没休息。

☑ 연습 문제 3　　　　p.36

1. ① 我想了两个小时问题。
　/ 我想问题想了两个小时。
② 我做了两个小时作业。
　/ 我做作业做了两个小时。
③ 他照顾了我一年。 / 他照顾我照顾了一年。
④ 他来这里一个多月了。
⑤ 他在北京学习了五年中文。
　/ 他在北京学中文学了五年。
⑥ 从星期一到星期天，他工作七天。
⑦ 他去过两次中国。 / 他去中国去过两次。

☑ 연습 문제 4　　　　p.38

1. ① 三十分钟里打了四次电话
② 三天之内不喝水 / 七天之内不吃饭 / 一分钟不呼吸
③ 一个星期里锻炼三次
④ 一个月里不见人

---

⑤ 一个月里他要看四次电影

2. ① 他一个月有十天都不来上课
　/ 他有三天没有写作业了
② 一年差不多有六个月都下雨，
　有一年没有下雨了
③ 我一年里有十个月都在出差
④ 我有一个月没跟她联系了
⑤ 一天有十个小时都在照顾孩子
　/ 我有差不多一个月没有睡个好觉了

3. ① ☒ 他回来的时候，我看电视看了四个小时了。
② ☒ 他回来的时候，我看了四个小时电视了。
③ ○
④ ☒ 我等了他一个小时，一个小时里我什么也没做。

☑ 연습 문제 5　　　　p.40

1. ① 一会儿哭，一会儿笑
② 一会儿要去游乐场，一会儿要去打游戏
③ 一会儿让我们读课文，一会儿让我们做练习，一会儿让我们做对话
④ 一会儿用左手，一会儿用右手，一会儿拿刀，一会儿用叉
⑤ 一会儿从椅子上移到床上

☑ 연습 문제 6　　　　p.42

1. ① ☒ 好好，你先等一等，我一会儿就来。
② ☒ 我病了，在家休息，三个星期以后，我终于恢复了健康。

2. ① 我女儿每两周来看我一次。
② 过去二十年里，平均每三年会发生一次危机。
③ 从今年起，你每两个月要提交一次综合性的政策报告。

☑ 연습 문제 7 p.43

1. ① 明天 　② 明天
③ 第二天 　④ 第二天
⑤ 第二天 　⑥ 明天 / 第二天

☑ 연습 문제 8 p.44

1. ① 左右 　② 前后
③ 左右 / 前后 　④ 左右
⑤ 左右

☑ 연습 문제 9 p.44

1. ① 以后 　② 以后
③ 以后 　④ 后来
⑤ 后来 　⑥ 然后
⑦ 然后

☑ 연습 문제 10 p.46

1. ① 以来 　② 以前
③ 以内 　④ 以前
⑤ 以后 / 以前 / 以来 　⑥ 以后
⑦ 以前 　⑧ 以后

☑ 연습 문제 11 p.47

1. ① 时间 　② 时间, 时候
③ 时间 　④ 时间
⑤ 时候 　⑥ 时候
⑦ 时候 / 时间

◎ 종합 연습 p.48

1. ① ✕ 你别着急, 十分钟以后(/ 以内)他一定会来。

② ✕ 你每天晚上睡多长时间(觉)?
③ ✕ 我不是舍不得花钱，但是，我不想一天内把我的钱花完。
④ ✕ 又花了十一个小时，我们回去了。
⑤ ✕ 我2007年去过一趟西安。
⑥ ✕ 在澳大利亚，我们每年一起出去四次。
⑦ ✕ 我们换车换了好几次。
⑧ ✕ 到了宿舍，休息三十分钟以后，我们开始旅游。
⑨ ✕ 我们爬了六个小时山。
⑩ ✕ 到首尔以后，我们在那里休息一天。
⑪ ✕ 我们应该坐八个小时飞机。
⑫ ✕ 我寒假去云南旅游了一个星期。
⑬ ✕ 我们开车开了两个星期去访问有名的地方。
⑭ ✕ 从天津到西安要十五个小时左右。
⑮ ✕ 我们在上海过了五天。
⑯ ✕ 每个晚上我们吃晚饭吃四五个小时。
⑰ ✕ 在上海玩了五天以后，我们去宁波和周庄旅行了两天。
⑱ ✕ 北京大学有两千个左右留学生。
⑲ ✕ 2016年我在北京认识了他，后来，他离开了中国，我们就没有再见过面。
⑳ ✕ 我2014年大学毕业，第二年我就结婚了，现在我的孩子已经六岁了。

☑ 연습 문제 1 p.55

1. ① ✕ 有一只小花猫在桌子的下边。
/ 有一只小花猫在下边的桌子上。
② ✕ 我的家人住在法国的西南。
③ ✕ 我喜欢很贵的菜，可我也很喜欢很便宜的菜，可以在路上买。
④ ✕ 他在床上坐着看北京电视台的节目。
⑤ ✕ 这个问题我也不会，你去老师那儿问问吧。

⑥ ✕ 大熊猫吃完了竹子以后，在一棵树下睡着了。

⑦ ✕ 我看见一个牌子，牌子上有我们的酒店的名字。

2. ① 图书馆在宿舍楼的北边。

② 北边的楼是教学楼。

③ 我自己在酒吧里喝咖啡呢。

④ 在这些书中，这本是我最喜欢的。

☑ 연습 문제 2
p.59

1. ① 路上   ② 身上

③ 窗外   ④ 眼睛里

⑤ 楼下 / 楼上 / 楼里 / 楼外   ⑥ 学生中

⑦ 国外

2. ① ✕ 北京大学有很多学生，是一个很大的大学。

② ✕ 北京大学里有一个银行和一个邮局。

③ ○

④ ○

⑤ ✕ 首尔有很多人。

⑥ ✕ 那个国家有很多大城市。

⑦ ○

⑧ ○

☑ 연습 문제 3
p.61

1. ① 有 / 是，有 / 是，在，在，在

② 是，是，是，在，是，在

☑ 연습 문제 4
p.63

1. ① 下   ② 下

③ 上   ④ 上

⑤ 中   ⑥ 中

2. ① 我们都需要生长空间，无论是生理上的，心理上的还是精神上的。

② 在父母的鼓励下，他参加了演讲比赛。

③ 他在旅行中遇到很多有意思的人。

◎ 종합 연습
p.64

1. ① ✕ 我的宿舍就在教室的前边。

② ✕ 商店里有很多东西。

③ ✕ 北京大学的北边是圆明园。

④ ✕ 你的书在我这儿，不在你的房间里。

⑤ ✕ 南边是我家。

⑥ ✕ 圣母大学的图书馆是美国最大的图书馆。

⑦ ✕ 澳大利亚国立大学在堪培拉。

⑧ ✕ 我在飞机上坐了三个小时。

⑨ ✕ 我喜欢的季节是春天。春天以前是冬天。

⑩ ✕ 火车上乘客太多，挤得要命。

⑪ ✕ 我现在住的那家宾馆条件好极了。

⑫ ✕ 我在北京过了三个星期。

⑬ ✕ 我的房间在稻香园小区的里面。

⑭ ✕ 那一天在北大，我们都很高兴。

⑮ ✕ 在电视节目上，可以看到很多有意思的事情。

⑯ ✕ 在北京停留期间，我想去很多地方了解中国。

제**4**강

☑ 연습 문제 1
p.67

1. ① ✕ 1990年10月，我的爸爸和我的妈妈结婚了。

② ✕ 我对中文语法很感兴趣。

③ ✕ 他是我的好朋友，总是帮我(的)忙。

④ ✕ 我要见我的朋友。

⑤ ✕ 我们常常一起聊天，聊很多话题。

연습 문제 2

p.69

1. ① ❌ 听说你已经和她结婚了，祝贺你。
   ② ❌ 他和朋友握手。
   ③ ❌ 小时候，他的妈妈常常生他的气。
   ④ ❌ 我要和你离婚，你太糟糕了。

2. ① 有天晚上，约翰和我聊天了。我们互相更加了解了。
   ② 我觉得她一定生我的气了。
   ③ 我希望我还有机会当面向你道歉。
   ④ 他的确说过我不听他的话。

연습 문제 3

p.71

1. ① ❌ 我们聊了一个小时天。
   ② ❌ 海明威离过三次婚。
   ③ ❌ 我帮了朋友两次忙。
   ④ ❌ 朋友应该常常见见面，沟通感情。
   ⑤ ❌ 这个月我请了几次客，花了不少钱。
   ⑥ ❌ 请帮帮我的忙吧。

2. ① 我们好多年没有机会见面了，今天就利用这个机会聊聊天吧。
   ② 毕业以后，我们没有通过一次电话，没问候过一次，也没见过一次面。
   ③ 醒了，睡不着，所以我出去散了散步。
   ④ 刚才他们还在做游戏，现在却吵起架来了。
   ⑤ 老板昨天对他发脾气了。

연습 문제 1

p.77

1. ① 孩子长大了。
   ② 他的脸变红了。
   ③ 公共汽车开远了。
   ④ 房间打扫干净了。
   ⑤ 她变漂亮了。
   ⑥ 我听了，但听错了。
   ⑦ 我做完作业了。
   ⑧ 报纸卖光了。

연습 문제 2

p.78

1. ① (주어의 각도에서) 먹어서 살이 쪘다.
   ② (목적어의 각도에서) 음식이 다 떨어졌다.
   ③ (동작의 각도에서) 먹는 행위가 다 끝났다.

2. ① 听累了 / 听懂了 / 听明白了 / 听糊涂了
   ② 打扫累了 / 打扫病了 / 打扫完了 / 打扫干净了
   ③ 饱了 / 胖了 / 瘦了 / 完了 / 病了 / 累了 / 开心了
   ④ 跑 / 学 / 打 / 吃

연습 문제 3

p.80

1. ① 他停下来，问：“你看见这些人了吗？”
   ② 难道人们没有看见或听见过这些事吗？

2. ① ❌ 我向外一看，看见一个人在那儿。
   ② ❌ 我在去上课的路上看见一只狗。

☑ 연습 문제 4　　　　　p.81

1. ① 我吃好了。

② 大家听好了，小心点。

③ 我写好报告就离开。

2. ① ☒ 再长的路，只要一步一步地走，总能走完。

☑ 연습 문제 5　　　　　p.82

1. ① 梦想能够变成现实！

② 他听成了"我爱你。"

③ 你能帮我把这篇文章翻译成英语吗？

2. ① ☒ 他病了，几天没有吃饭，脸都变白了。

② ☒ 你已经改变你的想法了吗？现在决定去旅行了吗？

☑ 연습 문제 6　　　　　p.83

1. ① 站住！别跑！抓住他！

② 我会记住你的建议。

③ 那只信封被我桌子上的一些文件盖住了。

④ 我把手伸给他，紧紧握住他的手。

2. ① ☒ 我用一个小时一定能记住这些生词。

② ☒ 由于我那么小，忘了很多，可我记住了袋鼠、树袋熊等。

☑ 연습 문제 7　　　　　p.84

1. ① 它飞走了！我们去抓住它。

② 公共汽车开走了！

③ 他被送走了。

☑ 연습 문제 8　　　　　p.85

1. ① 我差一点就把那些信丢掉。

② 要么结婚，要么卖掉房子。

③ 如果忘掉这点，就什么也不重要了。

④ 你必须好好地把它擦掉。

☑ 연습 문제 9　　　　　p.86

1. ① 他迅速地脱下外衣。

② 他摘下眼镜，又把它擦了一遍。

③ 她抬起手从一根枝上摘下一颗梨。

☑ 연습 문제 10　　　　　p.87

1. ① 你买着东西了吗？

② 他太累了，睡着了。

③ 我想我给你找着了一个。

④ 我能猜着你告诉他们的是什么。

☑ 연습 문제 11　　　　　p.88

1. ① 你知道我可以在哪儿找到她吗？

② 生活中我学到了两件事。

③ 现在，你可以吃到任何你能想到的蔬菜。

2. ① ☒ 我没买到飞机票，只好坐火车去了。

② ☒ 在电视节目里，可以看到一场激烈的辩论正在进行着。

☑ 연습 문제 12　　　　　p.89

1. ① 他在那里待到半夜。

② 行李能不能存到(/ 放到)中午？

③ 活到老学到老。

연습 문제 13 p.90

1. ① 上周四，大概四百个西瓜被运到首尔。
② 你刚才跑到哪里去了？
③ 有一次他从伦敦飞到了印度，因为她没有收到一封电子邮件。
④ 我们怎么谈到那个话题的？

연습 문제 14 p.91

1. ① 是不是好到能去参加比赛？
② 好到不能再好了。

연습 문제 15 p.92

1. ① 把它们扔在后面。
② 你为什么把它放在那里？
③ 请你把我的上衣挂在衣柜里好吗？
④ 他们把一张布告贴在墙上。

2. ① ✗ 孩子说谢谢，然后把书放在头上出去了。
② ✗ 他把书放在桌子上。
③ ✗ 他把书放下，放在桌子上。
④ ✗ 不要把垃圾扔在路上。

연습 문제 16 p.94

1. ① 我做了一个梦，梦见一个老同学。
② 我猜着(/ 猜到)他的意思了。
③ 我没有买到(/ 买着)飞机票。
④ 我一直学习到十点。
⑤ 我去晚了。
⑥ 我吃饱了。
⑦ 老师讲清楚那个问题了。／ 那个问题老师讲清楚了。／ 老师把那个问题讲清楚了。
⑧ 我们听懂老师的话了。／ 老师的话我们听懂了。

2. ① ✗ 他说完奇怪的话以后，做了奇怪的动作。
② ✗ 我跳累了，我们先休息一下再跳吧。
／ 我跳舞跳累了，我们先休息一下再跳吧。
③ ✗ 他没吃完饭就开始做作业了。
④ ✗ 我好久没见到你了。你在忙什么呢？

🎯 종합 연습 p.95

1. ① ✗ 看完这篇短文之后，我觉得在这篇短文里面有两种教训。
② ✗ 人们知道吸烟对健康特别不好，可是，一学会吸烟，就不容易戒掉。
③ ✗ 从这个"三个和尚没水喝"的传说，我想到了我在泰国一家银行工作时的事。
④ ✗ 他对我说"钱也买不到好朋友"，我听到那句话的时候非常感动。
⑤ ✗ 这个窟不知道为什么被泥土盖住了，所以，到19世纪末才被一个人发现。
⑥ ✗ 我看见她妹妹时，觉得她那么瘦，个子也不高，跟我的朋友差不多。
⑦ ✗ 那时候很穷，就连饭也很难吃到。
⑧ ✗ 我在网上找到了好几个新朋友，如一个住在美国的南亚人和一个住在加拿大的中国人。
⑨ ✗ 五天以后，我们再见面的时候，我发现他变瘦了。
⑩ ✗ 大家都要上名牌大学，因为毕业以后的前途好，可以找到收入高的工作。
⑪ ✗ 我觉得最重要的是怎么能够吃到"绿色食品"，并且吃饱。
⑫ ✗ 现在，世界上很多人还是不能吃饱，他们会饿死的。
⑬ ✗ 谈到有效阅读这个题目，我又想起以前上中学的年代。
⑭ ✗ 我个人认为，阅读是很重要，可是我们不需要花掉全部的时间。

2. (1) ① 成　　　　　　② 见 / 到
　　　③ 完　　　　　　④ 到 / 着
　　　⑤ 住 / 好　　　　⑥ 着
　　　⑦ 走　　　　　　⑧ 掉
　　　⑨ 好 / 完　　　　⑩ 下
　　　⑪ 在
(2) ① 完　　　　　　② 在，着
　　　③ 到　　　　　　④ 见 / 到
　　　⑤ 见 / 到　　　　⑥ 好
　　　⑦ 开，开，疼　　⑧ 着，着

1. ① 上来　　　　　　② 下来
　　③ 起来　　　　　　④ 回，去
　　⑤ 回来　　　　　　⑥ 出来
　　⑦ 过来

1. ① 我跳起来，热情地跟他打招呼。
　　② 我要搬出去，再也不回来了。
　　③ 看，他们朝你走过来了。

1. ① 小偷偷偷爬进我的房间里来了。
　　② 我跳下床，跑进过道。
　　③ 他是个男孩，他能爬上树去。
　　④ 我们回船上去吧。
　　⑤ 他走过厨房来到院子里。

2. ① ✕ 下雨了，很多石头滚下山，滚到山脚。
　　② ✕ 屋子里着火了，人们跑出去，跑到院子里。

1. ① 我的钱包，你得帮我把它找回来。
　　② 他把手指伸进去。
　　③ 把我放下来！
　　④ 约翰，把我们拉上去！

1. ① 我把你的包拿回这儿来了。
　　② 你可以把车开回家(去)。
　　③ 刚才，我妹妹帮我把我的一个旧书柜抬上了楼。
　　④ 我们用船把行李运过河(去)。

1. ① 他领进来一个圆脸的人，说："这是金先生"。
　　② 她跑进隔壁房间，带回来一个小孩儿。

1. ① 这里走过来一个白皮肤的女孩子。
　　② 讨论中可能讨论出来一些错误的意见，不过，不用担心。
　　③ 三号公寓搬进来一些新居民。
　　④ 到了一个车站，车上走上来一个中年妇女。

1. ① 出去　　　　　　② 过来，起来
　　③ 进去，出来　　　④ 起来
　　⑤ 过来

2. ① ✕ 十年以内，我打算回澳大利亚去看老朋友们。

② ✗ 我们高高兴兴回家去了。

③ ✗ 学习累了，去外边看看风景，放松放松吧。

④ ✗ 我应该进旁边的那座大楼去找一个空房间。

⑤ ✗ 我从来没想到外国人说中文能跟中国人一样。

⑥ ✗ 过了一会儿，全身就发起痒来。

⑦ ✗ 我见到他就不知不觉流下了眼泪，因为我以为他把我忘了。

⑧ ✗ 他们想，从哪里跌倒就从哪里爬起来。

⑨ ✗ 我父亲因为被公司派到了外地，母亲几乎一个人教育我。

⑩ ✗ 我姥姥送我们去机场。 / 我姥姥把我们送到机场。

⑪ ✗ 我很害怕，所以我很快地逃走了。

⑫ ✗ 我在他的旁边坐下。

3. ① 下　　　　　　② 出
③ 出来　　　　　④ 下来
⑤ 上

제7강

✓ 연습 문제 1　　　　　　　　p.113

1. ① 你写的字太小了，我看不清楚。

② 虽然衣服很脏，但是，我洗得干净。

③ 你讲得太难了，我们听不明白。

④ 你点的菜太多了，我们吃得完吗?

⑤ 我太累了，十层楼我走不上去，我要坐电梯。

⑥ 爱情已经没了，还找得回来吗?

⑦ 一个星期不吃饭，饿得死吗?

2. ① 这是可以学得会的。

② 安迪，听得到吗?

③ 你真听得懂我在说什么?

④ A: 船没事儿吧?

　　B: 看上去很好，只要我们上得去。

✓ 연습 문제 2　　　　　　　　p.117

1. ① 现在才去，恐怕来不及了。

② 明天晚上我们有一个聚会，你来得了吗?

③ 这么贵的房子，我买不起。

④ 我爱妈妈，舍不得离开妈妈。

⑤ 激光太厉害了，看不得。

2. ① ✗ 那本书卖光了，我们买不到了。

② ✗ 比较穷的家庭会很难买得起粮食，这样，有可能会出现饿死的人。

3. ① 离开心爱的东西，真舍不得啊。

② 我知道你买得起。

③ 他病了，用不得脑子。

✓ 연습 문제 3　　　　　　　　p.119

1. (1) ① 不能走　　　　② 走不了
(2) ① 毕不了业　　　② 不能毕业
(3) ① 不能想清楚　　② 想不清楚

◎ 종합 연습　　　　　　　　p.120

1. ① 来，不着，上，见 / 到

② 在，不明白

③ 不到

④ 不上 / 不起

⑤ 不了，上

⑥ 得及

⑦ 不得

⑧ 完，下

⑨ 下来，不住

연습 문제 1   p.125

1. ① 简学功课学得很快。

② 想得太多的话你会头疼的。

③ 那一周我们一直在努力学习。我感到同学们学得很累。

④ A: 跑得怎么样?

    B: (跑得)棒极了!

⑤ 她唱歌唱得很好。

연습 문제 2   p.128

1. ① 看起来她想家想得受不了了。

② 我跑得一点儿力气都没有了。

③ 她哭得每个人都觉得难过了。

④ 你出生的时候,我都乐得找不着北了。

연습 문제 3   p.129

1. ① 他头疼得什么也不能做。

② 他担心得饭也吃不下,觉也睡不着。

③ 我难过得不能去上班了。

④ 他生气得说不出话来。 / 他气得说不出话来。

2. ① 他高兴得跳起来了。

② 这里贵得让人不敢相信。

③ 她的声音大得吓人。

연습 문제 4   p.131

1. ① 他跑步跑得腿痛。

② 她哭得眼睛都肿了。

③ 他上网上得没有时间好好学习。

④ 他开车开得太快了。 / 他把车开得太快了。

⑤ 我看电视剧看得眼睛疼。

⑥ 她开心得唱起歌来。

⑦ 他忙得没有时间睡觉。

2. ① ✕ 他跑得很快。

② ✕ 他吃完了,吃得很快。

③ ✕ 去年夏天我游泳游得很多。

④ ✕ 他看了看,看得很高兴。

⑤ ✕ 他又说又唱,很高兴。

⑥ ✕ 他高兴得跳起来。

⑦ ✕ 他正说得高兴。

⑧ ✕ 我们聊天聊了很长时间。

연습 문제 5   p.134

1. ① 她说得那么清楚,我们每个字都听得见。

② 只有老师教得好,学生才能学得好。

③ 抱歉,我听得不很清楚。

④ 对不起,我听不清楚。

종합 연습   p.135

1. ① 很胖 / 太多了 / 走不动了 / 不能再吃了。

② 很开心 / 很漂亮 / 肚子疼 / 流出眼泪来。

③ 很成功 / 没有力气 / 住院了。

④ 没有时间回家 / 忘了女朋友的生日。

⑤ 一直喊妈妈 / 出了一头汗 / 睡不着觉。

⑥ 我不想出门 / 人们都换上了厚衣服。

⑦ 谁都买不起 / 让人不敢相信。

2. ① ✕ 我们晚上七点在美国式饭馆吃了很地道的牛排。

② ✕ 这个地方很美丽,有宫和湖等等,他们做得都非常棒。

③ ✕ 我的家离学校很远,每天早上,要比别人起得早多了。

④ ✕ 我是在妈妈的鼓励下开始学习中文的,开始的时候,我学得很不好。

⑤ ☒ 我和我的朋友聊了很长时间。

⑥ ☒ 我很喜欢，想把那本书送给我姐姐。

⑦ ☒ 我还记得你从小就总是写小说，写得很漂亮。

⑧ ☒ 昨天晚上我做了一个梦，很奇怪的梦。

⑨ ☒ 他们吵架吵了很长时间。

⑩ ☒ 看见他来了，我高兴得跳起来。
　　／看见他来了，我高兴地跳起来。

✓ 연습 문제 1
p.139

1. ① ☒　　　　　② ◯

앞부분에 '어제 책 한 권을 샀다'라는 내용에서 '책 한 권'이 언급되었다. 그러므로 뒤 문장의 '한 권의 책'은 이미 알고 있는 정보로 바뀌어 문장의 끝 부분에 등장할 수 없게 된다. 따라서 이 문장은 '把'자문을 써서 표현해야 적절하다.

2. ① 我弟弟把一个杯子打碎了。

② 小偷把他的自行车偷走了。

③ 小王把我丢失的铅笔找到了

④ 我把一本书放在了桌子上。

⑤ 他把一只小猫带回家。

3. ① ☒ 有一天我想去旅行，所以我去火车站买了一张票。

② ☒ B: 我送朋友去火车站了。

✓ 연습 문제 2
p.142

1. ① 他把手放在下巴上，把胳膊放在桌子上。

② 有一个孩子把空瓶子扔进垃圾桶里。

③ 快递员把包裹送到我家。

2. ① 我父亲一定生气了，使劲把书扔在地板上。

② 她常常想把孩子放在电视机前、自己上网。

③ 他把邮票贴在信封上。

✓ 연습 문제 3
p.143

1. ① 我把土豆切成块儿。

② 她的工作是把英语翻译成手语。

③ 弟弟把蛇当作好朋友。

2. ① 我们把它变成一句话吧。

② 成功之后，他把小说改成了剧本。

③ 我需要把美元换成法郎。

④ 她把画里的每一枝花都画成不同的颜色。

✓ 연습 문제 4
p.144

1. ① 她把地板扫得一点儿土也没有了。

② 妈妈把盘子洗得很干净。

③ 老师把学生讲得睡着了。

2. ① 你把我抱得喘不上气来。

② 他把桌面擦得很亮。

③ 他把家里收拾得很整洁。

3. ① ☒ 我读书读得感到很有意思。

② ☒ 他吃饭吃得很饱。

③ ☒ 他做作业做得很慢。

✓ 연습 문제 5
p.145

1. ① 理发师把我的头发剪短了。

② 他把胡子刮掉了。

③ 他把头发擦干了。

2. ① 她把衣服洗干净了。

② 请把桌子收拾好，准备吃饭。

③ 他把盘子里的东西吃光，不管他的盘子多么满。

☑ 연습 문제 6　　p.146

1. ① 他们把箱子搬上车。
② 他们把沙发搬进家。

2. ① 让他去图书馆把书拿回来。
② 把桌子搬进去，把上面的东西摆整齐。

☑ 연습 문제 7　　p.147

1. ① 男人把钥匙递给女人。
② 一个孩子把足球踢给他的队友。

2. ① 她真好，把书借给我看。
② 把土豆递给我，好吗?
③ 他一只手抓住绳子，把另一只手伸给水中的男孩子。
④ 他们把几张桂林的照片寄给我。

☑ 연습 문제 8　　p.148

1. ① 他把啤酒喝了。
② 我把写错的字擦了。

2. ① 我的狗把我的作业吃了。
② 不要玩勺子了，快把早饭吃了。

☑ 연습 문제 9　　p.149

1. ① 我要把这个问题想一下。
② 她把行李整理整理，明天去旅行。
③ 他们把那个问题讨论了一下。

2. ① 我希望你们认真地把这些问题研究一下。
② 咱们把房子修理一下。

◎ 종합 연습　　p.151

1. ① ✕ 孩子把杯子放在了桌子上。
② ✕ 爸爸把茶壶放下，放在桌子上。
③ ✕ 我房子里的书比较多，所以把书收拾好是最麻烦的。
④ ✕ 孩子高高兴兴地把爸爸给他的热水喝了。
⑤ ✕ 孩子把帽子放上去的时候，杯子不见了。
⑥ ✕ 咖啡壶掉到地上了，把地上洒满了咖啡。
⑦ ✕ 孩子一边说明一边把一个杯子放在桌子上。
⑧ ✕ 这件事让他爸爸发脾气了。
⑨ ✕ 我决定把它扔掉，扔进垃圾桶。
⑩ ✕ 为了你们，我一定努力把所有的事做好。

2. ① 请你再做一遍。/ 请你把做错的练习改过来。
② 我得找人把电视机修好。/ 我得找人把电视机拿走。/ 我得找人把电视机扔了。
③ 你可以把车停在二楼。
④ 我要把东西寄回家。/ 我要把一些东西送给朋友。/ 我要把一些东西卖了。/ 我要把一些东西扔掉。
⑤ 我应该把它们放在安全的地方。/ 我应该把它们放好。/ 我应该把它们放在别人找不到的地方。
⑥ 我得把水扫出去。/ 我得把书拿起来。/ 我得把房间收拾干净。
⑦ 麻烦你帮我把钱换一下。/ 麻烦你帮我把这些钱换成人民币。
⑧ 你今天怎么把房间打扫得这么干净?
⑨ 请你把书拿出来。
⑩ 我今天把"买"说成了"卖"!
⑪ 她可能把我批评一顿。/ 她可能把钱要回去。/ 她可能把我关在房间里。
⑫ 老板今天快把我累死了。
⑬ 她可能会把日记锁好。/ 她可能会把我骂一顿。/ 她可能会把日记锁起来。

연습 문제 1 p.155

1. ① 杯子被我弟弟打碎了。

② 他的自行车被小偷偷走了。

③ 我丢失的铅笔被小王找到了。

④ 书被我放在桌子上了。

⑤ 小猫被他带回家了。

2. ① 被鬼折磨

② 被大学录取了

③ 葡萄被虫子吃了

연습 문제 2 p.157

1. ① ☒ 他被气得说不出话来。

② ☒ 他是南非人，不过中文他听得懂。

③ ☒ 书我还没看完。

④ ☒ 钱被他从钱包里拿出来。

연습 문제 3 p.158

1. ① 这个问题不应该被轻视。

② 这个事先不能被猜出来。

③ 在为银行提供网络服务时，Java被用在很多不同的方面。

④ 密码可能被忘记，被偷走或者被丢失。

⑤ 他发现村子外面的路都被水弄坏了，所以他马上把它们修好了。

연습 문제 4 p.160

1. ① 距离问题可能会很快得到解决。

② 他喜欢受到老师的表扬。

③ 经验显示，这样做的话，我们的产品没有受到损害。

④ 即使决定是正确的，如果我们没有得到人们的同意，还是可能遭到反对。

⑤ 由于遭到了严重的批评，这个戏被取消了。

⑥ 他说，他在学校生活很糟糕，他受到同学们的欺负。

종합 연습 p.161

1. ① ☒ 小孩儿被爸爸批评了一顿。

② ☒ 爸爸对孩子失望了。

③ ☒ 那个杯子被小孩儿变没了。

④ ☒ 小树没被大风刮倒。

⑤ ☒ 我几乎被他打死了。

⑥ ☒ 书被他忘了，他没有把书放回书架上。

2. ① 他被小偷儿打伤了。

② 盘子被打碎了。

연습 문제 1 p.164

1. ① 每一篇文学作品

② 历史专业

③ 国际关系

2. ① ☒ 我们先打扫房间，然后看王刚的电视节目。

② ☒ 不久她碰到一个美国女人。

③ ☒ 电脑桌也是我做作业的地方。

연습 문제 2 p.165

1. ① 今年的便宜货明年会更便宜。

② 我在上周的聚会上见过你，对不对?

③ 桌子上的东西很乱。

④ 他小心地把中间的几页纸抽出来了。

1. ① 她不但可爱还是个聪明的妈妈。

② 你想做个好人，对不对？一个很好很好的人。

③ 他们去年盖了很多高楼。

④ 这些民族是怎么取得这样的进步的？

2. ① ✕ 坐火车要花非常长的时间。

② ✕ 我以为我和这样的事没关系。

③ ✕ 他有很多书。

④ ✕ 他得了一种慢性病，得慢慢地治。

⑤ ✕ 她真是一位好老师。/ 她确实是一位很好的老师。

⑥ ✕ 这真是一个聪明的办法。

1. ① (怀里)抱着孩子的女人在等着看医生。

② 我带着我女朋友送给我的东西。

③ 大学图书馆是人们喜欢的地方。

④ 噪音令人讨厌，特别是你想睡觉的时候。

2. ① ✕ 我最喜欢的地方是我的房间。

② ✕ 我欣赏一种在我旁边的芳香的花。

1. ① 你告诉我你写了一本关于我们的书。

② 她在语言方面的能力让人吃惊。

③ 他对这个问题的看法跟我的不一样。

1. ① 他的房间里，堆了一地(的)书。

② 他喝了一肚子(的)啤酒。

③ 他看了一个假期(的)书。

④ 打扫完房间后，我沾了一手(的)土。

⑤ 春节那天，她穿了一身(的)新衣服。

⑥ 他装了一书包(的)书，去上学了。

1. ① ✕ 我一出车站，钱包就被一个小偷偷走了。

② ✕ 一群可爱的小孩儿向我们跑来。

③ ✕ 在香山有很多树，很多花儿，很多石头，很多松鼠。

④ ✕ 公园里，有的人在散步，有的人在打太极拳。

⑤ ✕ 她喜欢买东西。每个周末她带回几双鞋、几件衣服。

⑥ ○

⑦ ✕ 2019年我和家人一起在日本住了两个月。

2. ① 场，部，部   ② 套，套，本

③ 场，阵   ④ 棵，朵

⑤ 束，棵 / 枝   ⑥ 顿

⑦ 张   ⑧ 份

⑨ 种，种   ⑩ 块

⑪ 粒   ⑫ 袋

⑬ 碗   ⑭ 把

⑮ 块，块

⑯ 顿，场 / 部，家，家，瓶 / 杯

⑰ 条，件   ⑱ 颗

⑲ 把，张，张   ⑳ 块，条

㉑ 对   ㉒ 副

㉓ 双

1. ① 那三座韩国城市

② 科学的两个不同方面

③ 一间很棒的小房间

④ 一些漂亮的红砖房
⑤ 先进的外国经验
⑥ 一些美丽的小红花

2. ① 那个那年到过咱们家的小
② 很多晒得黑黑的、歪戴着帽子的帅
③ 一个温柔可爱的、听话的好
④ 许多俗气的新

3. ① ⊠ 今天很好玩儿，我认识了几个美丽的新朋友。
② ⊠ 你旅行的东西都准备好了吗？
③ ⊠ 我们去过的最后的城市是旧金山。
④ ⊠ 去年五月，我跟我的五个大学朋友一起去旅行了。

✅ 연습 문제 9   p.186

1. ① 他漂亮的女朋友昨天出国了。
② 他聪明的父亲知道怎么管他。
③ 我那个红色的杯子是中国造的。
④ 我终于回到了我那张可爱的小桌子旁。
⑤ 他父亲在纽约附近的大房子很漂亮。

🎯 종합 연습   p.187

1. ① 有一些我必须告诉你的、重要的事情。
② 这是一个很难回答的问题。
③ 来了一个五岁的女孩儿。
④ 一个穿着红衣服的女孩刚才来看你。
⑤ 我有要处理的事情，你先走吧。

2. ① 一个喜欢学习中文的、在北京大学学习了两年的、聪明的英国学生
② 我那本在北大书店买的很漂亮的历史故事书

3. 这是杰克盖的房子。
这是杰克盖的房子里的麦芽。

这是吃了杰克盖的房子里的麦芽的老鼠。
这是追赶那只吃了杰克盖的房子里的麦芽的老鼠的猫。
这是惊扰了那只追赶吃了杰克盖的房子里的麦芽的老鼠的猫的狗。

4.　　我始终找不到和王眉个别谈话(的)机会。白天她飞往祖国各地，把那些(　)大腹便便(的)外国人和神态庄重(的)同胞们运来运去。晚上，她就往我住(的)地方带人，有时一两个，有时三五个。我曾问过她，是不是这一路上不安全，需要人作伴？她说不是。
　　那我就不懂了。她(　)同事都是很可爱(的)女孩，我愿意认识她们，可是，难道她不知道我希望(的)是和她个别谈谈吗？也可能是成心装糊涂。她看来有点内疚，每次来都带很多(　)各地(的)水果：海南(的)菠萝蜜，成都(的)橘子，新疆(的)哈密瓜，大连(的)苹果。吃归吃，我还是心怀不满。

5. ① 她对我的那种深深的
② 古城的自选食品
③ 一些我不知道的、遥远的、美好的
④ 一些我经历过的
⑤ 城南一家高级法国
⑥ 一对很漂亮的韩国
⑦ 今天社会上存在的难以解决的老
⑧ 一个穿白色裙子的漂亮
⑨ 当年你对我说的那些

제12강

✅ 연습 문제 1   p.192

1. ① 我去年研究了一个星期。[시간]
我在图书馆研究了一个星期。[在+장소]
我对那个问题研究了一星期。[전치사구]

我用英语研究了一个星期。[전치사구]

我和朋友们一起研究了一星期。[전치사구]

我曾经研究了一个星期。[부사]

我辛辛苦苦地研究了一个星期。[형용사]

关于那个问题，我研究了一个星期。

[문장 앞 부사어]

想不明白的时候，我研究了一个星期。

[문장 앞 부사어]

② 他昨天去了。

他坐车去了。

他一个人去了。

他已经去了三次了。

他高高兴兴地去了。

为了把问题弄明白，他马上就去了。

想明白以后，他很快就去了。

2. ① 她飞快地朝我这边走来，把一张椅子撞翻了。

② 马克痛苦地看着他。

③ 他详细地向我表达了他在这个问题上的观点。

④ 政府在这个问题上意见不一致。

연습 문제 2   p.193

1. ① 我母亲说我应该给您写一封感谢信，感谢您送给我的照片。

② 他是个聪明的孩子，却对自己很没有信心。

③ 莉莎向一位参观者挥手。

연습 문제 3   p.196

1. ① 快跑！他们到处都是。

② 什么使我们这么快地重新考虑这个问题？

③ 他们勇敢地、愉快地迎接自己的任务。

④ 莉莎开心地向一位参观者挥手。

2. ① ✕ 妈妈轻轻地给孩子盖好被子。

② ✕ 他一个人孤零零地坐着。

③ ✕ 他高高兴兴地跑进来。

④ ✕ 孩子们聚精会神地听老师讲故事。

⑤ ✕ 蜘蛛掉到地上，很快(地)跑走了。

연습 문제 4   p.199

1. ① 他们首先更好地了解这些问题，然后一个一个地解决它们。

② 如果我们一步一步地认真(地)做，最后总能成功。

③ 一年一年地好起来了。

④ 我们一家一家地敲门，准备开始我们的任务。

2. ① 他太喜欢这本书了，一遍(一)遍地看。

② 他很喜欢看小说，一本(一)本地看。

③ 人们的生活水平好起来了，一天(一)天地好起来。

④ 他很细心地照顾她，给她喂饭。一勺(一)勺地喂她，直到她吃饱了。

⑤ 走路就是要这样，要一步(一)步地走。

연습 문제 5   p.203

1. ① 在公路上兴高采烈地

② 和爸爸一起默默地

③ 再用语言明明白白地

④ 不情愿地把书

⑤ 也一定会用某种形式向你

⑥ 竟然在深夜三点钟的时候偷偷地

2. ① 我高兴地宣布：第二次会议将于明年夏季在彼得堡举行。

② 我住在伦敦的时候常常在公共泳池游泳。

③ 接下来的几天里，男孩子们又意外地遇到了更多的问题。

④ 在那之前，我们和他们一起坐火车去了巴黎。

1. ① ☒ 年轻的时候，应该多看书。
   ② ☒ 你的病刚好，一定要好好休息。
   ③ ☒ 我骑自行车骑得很快，差点儿撞到人。
   ④ ☒ 我喜欢书法。不过，我觉得太难写了。

2. ① A: 他回答问题回答得怎么样？
      B: 他回答得很聪明。
   ② A: 他做什么了？
      B: 他聪明地回答了那些问题。

1. ① 就是因为这次旅行（　），我深深（地）爱上了中国。
   ② 我到处（　）登山临水，不停（地）往南（　）走。
   ③ 他来看我，也大惊小怪（地）问："你还是无所事事（地）待着？"
   ④ 还是一天一天（地）、一年一年（地）飞下去。
   ⑤ "可她确实（　）是有话对我说呀。"我绝望（地）大（　）叫。
   ⑥ 他没再说一句话，动也不动（地）坐着，脸白得像张纸。
   ⑦ 她一阵风似（地）跑出去。
   ⑧ 有一天晚上，她没来。我不停（地）往她办公室打电话，五分钟一个。
   ⑨ 春节期间（　）飞机加班很多，她常常（　）到夜里十二点才（　）回宿舍，第二天一大早（　）又要进机场准备。

2. ① 兴奋的旅游者们纷纷从车上下来了。
   ② 我用望远镜看那些神情愉快的男男女女。
   ③ 她向我透露了她心里的秘密。
   ④ 女孩纯朴的理想深深地感动了我。
   ⑤ 他不停地说一个无聊的电视剧。
   ⑥ 我实在受不了吃吃睡睡的无聊的日子。

3. ① 我充满信任（地）乘阿眉服务（的）航班回北京。
   ② 一个穿红色连衣裙（的）女孩清楚（地）出现在我的视野中。
   ③ "别像个傻子似（地）看我。"我拍着他（的）肩膀乐呵呵（地）说："待会儿尝尝我（的）手艺。"
   ④ 站在我身旁（的）一个老头一边从扶手上抽回自己瘦瘦（的）手，一边抱歉（地）对阿眉说："这是我（的）手"。
   ⑤ "你知道我现在（　）最大（的）愿望是什么？"
      "什么？"
      "临死前（　），最后一眼（　）看到（的）是你。"
      "小傻瓜，那时（　）我早（　）老了，老（得）不成样子。那时，也许（　）你想看（的）是孩子。"
   ⑥ 开头那几个月（　）我做（得）太好了，好（得）过了头，简直可以说惯坏了她。我天天（　）待在首都机场，只要是她们（的）飞机落地，我总要（　）急急忙忙（地）跑过去问："阿眉来了吗？"

4. ① 我看见他把纸藏了起来。

부사어	今天中午、亲眼、慌慌张张地、把一张纸
관형어	一张(纸)
보어	起来

   ② 我会告诉你们事儿。

부사어	到时候、当着你们大家的面、坦率地
관형어	你们大家的(面)、我这几天决定的(事儿)

   ③ 我们安排：你们跟我见面。我会骑马过去。你们准备好。

부사어	就这样、明天上午十一点、在树林里麦地后面左边的那棵大树旁边、跟我、把一切
관형어	树林里麦地后面左边的那棵大树(旁边)
보어	(准备)好

④ 他需要得到爱。

부사어	为了使自己对自己有信心、至少、从自己身边的一个人身上
관형어	那种、看得见、摸得着、感觉得到的(爱)
보어	看得见、摸得着、感觉得到

5. ① 那个在北京大学学习了两年的聪明的英国学生昨天上午八点和他的朋友一起坐一辆黄色的出租车很快地去了北京最大的机场。

② 我那些在北京认识的好玩儿的中国朋友，昨天和我一起在一家又便宜又好吃的饭店吃了一顿告别午饭，我们吃得很开心。

✓ 연습 문제 1   p.216

1.

(1) 주어의 주관적 의지에 의해 일어나는 사건	①, ②, ⑤
(2) 객관적 상황에 의해 일어나는 사건	④, ⑧
(3) 가까운 미래에 일어나는 사건	③, ⑧, ⑩
(4) 주관적 판단이나 추측	⑦
(5) 요구 · 명령 · 금지	⑥, ⑨

2. ① 我以为你也许想要读一下这封信。

② 不要等着好事发生在你身上，你要走向幸福。

③ 我觉得他们就要成功了。

④ 告诉她我过一会儿给她回电话，我又要晚了。

⑤ 在学校里，女孩子要比大多数同龄的男孩子高一些。

⑥ 它们要更贵一些，但是用的时间也长一些。

⑦ 他说他有可能要到今晚才回来。

⑧ 他几天后要出发去新疆。

⑨ 你打电话的时候，我正要睡觉。

⑩ 他正要说话时，电话铃响了。

✓ 연습 문제 2   p.219

1. ① 如果我们哪一天结婚的话，一定会有一个很棒的婚礼。

② 我父亲如果看见我脸上的伤，他会气疯的。

③ 我把一百万美元藏到了一个永远没人会找到的地方。

④ 热爱生活，生活也会爱你。

⑤ 比赛时我总会紧张得不行。

⑥ 如果有问题没有回答，他总会觉得不自在。

⑦ 要不是下雨，我们会有一次愉快的旅行。

⑧ 要不是路太远，我一定会请你一起去。

✓ 연습 문제 3   p.221

1. ① 我们将去伯明翰参加会议，然后马上回来。

② 外交大臣将要访问中国。

③ 你将得到你想要的，这几乎是没有疑问的。

④ 对此他将别无选择，只有接受。
　/ 他将不得不接受，别无选择。

⑤ 他将要访问四个城市，包括中国的上海。

⑥ 我们将要搬到一座新房子里去。

⑦ 他对我们将要做的事感到好奇。

✓ 연습 문제 4   p.223

1. ① 明年春天的选举即将到来。

② 没有人会为行将发生的事情担心。

③ 那位重病人行将死去，我们什么也不能做。

제**14**강

✓ 연습 문제 4　　　　　　p.233

1. ① 我总在做决定，比如戒烟。
② 他总在思考问题，总在寻找事物的道理。
③ 我们不能老是这样了，好像我们总在争吵。

✓ 연습 문제 5　　　　　　p.235

1. ① 你刚才在想什么呢？你开小差了。
② 他业余时间总在练习弹钢琴呢。你难道不知道吗？
③ 留下吃饭吧。反正外面正下雨呢。
④ 怪不得从上周以来我的腿一直在疼呢。
⑤ 他一直在计划离开韩国呢，所以他卖掉了房子。现在你明白了吧？

◎ 종합 연습　　　　　　p.236

1. ① 正　　　　　　② 正
③ 一直在　　　　④ 在
⑤ 一直在　　　　⑥ 总在
⑦ 呢　　　　　　⑧ 呢

2. ① ✕ 一班的学生正在唱歌，二班的学生正在跳舞。
② ✕ 已经半夜了，他还在看书，真用功。
③ ✕ 我们正在担心你找不到这里，你就来了。
④ ◯
⑤ ✕ 我去的时候，他正在喝。
⑥ ✕ 十几年来，我一直在研究英语语法。

제15강

✓ 연습 문제 1　　　　　　p.240

1. ① 着　　　　　　② 正 / 在
③ 着，着　　　　④ 在，在
⑤ 着　　　　　　⑥ 在
⑦ 着　　　　　　⑧ 正

2. ① 孩子一直盯着他身后的墙。
② 她深深爱着他。
③ 我们盼望着他某一天再回家。
④ 这份报社的工作让我一天又一天地做着同样的事。
⑤ 他捡起一支铅笔，无所事事地摆弄着。

✓ 연습 문제 2　　　　　　p.242

1. ① 他说完话站起来，直视着我。
② 她手里拿着相机问道："我们先去哪里？"
③ 他坐在那儿，听着老爷钟的嘀嗒声。
④ "欢迎我吗？"他靠着门，满怀希望地笑着说。

✓ 연습 문제 3　　　　　　p.243

1. (1) ① 服务员似乎急着要我们点菜。
② 别急着走。我还没做完呢。
③ 孩子们都急着看给他们的礼物。
④ 我不急着回去。
⑤ 我还没来得及看看孩子，她就急着把他带到医生那儿去了。
(2) ① 她忙着给客人端饭菜。
② 老太太忙着给孩子们做衣服。
③ 我不能跟你一起去。我忙着听报告呢。
④ 他在屋里走来走去，忙着把自己的东西放在一起。
⑤ 他总在忙着做生意。

✓ 연습 문제 4

1. ① 我们在客厅的沙发上坐着看电视。
／我们坐在客厅的沙发上看电视。
② 一些人在门口站着聊天。
／一些人站在门口聊天。
③ 爸爸在沙发上靠着吃苹果。
／爸爸靠在沙发上吃苹果。
④ 可以在沙滩上懒洋洋地躺着睡觉，我高兴极了。／可以懒洋洋地躺在沙滩上睡觉，我高兴极了。

✓ 연습 문제 5

1. ① 他们还留下了一张名片，上面印着Bob的名字。
② 她是一个害羞的、漂亮的女孩，长着一双大大的蓝眼睛。
③ 客厅里到处乱扔着玩具、书、零食等。
④ 我找到了他那件夹克衫，就在门厅里挂着。
⑤ 这个护士(头上)戴着一顶白色的帽子。

✓ 연습 문제 6

1. ① 走着走着 ／ 开着开着
② 走着走着就能看见一家麦当劳
③ 看着看着，她哭了。／ 看着看着，她笑了
④ 想着想着，我决定去看他

2. ① 孩子哭着哭着睡着了。
② 那个孩子跑着跑着，被什么东西绊了一下，摔倒了。
③ 一个不知道姓名的人在我家附近走着走着，摔倒了。

✓ 연습 문제 7

1. ① 尽管哭吧。别忍着。
② 你拿着它吧，把它作为你第一周的一部分工资。
③ 听着，如果你和他说话或什么的，一定要让我们知道，好吗？
④ 总统让飞机在二十分钟车程的地方等着。
⑤ 还是你拿着吧。我们还要买别的东西。

✓ 연습 문제 8

1. ① 我的同屋讨厌着呢，我真的不喜欢他。
／哪里啊，我的同屋好着呢。
／哪里啊，我们的关系好着呢。
② 他们两个人常常吵架，关系坏着呢。
／他们的关系好着呢，很少吵架。
③ 在中国学习轻松着呢。
／在中国学习紧张着呢。
／在中国学习累着呢。

2. ① 你的牛仔裤还在洗着呢。
② 请赶快向前面移动一下，你后面还有人等着呢。
③ 接着说，我们还在听着呢。
④ 离八月还早着呢。
⑤ 我才不在乎下不下雨呢，我高兴着呢。
⑥ 厨房里咖啡还多着呢。
⑦ 走开吧，孩子们，我正忙着呢。
⑧ 因为车到中午才开，李梅亭正在床上懒着呢。

◎ 종합 연습

1. ① 我们喝着咖啡聊天。
② 你知道吗？我现在开心着呢。
③ 外面(正)下着雪呢，你别走了。
④ 他现在(正)睡觉呢，别打扰他。
⑤ 墙上挂着一张画儿。
⑥ 他看着看着电视哭了。

2. ① 在，着，着，着，着，着

正，着，着，着，着，着

② 在，是，是，着，着，在，着，着

3. ① ✗ 沿着窗户对面的墙还放着一张床。

② ✗ 我爬了很长时间才到山顶的时候，我高兴极了。

③ ✗ 一天我在一家饭馆坐着看外面的风景。

④ ✗ 椅子也一起放着。

⑤ ✗ 房间地上铺着一个地毯，窗户关着。

⑥ ✗ 两个女孩儿在秋千上坐着聊天儿。

⑦ ✗ 有的人在沙发上坐着聊天。

⑧ ✗ 你说得太快了，我听不懂。

⑨ ✗ 我一直在房间等着朋友来接我。

⑩ ✗ 你打着电话开车！太危险了。你快停车吧。

⑪ ✗ 小孩子们在操场上踢足球。

✓ 연습 문제 1   p.258

1. 孩子：妈妈，今天我要吃六个香蕉。

妈妈：好。吃吧。(过了一会儿)

你吃(了)几个香蕉(了)?

孩子：吃(了)两个(了)。

(再过一会儿，孩子说吃完了)

妈妈：你吃(了)几个( )?

孩子：吃(了)四个( )。

✓ 연습 문제 2   p.260

1. ① 要是我的中文能说得跟中国人一样就好了。

② 我觉得北京的留学生活太棒了。

/ 北京的生活比我在国内时有意思多了。

/ 真是好得不能再好了。

③ 早上七点的时候，我说该起床了。

④ 因为我两个月没看电影了。

✓ 연습 문제 3   p.263

1. ① ✗ 昨天跟好朋友见面聊天，我觉得很开心。

② ✗ 去年的夏天很热，我们去海边度假了。

③ ◯

✓ 연습 문제 4   p.271

1. ① 昨天我先去西单了，在那儿吃了饭，买了一些东西，还去了书店，然后就去国贸大厦了。

'西单'에서의 일어난 이야기의 큰 틀을 전개하기 위해 '昨天我先去西单了'에서는 了₂를 사용했고, '吃饭', '买东西', '去书店'은 구체적인 사건을 서술하면서, 또한 뒤 문장에 동작의 선후관계를 나타내는 접속사 '然后'를 사용했기 때문에 '吃饭', '买东西', '去书店'은 了₁을 사용해야 한다.

② 我们到了不久之后，学校的上午运动开始了。然后我们上英语课了。虽然那节课本身比较乏味，但我看到了一些特别的东西。

앞 문장에서 '运动会开始了'라는 말로 새로운 이야기를 이끌고 있다. 따라서 뒤에 구체적인 사건의 서술이 이어지는 것이 가장 좋지만 이 문장에서는 더 이상 구체적인 사건의 서술 없이 문장이 끝났다. (문제 ①번의 '然后' 앞 문장에서는 쉼표를 사용해 사건의 서술이 이어짐을 나타냈지만, 문제 ②번의 '然后' 앞의 문장은 마침표로 끝남). 따라서 '上英语课'는 다른 이야기의 전개이므로 了₂를 사용하는 것이 좋다.

✓ 연습 문제 5   p.276

1. ① ✗ 读大学的时候，每个月都看一场电影。

② ✗ 我是孩子的时候，常常和爸爸一起去钓鱼。

③ ✗ 我是孩子的时候，常常和爸爸一起去钓鱼。

④ ✗ 昨天我们一个上午都在聊天。

⑤ ☒ 我们没有偷看你的日记。
⑥ ☒ 妈妈走进来，问："你怎么还没睡觉？"

2. 我决定（ ）坐（ ）阿眉服务的航班回（ ）北京。我在广播登机之前进（了）客舱。阿眉给我看（了）她们的厨房设备（ ）。我喜欢那些东西，可不喜欢阿眉对我说话的口气。

"别这样对我说话。"我说（ ）。

"才没有呢。"阿眉有点委屈，"过一会儿我还要亲手端茶给你（ ）。"

我笑（了），说（ ）："那好，现在带我去我的座位。"

"请坐，先生。手提包我来帮您放上面。"

我坐下，感到很舒服（ ）。阿眉又对我说（ ）："你还没说那个字呢。"我糊涂（了），猜不出来。

上（ ）客（了），很多人走进（了）客舱，阿眉只好走过去迎接他们。我突然想（了）起来，可那个字不能在客舱里喊呀。

🎯 종합 연습
p.278

1.
① ☒ 上个星期天在希尔顿饭店，我们留学生参加了一场毕业晚会。
② ☒ 我们在我弟弟的家休息了三天。
③ ☒ 到了东京以后，我们去了很多地方。
④ ☒ 回家的时候，去商店买了几斤苹果。
⑤ ☒ 今天我去看了一个公寓。
⑥ ☒ 我昨天早上十点起床，然后看了半个小时电视。
⑦ ☒ 上海给我留下了很深刻的印象。
⑧ ☒ 今天早上我的朋友给我打了电话。
／打电话了。
⑨ ☒ 她让我知道北京大学的学生真聪明。
⑩ ☒ 每个晚上我们吃四五个小时晚饭。
⑪ ☒ 在中国的时候，我每天跟中国人说话。
⑫ ☒ 我从来没有吃那么长时间的饭。
⑬ ☒ 突然一个朋友给他打了电话，问："你在哪里？"他回答："我正在饭店里呢。"

⑭ ☒ 那时候他给了我一束玫瑰花。"纪念今天的日子吧。"他说。
⑮ ☒ 我弟弟问我他为什么不能喝酒。
⑯ ☒ 我非常高兴我决定来中国了。
⑰ ☒ 我高中毕业的时候，打算了学习中文。
⑱ ☒ 我让弟弟离开，因为今天的生日晚会只请成人。
⑲ ☒ 在四天内，我们没有空儿去游览，真遗憾。
⑳ ☒ 我看到漂亮的花儿，非常感动。

2. ① 一天在我的农村我骑着我的自行车，突然在道路上的旁边看三筐梨子（→看见了三筐梨）。筐梨的旁边（→在那些梨筐的旁边）有一个男人把梨摘子（→在摘梨）。他没看到我，所以我把一筐梨放在我的自行车的筐里而跑得很快（→很快地跑了）。

回家的时候我见面一个很漂亮的姑娘子（→看见了一个姑娘）。她经过我的旁边，我回头而把帽子丢了。后来，我的自行车把石头打子（→我的自行车撞上了一个石），而我摔倒了，而且把梨掉子在地土（→把梨掉在了地上）。

马上三个男孩子来帮我了。他们也帮我把梨捡子（→他们帮我把梨捡了起来），而且把我的帽子找到了而还给我（→还给了我）。我很感谢得（→地）把三个梨给他们而快快得走了。我不知道他们发现子我把筐梨偷子（→有没有发现是我偷的梨）。

② 一个人在村摘梨子（→在村里摘梨）。我骑着我的自行车，突然看子（→看见了）两筐梨，没有人。我停了我的自行车，摘了一筐梨，放在自行车（→放在自行车上），出去子（→离开了）。

骑自行车的时候，我看一个女孩子子（→看见了一个女孩子），回头看了她。突然我的帽子吹子（→被吹掉了），那时候，我撞上了一个小石头，摔倒（→摔倒了）。三个小孩子来子帮助我（→来帮助我了），一个在打子乒乓球（→在打乒乓球）。捡了梨以后，他们把筐梨

(→筐里的梨)给了我。我走了。

　　一个小孩子捡了我的帽子，吹口哨着(→吹着口哨)，来子给我的帽子(→来了，给我的帽子)，他也拿起来了三个梨，给了他的朋友。他们一边走，一边吃子梨(→一边吃着梨)。

　　农民从树下去子(→从树上下来了)，看子没有一筐梨子(→发现没有了一筐梨)，突然看子三个孩子吃子梨(→看见了三个孩子在吃梨)，他想一想他们可以(→可能)是小偷。

제**17**강

✓ 연습 문제 1　　　　　　p.283

1. ① A: 恐怕我从来没有去过那儿。

　　B: 当然，我也没去过。

② 这是我看过的最精彩的电影之一。

③ 巧得很，我曾经碰到过类似的情况。

④ 的确，我们总想要自己不曾有过的东西。

2. ① 去贵州的时候，我吃过兔肉。

② 因为他去过欧洲，在法国住过两年。

③ 因为她离过婚，很伤心。

④ 他们的关系很好，从来不曾吵过架。

3. ① 过　　　　　　② 过，了

③ 过，×，了　　　　④ 过，了

✓ 연습 문제 2　　　　　　p.285

1. ① 让我想一想，刚才我说什么来着？

② 他去年冬天还回家来着。

③ 我刚才说什么来着？噢，对了，我们终于有了第二台电脑。

④ 今天上午有人打听你来着。

⑤ 情人节那天，她工作来着，我们今晚庆祝。

✓ 연습 문제 3　　　　　　p.288

1. ① 他是今天早上到的北京。

② 他是给朋友带的礼物。

③ 他是和家人一起去旅行的。

④ 他是去北京参加会议的。

⑤ 是他今天做的报告，不是我做的。

2. ① B: 坐火车来的。

　　B: 不是，和小红一起来的。她怕坐飞机，不是吗？

✓ 연습 문제 4　　　　　　p.290

1. ① 不，不　　　　　② 没

③ 没　　　　　　　④ 没 / 不

⑤ 不　　　　　　　⑥ 没

⑦ 不，不　　　　　⑧ 不

◎ 종합 연습　　　　　　p.291

1. ① ✕ 我们走路时，下雨了。所以，我们撑开了伞。

② ✕ 我不经常喝啤酒，其实到今天为止我从来没喝过一瓶。

③ ✕ 父亲得在一个星期以内回韩国，所以，我的妈妈、弟弟和我还去了别的东北的大城市。

④ ✕ 有的人去美国留过学。

⑤ ✕ 我不曾看过北京的春天。

⑥ ✕ 我们是坐公共汽车去的人民大学。

⑦ ✕ 他们之间很和气，所以从来没有吵过架。

⑧ ✕ 从留学以来一封信也没给你写过，真对不起。

⑨ ✕ 教育家也曾经说过："孩子是父母的镜子。"如果父母爱看书，孩子也会喜欢看书；如果父母爱玩儿电脑，孩子也会这样。

⑩ ✕ 自从那次爸爸听完我说的话以后，就没有在家人旁边抽过烟。

2. ① A: 我去(过)一次新疆，是坐火车去(的)。

B: 你是什么时候去(的)?

A: 2009年，那时候我还是学生。背(着)一个旅行包就去了。

B: 是啊。我第一次去新疆也是学生。

A: 你去(过)几次新疆(来着)?

B: 八次。

② 我去看(了)几个同学，他们有的(在 / 正在)读大学，有的已成为工作单位的领导，曾经和我好(过)的一个女同学已成(了)别人的妻子。换句话说，他们都有自己正确的生活轨道，并都(在)努力地向前。

③ 我去疗养院找她。在路上碰见一个卖冰糕的，买(了)一大把。她一见我，笑(了)。

"给我找点热水喝。"我把剩下的两只冰糕递给她。阿眉舔(着)融化的冰糕，拿起一只暖瓶摇(了)摇："没水(了)，我给你打去。"她一阵风似地跑出去。这时，她同房间的空中小姐进来，拿(着)一本书。我没见(过)这个人。我弯(了)弯腰，表示尊敬，她却拿挺大的眼睛瞪(着)我："你就是阿眉的男朋友?"

연습 문제 1 p.296

1. (1) ① 开始聊天　　② 开始聊天

③ 聊起天来　　④ 聊起天来

(2) ① 下起雨来　　② 下起雨来

③ 开始下雨

2. ① 我忍不住大声哭起来。

② 这是一顿丰美的饭菜，我们大家开始大吃起来。

③ 他开始唱起歌来，然后我也跟着唱起来。

연습 문제 2 p.299

1. ① 继续　　　　　　② 继续

③ 继续，下去　　　④ 继续，下去

⑤ 继续，下去　　　⑥ 继续，下去

⑦ 继续，下去

2. ① A: 现在让我们来继续讨论下一个议题。

B: 这件事再讨论下去有什么意义呢?

② 最后，直到很晚了，不能再找下去时，汤姆才难过地回家了。他把孩子送到学校以后，又继续去找工作。

3. ① 我们坚持下去直到工作做完。

② 加油，坚持下去，你们差不多已经做完了。

③ 工作一天一天地进行下去了。

④ 我已经失败了好几次，但我仍然继续下去。

⑤ 沉默了一会他又继续说下去。

⑥ 如果是我，我会继续做下去。

⑦ 我们必须努力把工作做下去。

⑧ 如果你继续这样做下去的话，总有一天你会犯大错的。

⑨ 他继续说下去，就像什么事儿也没发生一样。

종합 연습 p.301

1. ① 我们下个星期(继续 / 开始)学习(　)形容词的用法。

② 妈妈不给孩子买玩具，孩子(开始)哭(起来)了。

③ 春天来了，天气(开始)暖和(起来)了。

④ 那位小姐没再(继续)说(下去)，气哼哼地走了。

⑤ 阿眉的身体越来越糟，再这么(继续)干(下去)，非生病不可。

⑥ 你们别管我，(继续)干(　)你们的。

2. ① 下去　　　　　② 起来

③ 下去　　　　　④ 下去，起来

⑤ 起来　　　　　⑥ 下去

⑦ 下去　　　　　⑧ 起来

3. ① ✕ 你怎么了？现在睡起觉来？

② ✕ 时间还早，我们继续喝吧。

③ ✕ 已经做成这样了，你也别放弃，做下去吧。

④ ✕ 她一听到音乐便跳起舞来。

⑤ ✕ 我要把中文学下去。

⑥ ✕ 那时候我们的村子里很缺老师，所以，父亲一回国，就当起老师来了。

⑦ ✕ 随着人口的增长，以前忽略的问题一天一天地严重起来了。

⑧ ✕ 那时候，他们的生活有好多难处，但是最重要的是他们还要活下去，他们想办法面对困难。

⑨ ✕ 如果我自己得了一种不治之症的话，当然我想还要生活下去。

연습 문제 1   p.303

1. ① 聊聊天   ② 练习练习

③ 跳跳舞   ④ 见见面

⑤ 锻炼锻炼   ⑥ 休息休息

⑦ 收拾收拾   ⑧ 吵吵架

연습 문제 2   p.305

1. ① 既然这个方法不行，我们试试另一个。

② 我只是问问他的名字。

③ 你可以和朋友在球场上踢踢球，这样锻炼锻炼身体。

연습 문제 3   p.307

1. ① 咱们来想想办法把它变得更容易些吧。

② 我们都应该给自己时间好好想想。

③ 出去走走，好好玩玩，交些新朋友。

④ 我觉得你该跟他谈谈了。

⑤ 这些事情还可以再商量商量吗？

연습 문제 4   p.308

1. ① 我想听听您对世界博览会的看法。

② "我到街上去走走。"吃完晚饭她说。

③ 明天见，商量商量咱们的事。

④ 把烟戒了，多关心关心自己吧。

⑤ 我想请你们把这个计划带回家里，在周末的时候研究研究。

연습 문제 5   p.309

1. ① 我就想逛逛巴黎，听听悉尼·贝谢的音乐。

② 晚饭后，她听听音乐，洗洗碗。

③ 他说我应该换换脑筋，需要复习复习学过的知识。

④ 我每天都要做家务。而我的丈夫只是偶尔洗洗碗。

연습 문제 6   p.310

1. ① 你要是想谈谈，一定给我打电话。

② 我要是想活动活动，就到山上去走走。

③ 也许我能帮帮你的忙吧。

2. ① 不试试   ② 想出去玩玩儿

연습 문제 7   p.311

1. ① 他边点了点头边转过身，我看着他走了。

② 两个办法都试了试，但没有成功。

③ 我们尝了尝他带来的白葡萄酒。

④ "我会没事的，"他说，"那只是想想而已。"

⑤ 她领着我四处看了看，将我介绍给每个人。

1. ① ☒ 你最好想清楚了再回答。

② ☒ 孩子一边哭，一边找妈妈。

③ ☒ 他看了看我，什么也没说就走了。

④ ☒ 大家正在商量这个问题。

⑤ ☒ 在北京大学的时候，我们一起学习过。

⑥ ☒ 这就是我要看的书。

⑦ ☐

⑧ ☒ 我们去散散心吧。

⑨ ☒ 你这样说，真让我高兴。

⑩ ☒ 每天晚上很多人在湖边散步。

⑪ ☐

연습 문제 1
p.316

1. (1) ① 吗 / 吧 / 啊   ② 吗 / 吧 / 啊

     ③ 呢 / 啊   ④ 呢 / 啊

     ⑤ 吗 / 啊   ⑥ 吗

     ⑦ 吗 / 啊   ⑧ 呢 / 啊

   (2) ① 啦，啦   ② 哇

     ③ 哪，呀   ④ 哇

     ⑤ 呀

연습 문제 2
p.318

1. ① 吧   ② 吧

     ③ 吧   ④ 啊

연습 문제 3
p.321

1. ① 啊，啊，啊，啊   ② 啊

     ③ 啊   ④ 呢，呢

연습 문제 4
p.324

1. ① 让我看看你的表. 这块表真漂亮啊！

② 要是你早些时候告诉我该多好啊！

③ 你的卷发多漂亮啊！为什么要剪掉呢？

④ 多难看的东西啊！扔掉，扔掉！

⑤ 哦，是啊！有时候雨下得可大啦！北京这儿怎么样？

⑥ 你担心得太多啦！问题并没有这么严重。

2. ① 太好啦   ② 多好啊

     ③ 可好啦   ④ 真好啊

연습 문제 5
p.328

1. ① 吧   ② 吧

     ③ 嘛   ④ 啊，呗

     ⑤ 呗

연습 문제 6
p.334

1. ① 呢   ② 啊

     ③ 呢，呢   ④ 呢，啊

     ⑤ 嘛   ⑥ 吧

연습 문제 7
p.336

1. ① 她只说吃啊穿啊的。

② 什么猪肉啊，土豆啊，青菜啊，她都买了。

③ 他们走啊走啊，一直走到河边。

연습 문제 8
p.339

1. ① 他是跟你开玩笑呢，你别当真。

② 我不介意你开玩笑，我还喜欢你这样呢。

③ 睡觉吧。我明天还得忙呢。 / 我明天还有很多工作要做呢。

④ 你还是我的朋友呢！你怎么能对我做这样的事？

⑤ A：可我们会把炉子弄坏的！

B：我才不在乎呢！

⑥ A：知道这个周末谁要来吗？

B：不知道。不过，管他呢。

2. ① 吧，呢　　　　　　② 呢

③ 呢，吧　　　　　　④ 呢

✓ 연습 문제 9　　　　　p.341

1. ① A：周日晚上在我家怎么样？

B：好啊！几点？

② A：有人打电话找你。

B：可是没有人知道我在这里啊！

③ 我不知道啊，我没在那儿啊。

④ 你玩儿那支枪要当心啊。那是真枪啊！

⑤ 那的确是不幸啊！

✓ 연습 문제 10　　　　　p.343

1. ① 这才对了嘛，你现在慢慢开始熟悉情况了。

② 只是开个玩笑嘛，何必当真呢？

③ 这样做就是不对嘛。

④ 我们快要结婚了，应该互相帮助嘛。

⑤ 当然，嫉妒总是伴随着羡慕，这是人之常情嘛。/ 事情本来就是这样嘛。

✓ 연습 문제 11　　　　　p.344

1. ① 你一定是在等哪位小伙子吧。

② 我不在的时候，你打扫一下厨房总该可以吧。

③ 你想去参加晚会就去吧。

④ 他告诉我，想打就打吧。

⑤ 你想唱歌就唱吧，很多歌手来这儿都会现场唱歌。

✓ 연습 문제 12　　　　　p.346

1. ① 你要唱就唱呗。管那么多干什么！

② 不懂？那就好好学呗。

③ 我们是朋友，朋友就互相帮忙呗。

还能说什么呢？

④ 只要你想就去见她呗。谁管呢！

◎ 종합 연습　　　　　p.348

1. (1) A：最近忙不忙(啊)？

B：可忙啦！

A：忙什么(呢 / 啊)？

B：写论文(啊)、考HSK(啊)、上课(啊)，忙死了。你挺悠闲的(吧)？

A：才不是(呢)！我也忙得很，天天做实验。

B：是吗？今天晚上我们去看场电影(吧)？休息休息。

A：看电影(啊)？好看(吗)？

B：听说可好看(呢)！

A：我不大喜欢看电影，还是去跳舞(吧)！

B：那好(啊 / 吧)。这次就再听你一次。

A：本来就应该听我的(嘛)。我的主意多好(啊)！

B：别自我感觉良好了。我们什么时候去(啊 / 呢)？

A：晚饭后7：30，行(吗)？

B：行(啊)。要化化妆(吧)？

A：当然。漂漂亮亮的跳舞才有意思(嘛)！

(2) ……事情是这样，再有两个月就到六一儿童节了。孩子(嘛)，祖国的花朵，民族的希望，一年(呢)，就这么一个节，咱们当大人的，平时可以不管，到节日了，总得为孩子们办点儿事儿，你说对(吧)？

MEMO

MEMO